BIBLIOTHÈQUE CONTEMPORAINE
2ᵉ série.

LE PRINCE DE LA MOSKOWA

SOUVENIRS
ET
RÉCITS

PARIS
MICHEL LÉVY FRÈRES, LIBRAIRES-ÉDITEURS
RUE VIVIENNE, 2 BIS
—
1855

SOUVENIRS

ET

RÉCITS

SAINT-DENIS. — TYPOGRAPHIE DE DROUARD.

SOUVENIRS

ET

RÉCITS

PAR

LE PRINCE DE LA MOSKOWA

SOUVENIRS D'UNE CAMPAGNE D'AFRIQUE.
ASCENSION AU VIGNEMALE.
L'ILE DE WIGHT.
HISTOIRE DU DERNIER DUEL JUDICIAIRE EN FRANCE.
LE JUGEMENT DE DIEU.

PARIS

MICHEL LÉVY FRÈRES, LIBRAIRES-ÉDITEURS
2 BIS, RUE VIVIENNE, 2 BIS
—
1855

L'Auteur et les Éditeurs se réservent tous droits de traduction et de reproduction à l'Étranger.

SOUVENIRS

D'UNE

CAMPAGNE D'AFRIQUE

1837

J'ai souvent entendu reprocher au gouvernement de n'avoir pas fourni à M. le maréchal Clauzel les moyens nécessaires pour réussir dans l'expédition de Constantine, dont le commandement lui avait été confié. Le ministère, prétendait-on, dans cette circonstance, aurait plutôt écouté ses ressentiments personnels que songé au succès de nos armes, et le député de l'opposition se serait ainsi vu refuser les hommes et l'argent dont la gloire du général en chef aurait pu profiter. Sans me faire entièrement garant de la sympathie des membres du cabinet du 6 septembre pour l'illustre maréchal, j'ai toujours eu beaucoup de répugnance à admettre comme vraisemblable une pareille supposition, et je serais bien plutôt porté à croire que le ministère, tout aussi bien que le commandant de l'armée expéditionnaire lui-même, étaient loin de s'attendre aux difficultés très-sérieuses que présentait l'entreprise projetée contre Achmet et contre la capitale de son beylik. Les préparatifs de la campagne de 1836 durent se ressentir de cette confiance un peu aveugle en notre supériorité dont nous avons eu lieu quelquefois de nous repentir en Afrique, et dont il nous est difficile apparemment de nous corriger, car il s'en est peu fallu, par exemple, que malgré l'échec essuyé quelques mois auparavant, les leçons de la sagesse ne fussent vaines encore une fois, et que, faute de moyens d'attaque suffisants, Constantine ne bravât victorieusement nos efforts en 1837. Si M. le maréchal Valée, dans le conseil tenu au camp de Medjez-el-Hammar, n'avait pas insisté pour emmener notre grand parc de siége, on aurait probablement laissé derrière soi ce lourd attirail, si gênant à transporter. Or, jamais nous n'eussions démoli la courtine de la porte El-Gharbia avec du calibre inférieur à du vingt-quatre, et sans la brèche que nos grosses pièces y ont pratiquée à cent cinquante mètres de distance, je ne sais pas trop ce qui serait advenu.

C'était donc une rude tâche, au dire des plus experts, et une opération pour le moins intéressante suivant les autres, que le siége de cette ville, si bien défendue par la nature et ses murailles romaines; c'était d'ailleurs une nécessité d'amour-propre pour nous que de nous emparer de ce nid de vautours qui déjà une fois, du haut de ses rochers, avait défié la valeur de nos soldats. Si ce qu'on racontait de la position de Constantine, de son aspect fantastique, des antiquités qu'elle contenait, de son pont gigantesque sur le Rummel, et de ses affreux précipices, était de nature à piquer la curiosité d'un voyageur, il y avait le plus grand intérêt aussi pour un militaire à faire partie du corps expéditionnaire destiné à aller prendre une éclatante revanche sur les Kabyles du bey Achmet. Aussi désirai-je vivement me joindre à l'armée qu'on réunissait dans ce but; mais les demandes étaient nombreuses, et quoique je me fusse inscrit depuis longtemps, je craignais de ne pas réussir. Heureusement, le 5ᵉ régiment de hussards, où j'étais capitaine alors, se trouvait au camp réuni devant Compiègne, lorsque la campagne fut définitivement résolue. J'appris un des premiers que M. le duc de Nemours y avait un commandement ; je me rendis au château, et j'obtins du prince la faveur de faire la campagne projetée dans son état-major, en qualité d'officier d'ordonnance détaché de mon régiment.

Le 5 septembre, nous partions de Paris, et le 10 nous arrivions à Toulon ; le 12, nous nous embarquions sur *le Phare*, et le 14 à minuit nous jetions l'ancre en rade de Bône. L'état-major du prince était composé de M. le colonel Boyer, son aide de camp, chef d'état-major ; de M. le comte de Chabannes, lieutenant-colonel ; de M. le baron Dumas, chef d'escadron, aide de camp du roi ; du capitaine d'Iliers, de M. Baudens, chirurgien-major, et de moi.

L'aspect de la rade de Bône est des plus pittoresques. Nous avions mouillé pendant la nuit, et à la pointe du jour, nous étions sur le pont, à jouir de la vue magnifique qui s'offrait à nos regards. La côte d'Afrique, dans cette partie, depuis le cap de Fer (Raz-el-Hadid) jusqu'au rocher du Lion, qui s'avance à l'entrée de la rade, est accidentée et pleine d'ondulations. La mer baigne des montagnes de formes gracieuses et un peu arrondies, que recouvre jusqu'à leurs sommets la plus vigoureuse végétation. Je ne trouvais pas là cette nature aride et désolée que je m'attendais à rencontrer sur les rivages africains. Au lieu de rochers calcinés par le soleil et de plages sablonneuses, ce n'étaient partout que des lentisques, des chênes dont la verdure sombre se mariait agréablement avec les cactus, les oliviers et les lauriers-roses. Rien de plus épais que les herbes, rien de plus touffu que les buissons qui croissent sur le sol de ces collines. A notre droite et au pied des ruines de la kasbah, détruite quelques mois auparavant par l'explosion de sa poudrière, brillaient sur une pente de gazon les blanches tentes du 17e léger. Nous avions devant nous le fort Cigogne, les murailles et les minarets de la ville, puis, autour de notre navire, de sveltes et légères embarcations montées par des Maltais qui s'empressaient de nous offrir leurs services.

A cinq heures, le commandant du port vint prendre les ordres du prince. On débarqua à huit heures. Toutes les autorités, les troupes de la garnison et la population de Bône nous attendaient sur la jetée et sur le rivage, le général Trézel en tête. C'est dans sa maison que M. le duc de Nemours se rendit, et qu'il demeura pendant son séjour à Bône. Il y reçut aussitôt après son arrivée les fonctionnaires de la localité et les corps d'officiers de la garnison.

Les affaires, que nous croyions tout à fait pacifiques, étaient au contraire à la guerre ; nous apprîmes qu'il y avait eu la veille un engagement sérieux entre les troupes du camp de Medjez-el-Hammar, où se trouvait le gouverneur-général, et Ben-Aïssa, agha d'Achmet, campé à trois lieues de là, car toute la journée le canon et la fusillade s'étaient fait entendre. Ainsi donc, il paraissait que notre campagne n'avorterait pas, et que le bey de Constantine n'était pas disposé, comme nous le craignions, à nous faire des avances.

Je cherchai dès cette première journée à me monter, et je fus assez heureux pour y réussir passablement. Il me fallut néanmoins quelque temps pour m'habituer à ces petits chevaux barbes si vifs, si alertes. On est tout surpris d'abord de la pétulance de leurs mouvements ; si l'on approche les jambes, ils bondissent avec tant de rapidité, qu'on dirait qu'ils vous échappent ; dans un chemin difficile, dangereux même, n'essayez pas de les guider, ils sautent comme des chèvres, ne s'avancent que par courbettes ou par lançades, tout en vous portant d'ailleurs admirablement, sans jamais faire une faute. Je suis forcé cependant d'avouer que, dans les premiers moments, on est un peu étonné de cette indépendance d'allure, à laquelle les chevaux qu'on monte en Europe ne nous ont pas habitués.

La petite ville de Bône, à notre arrivée, était encombrée de monde ; ses rues et ses places présentaient le spectacle le plus animé. Les constructions mauresques, les costumes des habitants, le langage de cette multitude, et jusqu'aux parfums qui s'en exhalaient, tout était nouveau pour moi ; je regardais, j'écoutais, j'admirais avec un intérêt inexprimable. J'aurais voulu pouvoir dessiner du matin au soir, mais je n'en avais pas le temps, et la chaleur, extrême dans ce pays, oblige d'ailleurs le touriste le plus intrépide à rester chez lui pendant une bonne partie de la journée. Rien ne me sembla plus curieux que le marché hors de la porte de la Seybouse ; de vieux Arabes, montés sur des ânes, y arrivaient de la montagne, des Turcs assis sur des murs en ruine fumaient gravement et en silence. Plus loin, entourés de leurs haïcks, la tête ceinte de la corde de chameau, des Kabyles, des Beni-Urgin, et des Kharezas se chauffaient au soleil ; leur attitude académique, leur air important, contrastaient avec l'aspect misérable de vêtements tout en lambeaux. Il y avait parmi eux quelques nègres. Ajoutez à cela beaucoup de poussière, une grande chaleur, le ciel si bleu de l'Afrique, dans le lointain les montagnes de l'Edough, d'un vert violet, la porte et les murs de la ville blanchis à la chaux, et une odeur généralement répandue de bois d'olivier ou de cèdre brûlé, et vous aurez une idée assez exacte du tableau.

Le capitaine de Lagondie, aide de camp du brave général Trézel, m'accompagnait souvent dans mes promenades; il habitait l'Afrique depuis plusieurs années, son expérience des coutumes et des mœurs arabes était précieuse pour moi. Cette étude anticipée de la population africaine ne m'a pas au surplus été inutile; partout, depuis, j'ai retrouvé en Algérie les mêmes physionomies et les mêmes habitudes.

J'avais remarqué plusieurs Arabes d'une tournure distinguée montés sur des ânes, et je m'en étonnais; on m'expliqua que les ânes dans ce pays, où ils sont traités avec plus de considération qu'en Europe, servent, aussi bien que les mulets, de monture de promenade, ou de *hacks* aux plus grands personnages, pour les transporter d'un point à un autre. Les chefs ne prennent leur cheval que pour la guerre: on dirait qu'ils considèrent cet animal comme trop noble pour être employé à un autre service.

Pendant le temps de notre séjour à Bône, M. de Lagondie me conduisit chez Hadj-Soliman, beau-frère d'Achmet, bey de Constantine. J'admirai l'aspect vénérable de ce vieux guerrier, ses traits fortement accentués, sa longue barbe blanche, et je lui témoignai le désir de faire son portrait, ce qui, au premier abord, ne parut pas beaucoup lui plaire; mais comme je l'assurai que je serais flatté de pouvoir rapporter dans mon pays les traits d'un homme aussi remarquable et aussi justement célèbre que lui, je parvins à vaincre sa résistance, et il me donna très-complaisamment séance pendant une bonne heure. Il me fit même la faveur d'imprimer son cachet sur mon dessin, ce qui pour les musulmans équivaut, comme on sait, à une signature. Hadj-Soliman, ainsi que son nom l'indique [1], avait fait le voyage de la Mecque. C'était un homme assez instruit; il exerçait quelque influence dans son pays. Le maréchal Clauzel, en nommant le colonel Jussuf bey de Constantine, lui avait donné Soliman pour khalifat ou lieutenant. Depuis longtemps brouillé avec son beau-frère, dont il était

[1] On sait que les fidèles qui ont fait le voyage de la Mecque prennent le surnom d'*hadj* (pèlerin).

devenu l'ennemi déclaré, il avait marché dans nos rangs contre lui l'année précédente, et se disposait, cette fois encore, à faire la campagne avec nous.

Soliman nous reçut dans une petite salle, séparée en deux par une portière bleue, jaune et rouge, et nous fit asseoir sur son divan, couvert de riches étoffes à fonds d'or ou d'argent, brodées en soie de couleur, avec des coussins ronds dans le même genre ; mais tout cela était un peu usé, et se ressentait de la position précaire du khalifat de l'ex-bey de Constantine. Des domestiques me présentèrent la pipe d'usage, et m'offrirent dans une petite tasse de porcelaine de Chine, supportée par une sorte de coquetier en filigrane d'argent, du café excellent et surtout très-chaud, préparé d'une manière particulière, qui lui donne beaucoup de parfum. On le verse brûlant, et on en ajoute dans la tasse une pincée en poudre impalpable. Le rideau ayant été relevé, nous aperçûmes toutes sortes d'ustensiles de toilette, des coffres en assez mauvais état, mais dont les ornements en vermeil ciselé étaient d'un beau travail. Les étendards du khalifat, au nombre de dix à douze, formaient dans le coin un grand faisceau ; ses armes, suivant l'usage oriental, étaient accrochées contre la muraille de l'appartement. Les plus curieuses venaient de Constantine, où l'on fabriquait aussi, me dit-on, des selles d'une très-grande richesse.

Hadj-Soliman avait chez lui une espèce de petite cour composée d'un vieux médecin et de quelques Turcs, dont l'un avait été grièvement blessé à Navarin et parlait un peu français. Parmi les personnages à turban qui se trouvaient là fumant silencieusement leur pipe, j'avais remarqué une figure à expression sévère et à barbe noire, qui me semblait, si j'ose m'exprimer ainsi, plus orientale que les autres. Quelle fut ma surprise en entendant ce faux Turc, qui n'avait pas ouvert la bouche depuis une heure, adresser la parole à Lagondie dans le meilleur français du monde! C'était un officier de nos spahis, que j'aurais reconnu à son dolman garance soutaché de noir, si je n'avais pas été nouveau venu en Afrique. Plusieurs militaires français ont eu pendant quelques années en Algérie la prétention de ressembler à des Arabes; ils imitaient leurs gestes, leur gravité, leur silence, et prenaient de leur costume tout ce qu'il leur était possible de lui emprunter. On assure que cette mode est un peu passée aujourd'hui.

Hadj-Soliman fit porter mon dessin dans l'appartement de ses femmes, qui envoyèrent dire qu'elles le trouvaient fort ressemblant. Je hasardai à cette occasion quelques paroles de galanterie, mais Lagondie m'avertit de prendre garde, car rien n'est plus désagréable pour un musulman que d'entendre parler des habitantes de son harem. Il ajouta qu'il fallait même, si je voulais être très-poli, ne point paraître m'occuper de cet incident.

Le 16, le comte de Damrémont, gouverneur-général, qui était arrivé du camp de Medjez-el-Hammar avec plusieurs officiers, dîna chez le prince, dans la petite cour de la maison du général Trézel, qu'on avait recouverte d'une grande voile de navire. Le temps était mauvais, il faisait du vent. Je me souviens qu'une bougie placée devant le gouverneur s'éteignit trois fois de suite. « Rappelez-vous ce que je vous annonce, me dit mon voisin, le lieutenant-colonel de C..., il lui arrivera malheur dans la campagne. » Cette singulière prophétie ne s'est que trop bien réalisée.

C'était un spectacle bien triste que la vue des pauvres militaires attaqués de la fièvre, qu'on rencontrait dans la ville à chaque pas, appuyés sur un bâton et se traînant avec peine ; ils venaient des camps des environs au grand hôpital des Caroubiers. La fièvre, en Algérie, est, de toutes les affections, la plus dangereuse ; deux ou trois accès de cette maladie suffisent souvent pour mettre l'homme le plus robuste aux portes du tombeau.

Rien n'est plus vert que la campagne de Bône. La route qui conduit à l'*oasis de Jussuf*, bordée par d'immenses cactus couverts de fruits, par des oliviers et des caroubiers qui, groupés en désordre, forment des bosquets charmants, est embaumée par l'odeur de je ne sais quelles plantes dont les exhalaisons se font surtout sentir vers le soir. — Dans nos promenades du côté des ruines d'Hippone, sur les bords de la Seybouse, nous rencontrions souvent des Arabes à cheval qui rapportaient en ville des peaux de lion fraîchement écorchées et pendues à l'arçon de leur selle. On dit qu'auprès du camp de Dréan et dans les bois qui avoisinent le lac Fezzara on trouve une grande quantité de ces animaux.

M. le duc de Nemours, grand amateur de natation, allait souvent avec nous se baigner dans la mer à l'ombre d'un grand rocher qui a tout à fait la forme d'un lion, et qui en porte le nom. C'était vers le soir et au soleil couchant que ces parties avaient lieu. Un jour un requin, qui fut signalé par notre maître-canotier, mit pendant quelques instants un peu de désordre parmi les nageurs, qui regagnèrent précipitamment le rivage, dont par bonheur aucun n'était éloigné.

Le 18, jour désigné pour une excursion aux environs, nous partîmes de bonne heure, M. le duc de Nemours et nous tous à cheval, avec un brigadier et quatre chasseurs d'escorte. Nous nous dirigeâmes d'abord vers l'est, en longeant la Seybouse. Après avoir traversé d'immenses plaines couvertes d'herbes desséchées, où nous tirâmes quelques sangliers, nous fîmes halte au milieu d'un douair de Beni-Urgin campés sous des figuiers et des cactus. Le prince leur ayant fait distribuer de l'argent, les femmes poussèrent aussitôt ce cri guttural et assourdissant bien connu de toutes les personnes qui ont visité l'Afrique, et qu'elles ne manquent jamais de faire entendre quand quelque circonstance extraordinaire vient à les émouvoir. Ce douair pouvait se composer de trois ou quatre familles. Les tentes étaient formées de vieilles couvertures rapiécées, tendues fort près de terre, et là-dessous couchaient pêle-mêle les hommes, les femmes, les enfants et les poules. Il y avait là aussi bon nombre de chiens qui aboyèrent beaucoup en vous voyant. C'est une espèce qui ressemble à notre chien de berger de petite taille. Quelques femmes de cette tribu nous parurent assez belles; leur peau est bronzée, et leurs figures sont tatouées de lignes en points bleus et noirs. Ces femmes portaient de grands anneaux suspendus aux oreilles; leur visage était découvert; elles semblaient le laisser voir sans embarras, tandis que les musulmanes qui habitent Bône, lorsqu'elles sortent en ville, le cachent au contraire soigneusement avec leur haïck, dont un bord est serré tout autour de la figure et à la naissance du nez, de façon à ne laisser voir que les yeux et le bas du front. Les enfants, tout nus, couleur de bronze comme leurs parents, étaient entièrement rasés et n'avaient qu'une seule tresse de cheveux noirs et crépus sur le sommet de la tête.

Après nous être éloignés de ce douair, nous ne tardâmes point à arriver à un vaste verger, appelé l'*oasis de Jussuf*, où nous mîmes pied à terre sous des arbres touffus. Quelques hommes d'une tribu voisine nous apportèrent de l'eau et des fruits; ils nous servirent en abondance du raisin, des grenades et des figues de cactus. Cette belle végétation, ces frais ombrages, au milieu de la plaine desséchée et par cette grande chaleur, rendaient le lieu fort agréable. La plupart des Arabes appartenant aux tribus environnantes avaient été enrôlés dans nos spahis; ils n'étaient guère mieux vêtus pour cela; la couleur de leur burnous, qui en général est bleu, était le seul signe distinctif qui pût les faire reconnaître. Plusieurs de ces hommes nous reconduisirent à cheval pendant l'espace d'une lieue environ, et firent, en l'honneur du prince, ce qu'ils appellent une *fantasia*. Les cavaliers se lancent au grand galop, dans toutes les directions, puis reviennent en tournant autour des personnes qu'ils veulent honorer, en déchargeant leurs fusils à terre ou en l'air. Les chevaux barbes ont les jambes si sûres, qu'il est superflu de les soutenir. Aussi, après avoir lancé leur monture au grand galop, les cavaliers abandonnent-ils les rênes; ils saisissent à deux mains leur fusil, placé en travers sur l'arçon de la selle, et, le faisant tourner au-dessus de leur tête, se tiennent tout debout sur les étriers. C'est alors que, le corps immobile, ils ajustent et tirent. On comprend néanmoins qu'il est difficile de bien assurer le coup de la sorte. Je n'avais pas encore vu d'Arabes en tirailleurs, et j'ai reconnu depuis que c'est ainsi que leurs cavaliers combattent.

Pendant les derniers temps de notre séjour à Bône, un Arabe des Beni-Sala apporta au prince une jeune lionne, qui pouvait avoir quatre ou cinq mois, et qui était grosse comme un fort chien. Al-Bouïn (c'était le nom de l'Arabe) avait trouvé cet animal et un petit lionceau, son frère, tout jeunes, dans un fourré non loin du lac Fezzara; il les avait emportés dans son burnous, et s'était mis aussitôt à fuir de toute la vitesse de son cheval. Vers le camp de Dréan, à une demi-lieue de là, le lionceau étant tombé, il s'arrêta pour le ramasser; mais il fut glacé de terreur en entendant de loin les rugissements de la mère, qui, revenue sans doute de la chasse, n'avait plus retrouvé ses petits à son gîte. Persuadé qu'elle ne tarderait pas à être sur ses traces, Al-Bouïn sentit qu'il y allait de sa vie s'il perdait un instant; abandonnant donc prudemment une partie de son butin pour occuper l'ennemi, il piqua son cheval, qui sentait d'ailleurs le danger comme lui, et qui l'emporta avec une rapidité prodigieuse jusqu'au camp, où ils arrivèrent heureusement tous les trois sains et saufs. Pendant la nuit, la lionne rôda sur le glacis en poussant d'affreux hurlements. Nous étions souvent réveillés le matin par le souffle brûlant de cette petite bête féroce, qui se promenait dans notre maison, totalement dépourvue de portes; elle venait ainsi nous visiter impunément et nous pousser avec son muffle sur les matelas où nous étions couchés, de façon à nous causer parfois une émotion assez désagréable [1].

Cependant les préparatifs de notre départ avançaient rapidement. De l'autre côté du Raz-el-Akba, montagne située à une journée de distance, au delà du camp de Medjez-el-Hammar, nous ne devions plus rencontrer de végétation jusqu'à Constantine; pas un arbre, pas une plante, pas même un brin d'herbe, car la moisson dans toutes ces contrées était achevée depuis longtemps. Afin d'être à même de faire du feu au bivouac, et de pouvoir cuire la soupe des soldats, on eut recours à un moyen assez ingénieux : comme il n'y avait pas à espérer que nous dussions trouver du bois sur notre route, il fut décidé qu'on en emporterait. Chaque homme d'infanterie reçut l'ordre de placer sur son havre-sac un petit fagot soigneusement fait et serré; il dut se munir en outre d'un bâton de moyenne longueur, et le porter à la main pendant la marche. Ces provisions de bois étaient destinées, comme on le comprend, à alimenter les feux de notre petite armée, et l'on avait calculé le temps présumé de la campagne de façon

[1] M. le duc de Nemours avait ramené avec lui cette lionne, qui se noya par accident dans la Seine, lors du retour du prince en France.

à ce que, cannes et fagots, tout fût brûlé quand nous serions maîtres de Constantine. Un parc de bœufs devait marcher avec nous ; les hommes portaient plusieurs rations de biscuits ; les cavaliers étaient aussi chargés de foin bottelé et d'orge pour quelques jours ; les fourgons et prolonges de l'administration contenaient le reste des approvisionnements. Un assez grand nombre de mulets, conduits par des cavaliers démontés, suivaient nos colonnes. Ce moyen de transport était de beaucoup préférable aux voitures, dans un pays où l'on ne rencontre pas de chemins frayés, et où le sol, presque toujours montagneux, est sillonné de ravins profonds et peu praticables.

Le choléra ayant éclaté au fort Génois, à Bône, parmi les hommes du 12ᵉ de ligne, et un des bataillons du 26ᵉ, retenu par les vents contraires, ne nous ayant pas rejoints, nous fûmes obligés d'envoyer à Toulon M. de Sarlat, capitaine de corvette, avec *le Phare* et *l'Achéron*, bateaux à vapeur de la marine royale, pour y aller chercher le 12ᵉ léger. On voulait d'abord faire venir de l'infanterie d'Oran ; mais on abandonna ce projet sur l'observation des officiers de marine, qui affirmèrent qu'il faudrait au moins vingt-cinq jours pour ce voyage. Cette diminution de 3,000 hommes dans l'effectif de notre petite armée n'était pas sans importance; elle changeait, en effet, nos plans de campagne. Il avait été question d'abord de choisir le camp de Medjez-el-Hammar comme base de nos opérations; c'était de là qu'après avoir mis le siége devant Constantine, nous devions tirer tous nos approvisionnements; les convois entre le camp et l'armée assiégeante auraient été escortés par 2 ou 3,000 hommes, qui étaient au moins nécessaires pour les protéger, pendant l'espace de quinze lieues environ, contre la nombreuse cavalerie d'Achmet. La diminution inattendue de nos forces disponibles, que l'époque avancée de la saison rendait irréparable, nous ôtait la faculté de prélever sur notre corps expéditionnaire le nombre de bataillons indispensable pour assurer nos communications. Il fallut donc emporter avec nous tout notre matériel, sans espoir de pouvoir le renouveler; en un mot, pour me servir d'une expression de chasse, nous attaquions Constantine *sans relais, et de meute à mort.*

La campagne projetée devait être entreprise après les chaleurs et avant la saison des pluies, qui, dans les hautes régions où nous avions à opérer, se changent toujours en neige vers la fin de septembre. Pour avoir commencé trop tard l'année précédente, le corps d'armée du maréchal Clauzel avait eu cruellement à souffrir de l'abaissement de la température et du débordement des ruisseaux ; un assez grand nombre de soldats étaient morts de froid dans les vallées de Raz-Zenati. D'autre part, en s'aventurant trop tôt dans ces contrées privées de sources et de puits, on était exposé à manquer d'eau ; car, après avoir dépassé les camps, il ne fallait s'attendre à en trouver que dans le lit des torrents.

Suivant le général Valée, qui commandait en chef l'artillerie, les approvisionnements auraient été mal calculés, de telle façon que, dans le cas où les pluies nous eussent forcés à séjourner entre Medjez-el-Hammar et Constantine, dans des vallées dont le sol argileux devient en peu d'heures impraticable lorsqu'il est détrempé par l'eau du ciel, nous eussions consommé nos munitions sur place ; ce qui ne pouvait manquer de compromettre d'une manière grave le succès de notre expédition. Il y avait, comme on voit, malgré les précautions prises, une large part faite au hasard, et cette incertitude rendait pour nous la campagne plus intéressante encore. Nous n'avions en partant qu'une idée confuse de la résistance effective que la ville de Constantine pouvait nous opposer ; les difficultés auxquelles nous nous attendions devaient se rencontrer en chemin. Or, c'est juste le contraire qui arriva, car le temps fut fort beau pendant toute la route.

Notre petite armée se mit en mouvement le mardi 26 septembre, à sept heures du matin. M. le duc de Nemours marchait en tête de la colonne, ayant sous ses ordres l'avant-garde, ainsi composée : 8 escadrons des 1er et 3e chasseurs d'Afrique, les spahis, à peu près 2 escadrons, 1 bataillon de zouaves, 1 bataillon du 2e léger, 2 bataillons du 17e et une batterie de campagne; en tout 2,000 hommes d'infanterie et 1,200 chevaux. Le temps était magnifique, la chaleur extrême. J'ai presque toujours trouvé en Afrique l'air plus étouffant et la température plus élevée le matin que pendant le reste du jour. Cet effet tient peut-être à ce qu'après les fraîcheurs de la nuit on est plus sensible aux premiers rayons de ce soleil si pénétrant, qui brûle presque aussitôt qu'il a paru sur l'horizon.

A onze heures, nous étions arrivés au camp de Dréan, après avoir fait vingt-deux kilomètres à travers une vaste plaine couverte d'herbes hautes et sèches qu'entoure un cordon de montagnes élevées. On nous montra le point culminant de la chaîne, nommé le Raz-el-Akba, ce col situé au-dessus de Medjez-el-Hammar, et où l'armée aurait à passer en marchant sur Constantine ; c'était notre Petit-Saint-Bernard, et l'ennemi, disait-on, devait nous y attendre dans de bonnes positions.

Le camp de Dréan occupe le sommet d'une colline assez élevée, d'où l'on aperçoit la mer au nord, et l'immense lac Fezzara à l'ouest. Entouré d'un épaulement avec un large fossé, il est dans une position avantageuse, bien que l'eau en soit trop éloignée. Nous y fîmes une halte de quelques heures et nous y déjeunâmes. J'y trouvai MM. de Falbe, ancien consul de Danemark à Athènes, archéologue distingué, et le colonel Temple, voyageur anglais, accrédités auprès de l'expédition par notre gouvernement en raison de la nature de leurs recherches et surtout de l'époque de leur demande[1]. En ce moment, plus de cent étrangers réunis à Toulon y étaient éconduits par le préfet maritime, qui, en exécution des ordres ministériels, leur avait refusé la permission de se joindre à l'armée ; dans un pays dénué de ressources comme celui où nous opérions, la prudence ordonnait de tout calculer et de ne pas s'embarrasser de bouches inutiles. MM. de Falbe et Temple étaient porteurs de bons instruments et faisaient des expériences dé-

[1] Il y avait en outre, si je ne me trompe, cinq ou six officiers étrangers à l'état-major.

licates; ils s'occupaient de recherches physiques, mais ils ne pouvaient pas s'éloigner de la ligne suivie par nos colonnes, sous peine d'être enlevés par les Arabes.

Après une halte de deux heures, nous nous remîmes en mouvement. Le pays, de Dréan au camp de Nechmaya, offre un aspect nouveau; les vallées se resserrent; on y remarque une végétation plus abondante, d'épais lentisques, des palmiers nains et des oliviers sauvages. Tous ces arbustes croissent et se développent dans le sens horizontal; ils ne s'élèvent généralement pas à une hauteur de plus de deux ou trois mètres. Cela tient à la manière dont les Arabes des tribus voisines préparent leurs terres pour la culture : ils commencent par mettre le feu aux chardons et aux mauvaises herbes, pour les faire disparaître et détruire en même temps les reptiles et autres animaux malfaisants; ce feu gagne de proche en proche avec une effrayante rapidité, et ses ravages, qui s'étendent toujours très-loin, atteignent surtout les plantes qui s'élèvent à une certaine hauteur : aussi voit-on les branches de tous les arbres qui ont plus de cinq à six pieds étendre tristement leurs rameaux noircis et à moitiés consumés au-dessus des épais buissons qui les entourent.

A peu de distance de Dréan se dressent de beaux rochers nommés rochers des Lions, à cause de la quantité de ces animaux répandus aux environs. Tout ce pays est très-giboyeux, et en suivant parallèlement la colonne, au milieu des fourrés, je fis partir beaucoup de grosses bartavelles sous les pieds de mon cheval.

Les hommes souffraient beaucoup de la chaleur, qui était très-forte ; quand nous avançâmes dans la région des montagnes, la température devint de plus en plus supportable. Nous marchions avec M. le général Valée, ses aides de camp et son gendre, M. de Salle, capitaine d'état-major, le général Trézel et ses officiers, MM. de Lagondie, de Cicé et Gavaudan [1] ; le prince avait avec lui un interprète, M. Muller, et celui du général Trézel, Abdallah-Aly. Nous rencontrâmes sur la route plusieurs détachements du 11ᵉ de ligne et de la légion étrangère ; ces derniers, depuis longtemps en Afrique, avaient une tournure toute militaire, et semblaient parfaitement acclimatés et bien portants. A une petite distance de Nechmaya, point où l'on avait établi un camp depuis quelques mois, les

---

[1] Le capitaine Gavaudan, fils de l'acteur de ce nom, a été tué près de Blidah, en 1838 ; ce jeune homme était fort instruit et donnait de grandes espérances.

officiers qui avaient assisté à la dernière expédition me montrèrent, auprès d'une source entourée de quelques arbres, le lieu appelé *Mo-el-Fa*, où ce pauvre Paul Sannegon était venu mourir l'année précédente, et me donnèrent les détails de la triste fin de notre aimable et bon camarade, si regretté par tous ceux qui l'ont connu.

Les soldats du camp, pour se faire des baraques et des abris de feuillage devant leurs tentes, où la chaleur les empêchait de demeurer pendant le jour, avaient dévasté tout le fond de cette petite vallée, qui présentait de beaux ombrages, me dit-on, lorsque l'armée y passa pour la première fois, mais dont presque tous les arbres avaient été abattus depuis. La position du camp me sembla mal choisie ; il était dominé partout et se trouvait au fond d'un entonnoir peu spacieux ; l'enceinte en était d'ailleurs médiocrement fortifiée. Quelques coups de canon annoncèrent l'arrivée du prince. Les Kabyles venaient toutes les nuits tirer sur les sentinelles ; les feux allumés dans l'intérieur du camp leur servaient de points de mire, et ils blessaient assez souvent des hommes et des chevaux. Nous y passâmes une nuit un peu agitée, car les cousins et d'autres insectes nous firent une guerre acharnée. Les Kabyles nous envoyèrent quelques coups de fusil; ces sauvages fanatiques, couleur de terre, se mettent tout nus, se glissent en rampant dans l'obscurité auprès de nos gardes avancées, et parviennent quelquefois à surprendre de malheureuses sentinelles qu'ils assassinent. Le commandant du camp avait fait pendre pour servir d'exemple et exposer pendant trois jours le corps d'un de ces Arabes, tué dans une des embuscades qu'on a soin de leur tendre toutes les nuits. Au reste, l'augmentation des forces du camp, l'arrivée des troupes, tout inspirait à l'ennemi une crainte salutaire.

Notre première couchée offrit beaucoup de désordre; nos domestiques étaient encore très-peu au fait. Les chevaux *entravés*, c'est-à-dire retenus par les pieds de devant, ne se détachèrent pas cette fois, cependant, et c'était un grand point, car on se figure combien il est inquiétant pour le propriétaire d'un cheval de l'entendre hennir et galoper la nuit au milieu des tentes, et s'abattre souvent sur les cordes qui les soutiennent, au grand désespoir du pauvre domestique qui le poursuit tout essoufflé.

A sept heures, nos colonnes s'ébranlèrent. Le pays, à la sortie du camp, se présente sous une forme beaucoup plus montagneuse, et rappelle le Jura, les Vosges dans leurs parties les plus arides.

Nous trouvâmes la route admirablement tracée et entretenue. Nous nous élevions de plus en plus, et des plateaux où nous faisions halte nous apercevions la mer dans le nord, et dans le sud le Raz-el-Akba, cette crête que les soldats s'obstinaient toujours à nommer le Col de Fer. Le prince avait la bonne habitude de faire prendre de temps en temps du repos aux troupes, surtout au moment de partir; cela est toujours nécessaire dans ce pays, où nos pauvres soldats fiévreux ont souvent tant de peine à se traîner. Nous en rencontrâmes plusieurs couchés sur la route, et qui avaient laissé passer la colonne sans pouvoir la suivre. Cette vue était pénible et nous présageait de grandes pertes en hommes, si les pluies et le mauvais temps venaient augmenter les difficultés de notre expédition. Baudens, notre chirurgien-major, avec son activité et son humanité ordinaires, les interrogea tous, et le prince, dont la sollicitude pour les troupes ne se ralentit pas un instant pendant la campagne, donna ordre à des hommes de l'escorte de les faire monter sur sa voiture de suite. La chaleur était du reste très-grande et avait commencé de bonne heure. Vers les neuf heures, nous vîmes déboucher sur notre gauche une dixaine de cavaliers. J'allai avec notre interprète pour les reconnaître : c'étaient des Beni-Oureddin chargés par le colonel Duvivier, qui commandait à Guelma, de se rendre à Bône pour y prendre des objets d'approvisionnement.

Le pays, à mesure que nous approchions de Hammam-Berda, semblait plus gai et un peu moins abandonné. Nous distinguâmes plusieurs douairs, et des Kabyles faisant paître leurs troupeaux dans la vallée ; quelques-uns, qui nous attendaient sur le bord de la route, nous vendirent des figues de cactus. Du reste, la solitude de ces contrées, le peu d'empressement que mettaient les populations à venir à notre rencontre, prouvaient la frayeur qu'Achmet avait su leur inspirer.

Notre première halte eut lieu près de Hammam-Berda (eaux froides), lieu où se trouvaient des bains du temps des Romains. La température de cette source est d'environ 25 degrés Réaumur. A la droite de la route s'élevait un petit fort en pierre, construit par nous, où nous laissâmes un poste. Dans toute cette partie du pays et jusqu'à Medjez-el-Hammar (gué de l'Ane), la végétation se montre de plus en plus vigoureuse ; les lentisques et les oliviers couvrent le sol, sans jamais atteindre cependant une hauteur de plus de dix à douze pieds. Les montagnes, à droite et à gauche de la route, sont revêtues d'un épais manteau de verdure, et les lauriers-roses y croissent en profusion.

Nous fîmes une très-longue halte à Hammam-Berda, afin que les deux bataillons du 17e léger, colonel Corbin, que nous y avions trouvés, pussent gagner le camp de Medjez-el-Hammar à peu près en même temps que nous. Baudens pansa dans ce lieu un pauvre diable qui avait eu le pied fracassé par la balle d'un Arabe le matin même, dans sa charrette, à quelques kilomètres du camp. Cinq à six Kabyles, embusqués dans des buissons, avaient tiré sur lui et blessé sa mule. Ils s'étaient enfuis à la vue du premier homme d'escorte. Ce fait nous commandait la plus grande circonspection, et cependant M. le duc de Nemours marchait en avant de la colonne sans se faire éclairer, sur un terrain fort accidenté, couvert d'arbres et de broussailles, du milieu desquels des Arabes cachés auraient pu l'ajuster très-commodément. Nous fûmes obligés de faire détacher sans ordre une dixaine de chasseurs du 3e régiment, qui se portèrent en avant et fouillèrent un peu le pays, car nous tremblions que notre chef ne vînt à tomber dans quelque embuscade. Je dois ajouter, pour être vrai, que nos éclaireurs, en battant les buissons et les fourrés, ne firent lever que des perdrix.

A un quart de lieue du camp de Medjez-el-Hammar, le lieutenant-général gouverneur, comte de Damrémont, vint à la rencontre du prince, entouré d'un brillant état-major : l'arrivée de cette troupe de cavaliers au galop, soulevant un nuage de poussière, était d'un bel effet. Rien ne me parut plus pittoresque que l'aspect du camp éclairé par un beau soleil d'Afrique. D'immenses montagnes couvertes de verdure fermaient de tous côtés l'horizon; les blanches draperies des tentes, les arêtes nettement détachées des fortifications, les feuillages des abris et de tous les postes avancés, donnaient à ce paysage militaire un air de parure et de fête. De petits ouvrages pour nos grand'gardes étaient construits sur les éminences environnantes. Le gouverneur et les commandants du camp avaient eu la sage précaution de fortifier tous les postes, ou du moins de leur construire à tous des abris, avec une petite ceinture de pierres sèches, afin de protéger autant que possible nos sentinelles avancées contre le feu des Kabyles, qui, semblables à des bêtes fauves, rôdaient nuit et jour autour de nos établissements. Le camp était situé à portée de la Seybouse, qui embrassait une partie de son périmètre, et fournissait de l'eau en quantité suffisante pour nos besoins. Cette eau n'est cependant pas très-potable, car elle contient une notable quantité de sels neutres en dissolution ; mais les fontaines qui abondent dans les environs en donnent une fraîche et excellente.

Toutes les troupes étaient rangées hors du camp, et le prince les passa en revue. L'attitude du soldat me sembla parfaite. Le canon tirait, et sur les hauteurs à droite une tribu ennemie incendiait des douairs dont l'épaisse fumée se détachait en colonnes blanchâtres sur la sombre verdure des chênes et des lauriers. Je fus frappé de la tenue et de l'air martial des zouaves, que je voyais pour la première fois. Leur uniforme est à la fois le plus leste et le plus élégant qu'on puisse imaginer pour l'infanterie. Les hommes ont le cou nu ; les compagnies d'élite sont coiffées d'un turban vert roulé autour de leur tarbouche ou fezy ; les compagnies du centre ne portent pas de turban. Au lieu de capotes, les zouaves sont munis de courts cabans en drap gris comme ceux des matelots, avec un capuchon ; une veste boutonnée, un dolman bleu sans collet ouvert sur la poitrine et un large pantalon à la turque, complètent leur costume. Leur cartouchière est serrée autour des reins, et des guêtres en cuir lacées leur couvrent le bas des jambes.

Leur coiffure, la coupe de leurs habillements, et surtout la longue barbe qu'ils portent tous, leur donnent une physionomie tout à fait musulmane. Ce sont bien les plus infatigables marcheurs et les plus intrépides soldats qu'on ait vus. Le colonel de Lamoricière, qui avait formé ce corps d'élite, était fier de le commander, et c'est le plus bel éloge qu'on pût en faire.

Après le défilé de la troupe, nous entrâmes dans le camp, vaste établissement militaire dont les conditions extérieures et la partie pittoresque empruntaient au pays où nous nous trouvions une couleur locale qui en doublait le mérite à mes yeux. Nous y couchâmes, pendant notre séjour, sous des tentes que le génie nous avait fait dresser. On avait construit pour le prince une série de salons et de cabinets très-vastes, en osier recouvert d'un revêtement épais de branchages et de verdure. Une agréable fraîcheur régnait dans ces appartements improvisés. Tous les soldats avaient devant leurs tentes de jolis abris en feuillage; cela était disposé avec soin et même avec une certaine élégance.

Je fis, le soir de notre arrivée, en dînant chez le gouverneur-général, la connaissance du général Rulhières, qui commandait le camp pendant l'absence du général Damrémont, lors de la dernière attaque des Arabes. Il voulut bien me raconter l'affaire avec de grands détails. Les combats se livraient tout autour du camp, sur les éminences qui le dominaient, de sorte que les troupes qui n'y étaient pas engagées en étaient cependant spectatrices et y prenaient la part la plus vive. Sur la droite de la porte méridionale du camp, et à une assez grande hauteur, était placé un poste retranché. Cette position escarpée avait été bravement attaquée par l'infanterie arabe, qui escaladait avec intrépidité les rochers; plusieurs de ces fantassins étaient venus se faire tuer à vingt-cinq pas de l'épaulement. L'ennemi avait de 7 à 8 mille chevaux qui couvraient tout le rideau des montagnes. Suivant le rapport d'un déserteur espagnol, il aurait perdu dans cette affaire près de 400 hommes. Les chefs portaient tous une large ceinture rouge comme marque distinctive. L'infanterie régulière du bey, précédée de sa musique, avait marché avec résolution contre le poste des zouaves, qui la repoussa néanmoins après un combat d'une heure. Dans ce mouvement, l'ennemi s'était assez rapproché du camp pour que le général Rulhières pût lui envoyer de la mitraille avec des pièces de position. En résumé, l'affaire avait été très-chaude, et Achmet y était, dit-on, en personne.

Le 27 au soir, M. le duc de Nemours nous annonça que nous partirions le 1ᵉʳ octobre. Cette nouvelle fut accueillie avec joie par toute l'armée, car nous croyions devoir attendre à Medjez-el-Hammar l'arrivée des troupes qu'on faisait venir de France.

Nous visitâmes avec soin, dans la matinée du lendemain, les dehors du camp, les fortifications, les hôpitaux, la tête du pont de la Seybouse, ainsi que la manutention des vivres. Tout était dans un bel état d'entretien et de conservation. Après avoir pris une demi-heure de repos, nous repartîmes pour aller visiter dans les environs une source d'eaux thermales fort curieuse, nommée *Hammam-Mescoutin* (les eaux enchantées). Nous longeâmes, dans notre excursion, les rives escarpées et boisées de la Seybouse, dont nous remontions le cours en suivant de petits sentiers fort pierreux, très-peu fréquentés, et traversant de temps en temps des gués étroits et difficiles. Nos chevaux se tirèrent parfaitement de cette épreuve. Je ne conçois pas cependant comment ils ne s'abattirent pas cent fois sur les gros cailloux ronds qui couvrent les chemins et les lits des ruisseaux. Nous avions pour escorte un escadron de chasseurs, et les états-majors réunis du prince et des généraux formaient une troupe de plus de cent cavaliers, ce qui nous mettait à l'abri de tout danger de surprise.

Après une heure et demie de marche, nous arrivâmes au pied d'un monticule situé à la droite de la route, et nous aperçûmes, entre des pans de murs démolis, au milieu de nombreux fragments de ruines romaines, une trentaine de cônes blanchâtres de hauteurs diverses, disséminés sur un espace d'environ un kilomètre carré. Ces pains de sucre ont été formés à différentes époques par des fontaines jaillissantes, dont les eaux thermales déposaient incessamment autour d'elles des sels qu'elles tenaient en dissolution. Les uns, d'une origine toute récente, ne présentaient qu'une enveloppe légère, de forme à peu près conique, dont l'axe liquide répandait lentement sur la croûte environnante une eau chaude en ébullition continuelle. D'autres avaient déjà acquis une hauteur de un à deux mètres, mais la solidité de leur croûte ne résistait pas à la pression du pied dont on leur faisait porter facilement l'empreinte. Il y en avait de plus de sept mètres d'élévation et de quatre mètres de diamètre à la base; ceux-là, abandonnés par l'eau depuis longtemps, ressemblaient à des roches calcaires fort dures, et leur surface, assez irrégulière d'ailleurs, était couverte de végétation.

De distance en distance, on rencontrait de petits bassins dont la température variait de 60 à 70° Réaumur. Plus loin, l'eau coulait en ruisseau, et formait, en se précipitant dans la Seybouse, une cascade d'un effet fort original, en raison des couleurs singulières et variées que les sédiments avaient données à la roche. Les parties constamment baignées par les eaux étaient d'une blancheur éblouissante et quelquefois légèrement teintées de jaune. Ces eaux ont le goût de celles de Barèges et d'Aix-la-Chapelle [1] ; elles sont sulfureuses. J'ai remarqué qu'elles déposaient dans beaucoup d'endroits de la chaux presque pure, et les bulles qui s'élevaient à la surface des bassins étaient dues certainement à un grand dégagement d'acide carbonique. La cascade dont je viens de parler joint ses eaux à la Seybouse, et malheureusement au-dessus du camp, dont elle n'est pas éloignée de plus de six kilomètres. C'est ce qui explique pourquoi l'eau de la Seybouse, puisée à Medjez-el-Hammar, est insalubre. Le lit de cette rivière au pied de la cascade est d'ailleurs ombragé par d'épais bosquets d'oliviers, de len-

---

[1] Sous l'administration de M. le duc d'Aumale, un établissement de bains a été fondé en cet endroit pour les militaires malades ou blessés.

tisques et de lauriers-roses; c'est un endroit délicieux.

Nous côtoyâmes la rive gauche en revenant au camp, ce qui nous fit passer sur le champ de bataille du 24 septembre, et traverser les positions qu'avaient occupées alors les troupes du bey. Le sol portait l'empreinte des pas nombreux de la cavalerie ennemie. — Au retour de cette promenade, il fut résolu qu'on enverrait le lendemain une forte reconnaissance sur le Raz-el-Akba, afin de savoir si l'ennemi n'aurait pas tenté de détruire les travaux que nous y avions faits pour faciliter le passage de l'armée. Je demandai et j'obtins la permission de prendre part à cette reconnaissance.

Le 29 au matin, un bataillon du 47ᵉ de ligne et un peloton du 3ᵉ chasseurs, sous les ordres d'un chef de bataillon, sortirent du camp et se dirigèrent du côté du col, où nous avions ordre de pénétrer si nous ne rencontrions pas l'ennemi. Un officier de l'état-major général, le capitaine Renard, et un officier du génie, aide de camp du général Lamy, s'étaient joints à nous. Les chasseurs nous éclairèrent et nous servirent d'avant-garde. Nous trouvâmes la route parfaitement intacte; elle avait été respectée par les Arabes. Nous remarquâmes sur notre chemin plusieurs points où ils devaient avoir bivouaqué lors de la dernière affaire. Une prodigieuse quantité de vautours était occupée à dépecer les corps de quelques chevaux morts abandonnés par l'ennemi. Nous espérions pouvoir atteindre sans coup férir la sommité la plus élevée du Raz-el-Akba, car la reconnaissance avait ordre de ne pas s'engager, et nous parvînmes jusqu'à environ un kilomètre du col sans accident, à un lieu nommé Hannounah, où nous fîmes halte auprès d'une belle fontaine. Après avoir pris quelques instants de repos, nous nous remîmes en marche, mais nous avions fait à peine deux cents pas, que des chasseurs d'avant-garde accoururent pour prévenir le commandant que des cavaliers arabes en grand nombre occupaient le col et venaient à nous. J'avais beau ouvrir de grands yeux et parcourir du regard toutes les montagnes à l'entour, il m'était impossible d'apercevoir aucun ennemi, et j'avoue que je ne m'expliquais pas l'urgence du mouvement rétrograde qui fut à l'instant ordonné. Au bout de quelques instants, j'entendis une faible détonation qui me parut provenir d'un coup de fusil tiré dans la vallée à un quart de lieue. Je fis remarquer au commandant que des officiers chassaient sans doute aux environs. Il sourit et me dit : « Je vois que vous n'avez pas encore une grande habitude des Arabes; c'est l'attaque qui commence, nous allons avoir peut-être dans quelques minutes une sérieuse affaire sur les bras. » Il avait raison en effet, et j'ai acquis plus tard l'expérience de cette manière originale qu'ont les enfants de l'Atlas d'engager le combat. On ne saurait s'imaginer la distance à laquelle ils commencent le feu. Leurs premiers coups sont tirés non-seulement hors de portée et de vue, mais de si loin, que le son en parvient à peine aux oreilles. Ce doit être un moyen de ralliement qu'ils emploient, car ils ne sauraient avoir à coup sûr la pensée que leurs balles puissent atteindre à une pareille distance.

Quelques détonations un peu mieux caractérisées qui se firent entendre m'amenèrent bientôt à croire que le commandant pouvait être dans le vrai, que les Arabes, dont malgré tous mes efforts je n'avais pu encore distinguer un seul, se rapprochaient de nous, et qu'une demi-heure ne se passerait pas sans doute avant que nous en vinssions aux mains avec eux. Je n'avais pas eu le temps de faire cette réflexion, que je vis au-dessus de la route, à cinquante pas en arrière, sortir comme par enchantement du milieu des arbres et des rochers un cavalier ennemi monté sur un cheval noir magnifique. Il l'arrête, rejette son burnous à gauche, nous ajuste de son long fusil, et tire. Je croyais les Arabes à une lieue de nous, et ils étaient déjà sur nos épaules ; je ne pouvais revenir de ma surprise. Nous avions eu raison de ne pas pousser notre reconnaissance plus loin. Nous détachâmes alors quelques tirailleurs sur les côtés de la route pour contenir les cavaliers ennemis et couvrir notre retraite ; mais nous n'en fûmes que médiocrement importunés, ils se bornèrent en quelque sorte à nous observer, à échanger avec nous une fusillade insignifiante, et nous rentrâmes au camp sans jamais avoir été serrés de près sérieusement. Les détonations de notre petit engagement avaient attiré l'attention du gouverneur ; un de ses aides de camp accourut de sa part au-devant de nous pour avoir des nouvelles. Les Arabes, qui nous avaient suivis jusqu'à Medjez-el-Hammar, tiraillèrent tout le reste de la journée sur nos avant-postes.

Notre reconnaissance eut pour résultat de constater d'abord le bon état de conservation de la route, ensuite de nous faire acquérir la certitude, par la facilité avec laquelle les cavaliers arabes s'étaient réunis à notre approche, que le camp de l'aga ne devait pas être établi très-loin, et qu'il se trouvait sans doute de l'autre côté du Raz-el-Akba.

Le lendemain samedi 30, le prince alla visiter

le camp de Guelma, où commandait le colonel Duvivier. Le grand parc d'artillerie arriva dans la journée. Cet immense matériel, qui attirait tant de monde à sa suite, donna à notre camp l'aspect le plus animé. Ce fut dans la soirée de ce jour qu'on agita la grande question de savoir si l'on emmènerait ou si on laisserait au camp le parc de siége. Heureusement on suivit, en cette occasion, l'avis du général en chef de l'artillerie, qui, ainsi que le lieutenant-général baron de Fleury, commandant le génie, lutta avec force contre la tendance assez marquée de l'état-major général à s'affranchir des ennuis et des embarras d'un si lourd attirail de guerre. Ce grand parc de siége nous semblait à tous, je le confesse, bien superflu pour aller attaquer une bicoque.

Les divers parcs avaient été réunis au camp, mais les besoins du service de l'administration étaient tels que l'on fut contraint d'appeler d'autres services à son aide : une partie des voitures de l'artillerie fut donc employée à porter de l'orge et de la paille, et la moitié du matériel du génie laissée à Medjez-el-Hammar pour être remplacée par un chargement de l'administration. Toutefois, et par bonheur, on conserva précieusement quarante mille sacs à terre, afin de se ménager la possibilité de cheminer sur le terrain de roc et en contrepente qui s'étendait devant le front d'attaque à Constantine. Je passai une partie de la nuit à écrire des ordres; notre départ fut décidé pour le lendemain.

Le dimanche 18 octobre, à six heures, j'attendais au pont de la Seybouse les divers corps de notre brigade, pour les disposer en avant du front de bandière du camp des zouaves; j'avais aussi mission de placer le parc aux bœufs, notre artillerie et nos équipages. Le prince nous donna à peine le temps de nous former, et arriva presque aussitôt. Alors l'avant-garde, composée des zouaves, du bataillon du 2e léger et des spahis, s'ébranla; derrière marchaient deux pièces de montagne et deux obusiers de huit, ensuite les équipages, ambulances, etc.; puis venaient le 17e léger et toute notre cavalerie pour arrière-garde. Nous espérions bien une petite affaire dans la journée, car on avait vu au moment de notre départ les vedettes kabyles s'éloigner en faisant feu; mais l'ennemi ne se montra nulle part. Cette marche dans la montagne était d'un joli effet: le riche et élégant costume des spahis, les burnous blancs des Arabes auxiliaires, faisaient une très-bonne figure à côté des capotes grises de nos fantassins.

Aux trois quarts de la route, le gouverneur-général nous rejoignit.

Vers les quatre heures, le temps, qui avait été très-beau le matin, devint détestable; la pluie commença à tomber par torrents, et le sol des chemins fut aussitôt affreusement détrempé par l'eau du ciel et par les ruisseaux qui coulaient de la montagne. La terre était si grasse que les chevaux avaient la plus grande peine à se tenir et à marcher. J'ai souvent failli rouler dans les précipices en portant des ordres à la fin de la journée. Rien n'est moins confortable, en vérité, que de galoper avec un cheval fatigué sur ces pentes raides et humides, inondé par les rafales d'une pluie pénétrante, et tourmenté par un vent impétueux, qui fait flotter, malgré tous vos efforts, votre manteau, ce vêtement, soit dit en passant, si peu militaire et si incommode. Allez donc vous servir de vos armes dans de pareilles conditions, si vous pouvez! Les voitures eurent beaucoup de peine à monter les rampes du col en doublant les attelages.

Nous trouvâmes aux bords du Raz-el-Akba le bivouac d'Achmet tout frais encore. Notre avant-garde s'établit sur un plateau dans une assez bonne position. Le premier côté de notre carré était formé par les troupes du génie, les spahis, le 2ᵉ léger et les zouaves; le second, par le 17ᵉ léger, et le troisième par les escadrons de chasseurs. Nous dûmes camper sur un sol humide et glaiseux, mais qui se desséchа bien vite sous l'action du soleil couchant.

A peine arrivé, je reçus l'ordre d'aller prendre quinze spahis et de me mettre en recherche de quelques sources dans les environs; j'allai donc vers le commandant de Mirbeck, et lui fis connaître ma mission. « Prenez quinze hommes, » me dit-il ; puis il ajouta avec le plus grand sang-froid : « Mais vous vous ferez couper la tête... Benouéni, accompagne le capitaine. » Et il me salua très-poliment. Notez que la pluie continuait à tomber d'une manière déplorable. Être obligé de chercher de l'eau par un temps pareil, cela avait presque l'air d'une plaisanterie. Cependant, mes spahis et moi, nous nous lançâmes en différentes directions, et grâce à quelques mots de français que parlait le maréchal-des-logis Benouéni, je parvins à diriger nos recherches avec assez de sagacité pour trouver à peu de distance du camp une source abondante; j'eus même assez de bonheur pour ne pas voir se réaliser le funèbre pronostic du commandant des spahis.

On était, à notre bivouac, assez préoccupé du matériel de l'artillerie à cause de l'état des chemins. Si en effet la pluie avait continué, il fût devenu tout à fait impossible de faire mouvoir les pièces de 24. Heureusement que vers le soir, comme je l'ai dit, le soleil se dégagea des nuages, et à sa vue nos cœurs se rouvrirent à l'espérance. On fit sécher les manteaux, on poussa des reconnaissances en avant dans toutes les directions, et à l'aide de nos lunettes nous pûmes apercevoir sur le col d'Hannounah la brigade du général Trézel, dont les armes brillaient aux rayons du soleil couchant. S'il est vrai de dire qu'en Algérie quand il pleut, il pleut bien, il est juste aussi de remarquer que le soleil d'Afrique a une propriété desséchante des plus caractérisées ; aussitôt qu'il paraît, il a absorbé en moins de dix minutes toute l'eau répandue sur le sol, et pompé entièrement l'humidité des vêtements qu'on expose à son ardeur dévorante.

Nous avions parcouru depuis le matin treize mille deux cents mètres. Nous dînâmes du meilleur appétit à notre premier bivouac, assis sur les cantines des mulets de bât qu'on plaçait autour du feu ; nous mangions sur nos genoux une soupe que l'eau du ciel se chargeait souvent d'allonger. Je me suis très-bien trouvé, dans mon court voyage en Afrique, de ne jamais boire entre mes repas. Notre chère, d'ailleurs, était très-simple et très-frugale. Nous avions avec notre soupe un plat de viande entouré de riz, et ensuite du café léger. J'ai la conviction que la sobriété et l'exercice préviendraient dans ce pays la plupart des affections de l'estomac et des entrailles. Quant aux fièvres endémiques, il n'y a guère, je pense, de moyens de s'y soustraire. Les fruits, les herbes, sont à éviter. Il est de toute nécessité de coucher entièrement habillé pour éviter la fièvre, les yeux couverts pour se garantir des ophthalmies, et les mains dans les poches par crainte des scorpions. Si après avoir pris ces précautions on n'est pas sensible aux puces, et que les inégalités du sol ne paraissent pas trop gênantes, on peut fort bien dormir au bivouac enveloppé dans un manteau et la tête sur une petite botte de foin. J'avoue cependant que je n'y ai jamais goûté entièrement les douceurs de ce sommeil qu'on nomme réparateur.

Le lendemain lundi, 2 octobre, à quatre heures, on battit la breloque à la grand'garde des zouaves, et aussitôt branle-bas général. A ce signal on s'habille, c'est-à-dire qu'on resserre son col et qu'on boutonne son uniforme; tout le monde est sur pied; on va voir les chevaux, on s'informe s'ils ont eu de l'orge, s'ils n'ont pas cassé leurs entraves pour aller se promener dans le camp pendant la nuit; puis, après avoir plié bagage, l'avant-garde s'ébranle, et bientôt elle est en marche.

La veille, autour de notre grand feu, le général Perregaux, chef d'état-major du lieutenant-général gouverneur, nous avait appris que plusieurs scheiks des environs étaient venus offrir de l'orge et de la paille hachée, disant qu'à notre approche Achmet avait été obligé de se retirer et de lever son camp, que plusieurs tribus l'abandonnaient, « parce que décidément les Français étaient les plus forts. » On doit supposer cependant qu'il y avait un peu moins de sympathie que de curiosité dans la démarche de ces bons scheiks auprès de nous, car malgré leurs promesses et leurs compliments, bien loin de se joindre à l'armée comme ils avaient annoncé vouloir le faire, ils ne reparurent pas avant notre départ, et nous n'entendîmes plus parler d'eux.

Du haut du col, point culminant de la chaîne où nous avions bivouaqué, les regards se portaient au loin sur un pays très-montagneux et d'une aridité complète. Le versant sud de cette partie de l'Atlas n'est pas comme les pentes septentrionales, qui, aux environs de Medjez-el-Hammar et jusqu'à Hannounah, sont couvertes de végétation. Depuis ce moment jusqu'à notre arrivée à Constantine, c'est-à-dire pendant cinq journées de marche, nous n'avons pas vu un seul arbre, et je pourrais presque dire une seule plante, si l'on n'exceptait quelques lauriers-roses rabougris et chétifs qui croissent dans le lit desséché des ruisseaux. C'est le pays le plus pelé qu'on puisse imaginer, et on n'y trouve que des chardons. Cet artichaut sauvage n'est pas dédaigné, dit-on, par la cuisine arabe, et couvre en abondance tout le pays; nous en faisions couper le plus possible afin d'alimenter les feux de nos bivouacs et de ménager notre bois.

On trouve à chaque pas des fontaines dans ce terrain d'une apparence si désolée, et une armée ne doit jamais être exposée à y souffrir de la soif. A une lieue environ de la rivière nommée Oued-Zenati, la brigade d'avant-garde reçut l'ordre de parquer son artillerie et ses prolonges pour attendre que les sapeurs du génie eussent terminé des travaux de réparation indispensables au passage des ravins. On adoucit des rampes, on consolida les gués par d'épaisses couches de pierres et de gros graviers. A 2 kilomètres de Sidi-Tamtam, lieu où nous devions passer la nuit, le génie fut obligé de travailler pendant deux heures, afin de rendre praticable à l'artillerie une pente raide et difficile. Nous passâmes en avant avec les zouaves, le 2e léger et notre cavalerie.

A l'extrême avant-garde, on aperçut quelques vedettes arabes sur les montagnes à notre droite, et dans la vallée près de l'Oued-Zenati une cinquantaine de cavaliers serrés en peloton que j'allai reconnaître et pus distinguer parfaitement avec ma lunette. Ils étaient placés en observation ; à notre approche, ils ne tardèrent pas à se mettre en mouvement et disparurent. Une demi-heure après nous étions dans une vaste plaine sur les bords de l'Oued-Zenati ; c'est la même rivière qui reçoit plus tard le nom de Seybouse et se jette dans la mer auprès de Bône. Quelques lauriers croissaient sur les berges. J'ai entendu dire souvent que cette plante communique des propriétés malfaisantes à la plupart des rivières de l'Afrique qui en baignent et lavent les racines.

Nous campâmes non loin de l'Oued auprès du marabout de Sidi-Tamtam, et formâmes un vaste carré suivant notre habitude. Sur le plateau où nous étions établis se trouvait un cimetière où plusieurs tombes fraîches nous indiquèrent les sépultures d'Arabes morts sans doute des blessures reçues à l'attaque du camp de Medjez-el-Hammar. Il faut marcher avec précaution sur ce sol perfide. Rien n'est plus facile pour un cavalier qui le traverse sans précautions que d'enfoncer avec son cheval dans des excavations quelquefois de deux ou trois mètres de profondeur. Le marabout avait été ruiné lors du passage de notre armée l'année précédente, et n'offrait d'ailleurs rien de remarquable. Le soir, nous vîmes arriver la brigade Trézel, tout le matériel du génie et de l'artillerie, le convoi de l'administration, enfin les énormes pièces de 24, qui avaient franchi sans difficulté les passages où l'on craignait de les voir arrêtées, grâce à ce brûlant soleil dont la vertu est de raffermir si vite les terrains les plus fangeux. Nous étions gais et satisfaits, dans cette soirée, de voir réunis autour de nous, sur l'immense plateau de Sidi-Tamtam, toutes les ressources de notre petite armée.

Vers quatre heures, quelques cavaliers ennemis se montrèrent sur les crêtes au-dessus de la rive droite de la rivière, ce qui n'empêcha pas les spahis d'aller fourrager de ce côté, tandis que 200 chevaux des chasseurs partaient au galop dans le même but et du côté opposé. Les zouaves eurent un engagement sans importance avec les Arabes de quelques douairs situés sur les versants des montagnes qui s'élevaient à notre gauche. Nos intrépides et agiles fantassins gravirent ces pentes rapides avec une aisance incroyable. On trouva dans les douairs quelques silos remplis d'orge dont les hommes rapportèrent plusieurs sacs. De son côté, notre cavalerie revint avec une riche provision de paille hachée.

Nous partîmes du bivouac de Sidi-Tamtam mardi 3, à sept heures, et nous nous avançâmes entre les collines qui enserrent la vallée où coule en serpentant l'Oued-Zenati. Pendant cette journée, nous trouvâmes moins d'eau. Nous avions quitté la montagne et la région des sources ; le lit de l'Oued-Zenati était lui-même souvent à sec. Aussitôt donc qu'il y avait moyen, on faisait boire les chevaux. Vers le soir, un immense horizon se déploya devant nous, et, après avoir traversé plusieurs défilés, l'armée s'avança dans une vaste plaine. De grands tas de paille brûlant de tous les côtés nous firent connaître la politique que notre ennemi était résolu à suivre en se retirant devant nous. Des cavaliers que nous aperçûmes fuyaient en tenant à la main des brandons allumés avec lesquels ils venaient de mettre le feu à ces énormes meules dont la fumée se répandait au loin dans la plaine. Nous lançâmes aussitôt de la cavalerie dans toutes les directions, et malgré l'empressement avec lequel les ordres d'Achmet étaient exécutés, nos chasseurs rapportèrent de l'orge et de la paille hachée en abondance; car les habitants n'avaient pas eu le temps de vider leurs silos, et toutes les meules étaient loin d'être brûlées. Nous nous trouvions dans un pays très-cultivé, et grâce à l'activité de nos cavaliers, nos chevaux y vécurent dans l'abondance, l'ennemi ne tint nulle part, et eut bientôt disparu vers le sud-ouest. Le temps était magnifique; la nuit fut tranquille; la 2ᵉ brigade, ainsi que toute l'artillerie, campa avec nous au lieu dit Ben-Aïoun.

Le mercredi 4, nous levâmes notre camp à dix heures; plusieurs passages de ruisseaux marécageux nécessitèrent les travaux du génie et retardèrent notre marche. En approchant du lieu appelé Summa, où se trouve un monument romain, on pensait que l'ennemi défendrait la position qu'il occupait l'année précédente; mais il ne se montra nulle part, et nous traversâmes un défilé, assez dangereux d'ailleurs, sans rencontrer autre chose de l'ennemi qu'un jeune chameau que l'armée d'Achmet avait abandonné, et qui semblait fort dépaysé au milieu de nous. Quelques cavaliers se firent bien voir, mais sur des crêtes à de grandes distances. La tactique du bey était évidemment de nous laisser arriver jusque sous les murs de Constantine sans nous livrer de bataille.

Nous ne trouvâmes pas plus de végétation sur notre route pendant cette journée que dans les précédentes ; le pays présentait toujours le même aspect. La vallée où nous marchions était hérissée de chardons et semée de pierres fort gênantes pour la cavalerie ; quelques chaumes d'orge dans les champs, des collines rondes et arides, avec des rochers çà et là, complétaient le paysage, qui m'a rappelé les régions les plus désolées de l'Auvergne : du reste, il y avait de l'eau dans tous les ruisseaux. Pas un Arabe ne vint à nous ; nous étions entourés de douairs et de meules fumantes. Les populations et leurs troupeaux s'étaient retirés au loin à l'approche de l'armée, car, de quelque côté que se portassent nos regards du haut des points les plus élevés du pays, nous ne découvrions qu'une immense solitude. C'était décidément un désert qu'Achmet avait voulu créer autour de nous. Heureusement que la richesse des moissons et la fuite précipitée des habitants avaient apporté quelque obstacle à l'exécution des mesures ordonnées par notre adversaire, car partout notre cavalerie trouvait des silos encore pleins, et, ce jour comme les précédents, nos fourrageurs revinrent abondamment pourvus de paille hachée; de plus, ils étaient presque tous chargés de débris de bois provenant des douairs abandonnés, et qui servirent, avec les chardons, à nous faire de beaux feux de bivouac. Nous campâmes à un lieu appelé Mehris, sur les bords du Rummel, rivière qui coule vers Constantine.

Le jeudi 5, le gouverneur-général voulut, en se rapprochant de Constantine, réunir ses forces et concentrer l'armée ; nous ne quittâmes notre bivouac que fort tard, après avoir été rejoints par les 2e et 3e brigades. Le commencement de notre marche n'offrit rien d'intéressant; nous cheminions doucement dans une immense vallée d'une aridité complète, sous un soleil dévorant, et nous revoyions ces mêmes plateaux où, l'année précédente, l'armée expéditionnaire avait presque entièrement été ensevelie sous la neige et où beaucoup de nos soldats étaient morts de froid! Lorsque nous arrivâmes au pied de la position de Summa, un assez grand nombre de cavaliers, qui ne tardèrent pas à couvrir les sommets à notre gauche, en descendirent et vinrent franchement à nous ; nous les observions avec assez d'intérêt, quand l'un d'eux s'avança au galop et lâcha son coup de fusil sur les zouaves de notre avant-garde. Bientôt un feu assez nourri commença, et nous apprit que nous étions enfin aux prises avec les cavaliers d'Achmet. Le prince regretta à ce moment que le gouverneur-général, suivant son habitude, fût parti très en avant, emmenant avec lui toute notre cavalerie, car nous trouvions l'occasion d'exécuter une belle charge. Nous fîmes déployer nos zouaves et quelques compagnies d'infanterie légère en tirailleurs pour contenir les Arabes, qui devenaient fort entreprenants, et Son Altesse royale m'envoya porter l'ordre au colonel Laneau de rétrograder avec son régiment, le 3e chasseurs, qui dépendait de notre brigade. Je ne pus obtenir cependant, malgré mes instances auprès du gouverneur, qu'un seul escadron que je ramenai au prince, et qui poussa aussitôt devant lui les cavaliers ennemis. Nous continuâmes alors notre route, et parvînmes sans difficulté au défilé qui précède le point culminant où s'élèvent les ruines d'un monument romain. La 2e brigade, qui nous suivait, eut un engagement plus sérieux que le nôtre ; plusieurs hommes de part et d'autre furent tués et blessés.

Enfin, à deux heures, toute l'armée était arrivée sur le plateau de Summa, qui domine la plaine, ainsi que l'indique son nom, évidemment latin. C'est de là que nous aperçûmes pour la première fois Constantine à droite, et le camp de la cavalerie du bey sur la gauche. Les blanches maisons de la capitale d'Achmet nous apparurent entre les hauteurs de Sattah-Mansourah d'un côté et celles de Coudiad-Aty de l'autre. Toutes les lunettes de l'armée furent aussitôt braquées sur cette ville si intéressante pour nous, et dont nous étions en ce moment éloignés de 23,300 mètres ; on crut voir sur le Coudiad-Aty des ouvrages de fortification qui ne défendaient pas cette position l'année précédente ; nous sûmes depuis que nous avions pris pour de nouveaux ouvrages des marabouts blanchis à la chaux qui brillaient au soleil, et qu'en raison de la distance nous ne pouvions pas bien distinguer.

Achmet commit une faute en ne fortifiant pas le Coudiad-Aty ; il aurait dû nous disputer pied à pied tous les abords de la place, au lieu de se borner à s'enfermer dans les murs de sa ville. Quelques redoutes sur le Sattah-Mansourah et sur le Coudiad-Aty ne nous auraient certes pas arrêtés sérieusement, mais elles nous auraient fait perdre du temps et consommer des munitions ; or, c'était un point immense pour notre adversaire que de pouvoir gagner quelques jours. Je me suis souvent demandé aussi pourquoi Achmet n'avait pas fait creuser un fossé devant le front qu'il s'attendait bien à nous voir attaquer, et n'avait pas fait élever un talus, de façon à nous masquer le rempart dont l'escarpe était parfaitement visible pour nous du haut en bas, ce qui nous permit de battre en brèche très-commodément. Il n'ignorait certes pas que nous choisirions le front de la porte El-Gharbia comme le seul accessible, car il l'avait muni d'une assez respectable artillerie ; il n'eut pas cependant la pensée de le protéger contre le tir de nos grosses pièces, ou du moins de rendre plus difficiles les tentatives d'escalade auxquelles, soit dit en passant, j'ignore comment nous n'avons pas eu recours. Cette incurie ou cette ignorance me donne lieu de croire, malgré ce qu'on a prétendu, qu'aucun Européen ne guidait Achmet de ses conseils, car il n'est pas un sous-officier d'artillerie français, anglais ou allemand, qui n'eût compris ce qu'il était très-facile et très-nécessaire d'ajouter aux moyens de défense de la ville. Il paraît, au reste, que le bey croyait fermement Constantine imprenable ; notre échec de l'année précédente, les prédictions de marabouts fanatiques, avaient exalté sa confiance et enflammé son courage au point de lui faire considérer la victoire comme assurée pour lui.

Le monument qui s'élève sur la montagne de Summa est d'un aspect singulier ; c'est un tronc de pyramide en escalier, surmonté de masses de pierres de toutes les formes. On ne sait quelle destination attribuer à cette construction bizarre, à moins de supposer que les Romains n'aient voulu établir un point trigonométrique visible à une grande distance, qui pût servir à la mesure du pays. Nous fîmes en ce lieu une assez longue halte. Par le nombre des tentes du camp du bey établi sur les montagnes de gauche, on évalua qu'il pouvait y avoir environ 1,500 chevaux réunis. Les tirailleurs des spahis étaient fort en avant sur les bords du Bou-Merzoug, qui coulait au fond de la vallée à nos pieds.

Nous nous remîmes en marche après deux heures de repos, et descendîmes en côtoyant la rivière où se jettent de nombreux ruisseaux que nous étions dans la nécessité de traverser. Au passage de l'un de ces affluents, le génie fut obligé de travailler assez longtemps pour en débarrasser le lit d'une énorme quantité de pierres rondes, roulées par les eaux, qui le rendaient d'un accès fort incommode. Les Arabes descendirent à ce moment des crêtes environnantes, et tiraillèrent sur le gué que les différents corps de notre avant-garde traversaient successivement. M. le duc de Nemours demeura pendant très-longtemps dans cet endroit, et y fut exposé au feu de l'ennemi, qui était d'autant plus vif qu'on ne lui répondait pas. Le prince, avec la conscience qu'il mettait dans l'accomplissement de tous ses devoirs, savait bien que sa présence empêcherait le désordre et faciliterait beaucoup de choses, et il avait raison. Lorsque les derniers hommes de notre brigade furent sortis de la rivière, le prince prit le galop, et rejoignit avec nous la tête de colonne.

Nous étions alors sur une belle plaine de gazon, où un spectacle assez amusant s'offrit à notre vue. De l'autre côté, et à une faible distance du Bou-Merzoug, qui dans cet endroit est fort encaissé, cheminaient au pas et très-tranquillement deux cavaliers arabes dont la tête était ornée d'un chapeau de paille colossal tout couvert de plumes d'autruche. Cette décoration caractéristique est portée dans le nord de l'Afrique par les plus intrépides guerriers. Marchant parallèlement à notre colonne, ces Arabes semblaient ne pas s'apercevoir de notre présence, et affectaient même en causant de ne pas tourner la tête de notre côté. Nos tirailleurs, piqués de cette indifférence, les avaient pris pour point de mire, et l'on voyait à chaque instant des balles frapper les rochers au-dessus de leurs têtes, ou faire voler la terre devant les pieds de leurs chevaux, sans qu'ils daignassent cesser leur conversation ou hâter le pas de leurs montures. Le fait est qu'ils mirent l'adresse de nos meilleurs tireurs en défaut, qu'ils s'éloignèrent et regagnèrent le gros de la cavalerie ennemie sans avoir été atteints, et cela aux applaudissements de nos éclaireurs, qui ne purent s'empêcher de rendre hommage à leur audace.

A cinq cents pas plus loin, nos spahis traversèrent la rivière et engagèrent avec l'ennemi une fusillade fort vive. Le prince m'avait envoyé porter l'ordre à un escadron de chasseurs d'appuyer les spahis, et j'arrivai avec cet escadron sur le lieu du combat. C'était un spectacle des plus attrayants que cette action de cavalerie; les détonations mêlées aux apostrophes que se renvoyaient les combattants, les fantasias des cavaliers fuyant après avoir déchargé leurs fusils, les bravades des plus hardis, cette animation, ce mouvement général, donnaient à l'ensemble du tableau les couleurs les plus originales et les plus pittoresques.

Un lieutenant d'artillerie saxon, qui avait suivi l'expédition comme officier détaché auprès des spahis, était, je me le rappelle, au milieu de cette mêlée, tout enivré de joie et de poudre. Ces Arabes combattent avec tant d'élégance et de légèreté, ils jettent avec tant d'aisance leur burnous sur l'épaule après avoir tiré, ils impriment si adroitement un mouvement de rotation à leur cheval qui s'arrête et se cabre, lorsqu'ils veulent passer en deuxième ligne pour recharger leurs armes, qu'on ne peut se lasser d'admirer leur souplesse et leur bonne grâce. Ce spectacle, tout à fait nouveau pour moi, me semblait des plus intéressants. La plupart de nos spahis étaient recrutés dans la tribu des Beni-Urgin, et par conséquent en état de répondre aux apostrophes injurieuses et en style homérique que leur lançaient leurs adversaires. « Regarde ce cavalier, mon capitaine, me dit un de nos spahis indigènes, vois comme il a un beau cheval!... c'est mon frère. » Ils étaient en effet de la même tribu et de la même famille, ce qui ne l'empêcha pas de terminer son observation en envoyant un bon coup de fusil à l'adresse de son pauvre frère. Il y eut plus de bruit que de mal dans cet engagement de cavalerie, qui avait lieu sous les yeux de notre avant-garde, arrêtée à une petite distance. Le feu des tirailleurs à cheval est en général mal assuré, et par conséquent peu dangereux. Nous n'eûmes de notre côté que trois hommes de blessés et un brigadier de tué. Parmi les vociférations arabes que j'ai pu entendre : *Ya kelba! ya beni el kelba!* [1] semblaient être les expressions favorites des cavaliers d'Achmet, auxquelles se joignaient d'ailleurs toutes sortes de défis et de bravades. Quelques-uns de ces hommes parlaient un mauvais espagnol : *magnana cortar la cabeça* [2] revenait encore assez souvent. Pour hâter la conclusion de l'affaire et éloigner cette fourmilière du lieu où il avait l'intention de placer son camp, le prince fit avancer deux obusiers et lancer au milieu des groupes les plus nombreux de l'ennemi quelques obus qui éclatèrent et lui tuèrent du monde. Vers le soir, le feu cessa, et nous établîmes notre bivouac. Nous ne nous trouvions plus éloignés de Constantine que de trois kilomètres.

Notre camp était formé, et je revenais au pas après avoir porté des ordres à un de nos postes avancés, quand un événement singulier, qui mit mes jours en péril, offrit à notre brigade, pendant

[1] *Ya kelba*, vocatif pluriel de *kelb*, chien. — *Beni*, pluriel de *ben*, fils.

[2] « Demain nous vous couperons la tête. »

quelques instants, un spectacle neuf et dramatique à la fois. Un grand cheval noir fort méchant, qui appartenait au colonel Boyer, nourrissait une haine implacable contre Pompée, l'un de mes chevaux, dont je me servais souvent, et que je montais ce jour-là. Comme je n'avais aucune donnée sur les antécédents de ces deux ennemis, je ne savais à quoi attribuer l'animosité bien marquée de ce méchant cheval noir, qui ne perdait jamais l'occasion de lancer une ruade ou de donner un coup de dent à mon pauvre Pompée, quand il le rencontrait ou lorsqu'il pouvait l'atteindre. Je rentrais donc, et m'approchais du centre de notre carré pour mettre pied à terre auprès de la tente du prince, quand le cheval en question, apercevant l'objet de son ressentiment, s'élance furieux, rompt ses liens, ses entraves, et se précipite sur nous comme un lion ; Pompée se dresse alors bravement sur les pieds de derrière, et voilà les deux adversaires se livrant un combat en règle sans s'inquiéter de moi, qui me trouvais, comme on doit le croire, fort mal à mon aise. Sur ces entrefaites, un cheval gris que venait de monter M. le duc de Nemours, et qui était sur le lieu du combat, se débarrasse de l'homme qui le retenait, se jette au milieu de la mêlée et prend parti pour Pompée, lequel était vaincu et renversé, hélas! mais se débattait encore sous les pieds de son redoutable ennemi : nouvelle lutte, plus affreuse que la première, livrée sur le corps de mon cheval, et moi au-dessous, servant dans cette guerre, qu'on me pardonne le jeu de mots, de base d'opérations. Heureusement, des soldats d'infanterie eurent le courage de venir m'arracher à la position des plus critiques où je me trouvais. Chose presque incroyable, je ne reçus, au demeurant, aucune blessure, et j'en fus quitte pour quelques contusions.

La nuit se passa tranquillement, sauf quelques coups de fusils tirés sur nos postes et sur nos bivouacs. Le vendredi 6, nous partîmes à cinq heures sans bruit; le temps était couvert, il pleuvait un peu, et le jour pointait à peine. Quand nous fûmes à un quart de lieue de la ville, que nous ne pouvions pas encore découvrir, et à cinq cents pas environ du marabout de Sidi-Mabrouk, situé sur le versant nord du Sattah-Mansourah, nous vîmes descendre des montagnes de gauche un grand nombre de cavaliers arabes qui vinrent tirailler sur nos flancs dans la vallée du Bou-Merzoug, sans cependant passer cette rivière. Quelques chasseurs et quelques fantassins déployés sur la route suffirent pour les contenir. Le prince me dit alors de porter aux spahis l'ordre d'occuper le plateau de Mansourah. Nous nous lançâmes au galop sur cette montée, qui s'étend depuis Sidi-Mabrouk jusqu'aux crêtes situées au-dessus de Constantine. En longeant les jardins du marabout, dont nous laissions l'enceinte murée à notre gauche, nous nous attendions bien à recevoir le feu de l'infanterie d'Achmet, qui, nous le pensions, devait s'y être embusquée; mais par crainte sans doute d'être tourné, l'ennemi n'avait pas occupé cette position, et s'était retiré sur le plateau, au milieu des rochers qui en bordent l'arête extrême.

C'est là, en effet, que nous trouvâmes les zouaves réguliers du bey, qui nous accueillirent par un feu bien nourri. Les spahis se déployèrent alors, et commencèrent à tirailler avec eux. Parmi ces zouaves d'Achmet qui sautaient et gambadaient à notre approche, en ayant l'air de se moquer de nous et en nous envoyant des coups de fusil, j'ai cru reconnaître des Français, si j'ai eu raison de m'en rapporter à des gestes et à des poses assez caractéristiques qui m'ont rappelé le carnaval de mon pays. Le commandant de Mirbeck me pria d'aller demander de l'infanterie au prince afin de déloger les Arabes des rochers et des pentes abruptes où ils étaient embusqués, et où les spahis ne pouvaient les poursuivre. Un bataillon du 2ᵉ léger se porta en avant et poussa l'ennemi. Alors l'état-major et toute la brigade débouchèrent sur le plateau, et nous accourûmes à l'extrémité supérieure de ce plan incliné auquel on a donné avec raison le nom de *Sattah*, toit, pour jouir de la vue de cette ville célèbre que j'étais si avide de contempler.

Je ne trouve pas d'expression pour rendre l'émotion que j'éprouvai lorsque, parvenu au sommet du Mansourah, je découvris tout à coup Constantine à mes pieds pour la première fois ; un rayon de soleil, qui venait de percer de gros nuages sombres, l'éclairait en ce moment d'une lueur fantastique. Le fameux pont (El-Kantara), celui où s'était livrée l'année précédente une si sanglante affaire, brillait avec ses arceaux blanchâtres sur le noir précipice du Rummel. A la droite du pont, les rochers de Sidi-Mécid dominaient cet affreux précipice, et leurs ombres portées nous en dérobaient la profondeur. Les hautes montagnes de l'Atlas, dans le fond du tableau, agrandies à nos yeux par les vapeurs du ciel, avaient pris des formes gigantesques et majestueuses ; c'était un spectacle saisissant et sublime à la fois, une de ces compositions rêvées et dessinées par Martin. Une illusion d'optique très-singulière, dont j'eus d'abord quelque peine à me rendre compte, donnait à l'ensemble des objets que nous avions sous les yeux une apparence extraordinaire et merveilleuse.

Constantine est bâtie sur un rocher dont la nature a taillé le sommet en biseau, et qui présente un plateau très-incliné par rapport à l'endroit où nous étions; les maisons de la ville, de formes et de grandeurs inégales, couvrent entièrement ce plateau, de sorte que du Mansourah on ne devine pas l'inclinaison. Alors, par suite de l'élévation considérable de l'horizon visuel qui en résulte, l'observateur se croit placé à une prodigieuse hauteur au-dessus de la ville, car on sait que plus on s'élève dans les montagnes et plus l'horizon paraît s'élever. La facilité avec laquelle nous pouvions distinguer les moindres objets dans les rues et sur les terrasses de Constantine semblait si peu en rapport, d'ailleurs, avec l'éloignement apparent de la ville, qu'il y avait vraiment quelque chose de magique et de surnaturel dans cet effet de perspective.

Constantine[1], la Cyrta des Romains, s'élève sur

---

[1] Ksentinet-el-Aiouah, Constantine l'aérienne; c'est le nom que lui donnent les Arabes.

le faîte d'une roche des plus escarpées. Les hauteurs de Sattah-Mansourah et de Sidi-Mécid, qui contournent la ville et la dominent au sud-est et au nord-est, en sont séparées par un ravin étroit d'une très-grande profondeur, au fond duquel coule impétueusement le Rummel. Les pentes qui, de l'arête supérieure du Mansourah, descendent jusqu'au fond du lit du Rummel, sont d'une inclinaison fort rapide, mais les parois de rochers de Sidi-Mécid sont tellement à pic, et celles qui supportent la ville sont si verticales, qu'on est fondé à croire que la séparation n'a pas toujours existé, et que cette effrayante crevasse de 600 mètres de profondeur se sera un jour ouverte dans le sein de la montagne, déchirée par quelque commotion souterraine. Au nord-ouest, le roc de granit qui supporte Constantine s'élève au-dessus d'une vallée fort étendue que le Rummel arrose, et où il se précipite d'étage en étage en formant plusieurs cascades. C'est dans cette vallée, ornée d'une riche végétation, que le bey avait ses fermes et ses vergers.

La colline de Coudiad-Aty, fort rapprochée de Constantine dans la direction du sud-ouest, est liée à la ville par un plateau d'environ 200 mètres de largeur qui s'élève comme un dos d'âne entre la gorge où coule le Rummel et la vallée dont je viens de parler. Protégée partout ailleurs par la nature de ses escarpements, Constantine n'était accessible que par cet endroit. Aussi le bey avait-il fait consolider et exhausser les anciennes murailles romaines qui couvraient ce front de la ville ; elles étaient percées de créneaux et armées d'une nombreuse artillerie. On avait fait disparaître en outre et rasé toutes les constructions qui, situées entre le pied du Coudiad-Aty et la porte d'El-Gharbia, avaient, l'année précédente, facilité nos approches en protégeant notre infanterie contre le feu du rempart.

Un énorme étendard rouge, portant au centre une épée blanche à une seule poignée avec deux lames, flottait sur la porte dont je viens de parler ; c'était l'étendard d'Aly. Le bey, en déployant les couleurs de l'islam, nous annonçait que son intention était de faire résistance. Cependant nous n'osions l'espérer encore, et nous nous attendions à voir paraître quelque députation portant les clés de Constantine.

Notre incertitude ne fut pas de longue durée ; nous venions à peine de nous montrer sur la crête du Mansourah, et par conséquent en vue de la ville, que la population tout entière, qui nous attendait sans doute avec quelque anxiété, salua notre apparition par des cris sauvages et mille fois répétés ; c'étaient de ces sons gutturaux que connaissent tous ceux qui ont voyagé en Afrique. Presque en même temps une vive lumière, suivie d'un épais nuage de fumée blanchâtre, brilla à notre droite, et un boulet de 24, qui en ricochant couvrit de terre le lieutenant-général gouverneur, nous apprit que la kasbah voulait aussi nous souhaiter la bienvenue. Désormais, il n'y avait plus à en douter, Constantine était résolue à se défendre : nous allions avoir un siége à faire. Grande fut la joie dans l'armée !

Le plateau de Sattah-Mansourah, que les deux premières brigades venaient d'occuper, s'étend depuis le marabout de Sidi-Mabrouk, en s'élevant peu à peu jusqu'à une distance de 2 kilomètres environ ; là il se brise suivant une arête parallèle au Rummel, qui baigne de deux côtés les contreforts de la ville. Cette arête termine brusquement le plateau ; les flancs escarpés de la montagne descendent alors presque à pic jusqu'au fond du torrent ; nous avions donc la ville devant nous et presque à nos pieds, et nous pouvions à l'œil nu distinguer parfaitement les habitants sur les terrasses et dans les rues. L'enceinte en est presque carrée ; à l'un de ses angles, celui que nous avions un peu à notre droite, le ravin du Rummel tourne en équerre et longe le côté nord-est du quadrilatère. De cet angle, où est située la porte d'El-Kantara, part le pont de ce nom qui traverse le précipice, et est supporté par deux rangs d'arches superposées. Plus à droite encore s'élèvent les hauteurs de Sidi-Mécid, dont les pentes inférieures sont couvertes de cactus. Nous avions en face de nous et légèrement à notre gauche, mais dans un plan beaucoup plus éloigné, la colline de Coudiad-Aty, qui fait face au front sud de la ville, celui Bab-el-Oued. Le côté occidental de Constantine regarde les hautes montagnes de l'Atlas. Deux des assises du plateau de Sattah-Mansourah sont défendues par des rochers tout à fait inabordables. Son arête extrême, celle qui fait face à la ville, peut avoir environ quatre cents mètres de développement, mais le plan va en s'élargissant à mesure qu'on s'éloigne de Constantine, et qu'en lui tournant le dos on s'approche de Sidi-Mabrouk. A l'angle saillant de ce bastion naturel se trouvent les restes d'une redoute en étoile, dite *redoute tunisienne*, parce qu'elle avait été construite en 1760 par un bey de Tunis, qui vint mettre le siége devant Constantine, mais fut complètement battu et contraint de fuir avec son armée, dont une grande partie fut taillée en pièces. C'est en souvenir de cette défaite que les habitants de la ville donnèrent au plateau le nom de Sattah-Mansourah, ce qui veut dire le toit de la victoire [1].

La brigade de Nemours occupa la partie droite du plateau opposé aux hauteurs de Sidi-Mécid, et qui n'en est séparée que par un étroit vallon. Le général en chef avait eu d'abord la pensée de placer son quartier-général dans la redoute tunisienne; mais comme les bombes de la place y tombaient sans cesse, il fut forcé de s'établir à 2 kilomètres plus en arrière, dans les jardins de Sidi-Mabrouk. L'ennemi s'était depuis longtemps exercé à tirer sur le Mansourah, car nous trouvâmes partout des ricochets de boulets et des trous de bombes.

Toute la matinée, le feu de la place fut très-nourri, et les artilleurs d'Achmet montrèrent assez d'adresse. Le front qui nous faisait face était armé de deux batteries seulement, l'une de canons, située à la porte d'El-Kantara, l'autre de canons et de mortiers placée à la kasbah. Le reste de l'armement de la place était accumulé sur la partie de l'enceinte opposée au Coudiad-Aty, la

[1] El-Mansour (le Victorieux).

seule, comme nous l'avons dit, qui ne fût pas soutenue par des rochers inaccessibles, et par conséquent la seule attaquable.

On décida immédiatement la construction de trois batteries : l'une, la batterie royale, établie à mi-côte du Mansourah, fut destinée à ruiner les défenses du front d'attaque de Bab-el-Oued, qu'elle devait prendre à revers. La batterie d'Orléans eut pour mission de contrebattre celle de la porte d'El-Kantara, et de détourner l'attention de l'ennemi, en lui faisant craindre sur ce point une attaque semblable à celle de 1836. Enfin on disposa une batterie de mortiers, de manière à tirer sur la kasbah et à inquiéter la ville en essayant de mettre le feu aux principaux bâtiments qu'on supposait contenir les magasins et les approvisionnements.

A notre arrivée, les Arabes étaient sortis en grand nombre par la porte d'El-Kantara ; leur cavalerie descendait en même temps des hauteurs de Sidi-Mécid, et une action très-vive ne tarda pas à s'engager sur la droite de notre position, entre l'ennemi qui nous attaquait avec vigueur, et nos zouaves soutenus par le 2ᵉ léger, qui le continrent et le repoussèrent vers la ville. Nous perdîmes peu de monde dans cette première rencontre, car nos hommes avaient reçu l'ordre de se défiler de leur mieux derrière les rochers, et de ne pas se découvrir en tiraillant.

Depuis notre apparition sur le Mansourah, les femmes et les enfants de la ville n'avaient discontinué de pousser leurs cris perçants et monotones. Ce chœur de bruyantes imprécations s'arrêta tout à coup vers le milieu du jour; le feu de l'assiégé cessa également, et nous crûmes un instant que quelque grand événement allait se passer, lorsque du haut des minarets les voix nazillardes des muezzin se firent entendre et appelèrent le peuple à la prière. Il y eut alors un silence général d'environ un quart d'heure, durant lequel bien des vœux furent sans doute formés pour notre extermination. Cette immense prière collective, ce recueillement de toute une population, cette trêve respectueuse des instruments de mort à l'évocation de la Divinité avaient quelque chose de touchant et de solennel. Après une courte pause, le feu, le bruit, les cris recommencèrent de plus belle et durèrent sans interruption jusqu'à la nuit.

Vers une heure, le général en chef ordonna à M. le duc de Nemours de simuler une attaque contre la porte d'El-Kantara, afin d'attirer de ce côté l'attention de l'ennemi pendant que le général Rulhières s'emparerait du Coudiad-Aty. Je portai au colonel de Lamoricière l'ordre de se mettre en mouvement, et, comme il ne s'ébranlait pas assez vite, je dus y retourner. « Voyons, me dit-il en souriant, faut-il attaquer à l'instant même? Ne pouvez-vous prendre sur vous de m'accorder cinq minutes? — Pourquoi? lui demandai-je. — Il pleut à verse depuis une demi-heure; mes hommes sont bien mouillés. Or, je prévois un rayon de soleil qui va percer ce nuage, et qui ne saurait manquer de réchauffer et de ragaillardir en un instant mes pauvres zouaves; un peu de chaleur les aura bientôt séchés, et ils n'en aborderont l'ennemi que plus gaiement. Je vous réponds qu'ils auront bientôt regagné le temps perdu. » Je n'hésitai pas, comme on pense, à engager ma responsabilité, et les choses se passèrent absolument comme le colonel des zouaves l'avait prédit. Il n'avait pas fini de parler, que le plus beau soleil du monde éclairait la nature et versait des torrents d'une chaleur vivifiante sur notre brave infanterie, qui, j'en réponds, au signal de son chef, ne se fit pas prier pour courir à l'ennemi. Ce fut un amusant spectacle que de voir nos deux bataillons s'éparpiller sur les côtes de Sidi-Mécid, s'élancer sur les Kabyles au milieu des rochers, les poursuivre à travers les cactus, et tout cela au milieu des détonations et des cris sauvages des Arabes qui fuyaient au plus vite par le pont, où ils craignaient que nous ne vinssions leur barrer le passage.

On avait disposé une batterie de quatre pièces légères le plus près possible de la porte d'El-Kantara, et pendant l'action elle y jeta quelques obus. Notre but était de faire beaucoup de bruit, d'occuper l'ennemi de ce côté, et nous réussîmes en effet à lui donner de l'occupation. Nous lui tuâmes beaucoup de monde, et le poussâmes l'épée dans les reins jusqu'à la porte du pont, où nous le forçâmes à rentrer plus vite qu'il n'était sorti. Le feu de la kasbah et des créneaux de la porte couvrait la retraite des assiégés, les bombes tombaient très-nombreuses sur le Mansourah; mais nous eûmes peu d'hommes tués ou blessés par leurs éclats. Aussitôt qu'une bombe arrivait en sifflant et allait frapper le sol, les soldats qui se trouvaient à l'entour avaient ordre de se jeter à terre, et d'attendre pour se relever que l'explosion eût eu lieu. Je vis un exemple remarquable des bons effets que peut avoir cette précaution. Un bataillon du 2ᵉ léger était placé en réserve dans un petit vallon qui le défilait parfaitement des boulets de la place. Je fus envoyé pour porter je ne sais quel ordre à M. de

Sérigny qui le commandait. A ce moment, une bombe de la kasbah arrive et tombe au beau milieu de cette masse compacte. On l'avait entendue : les hommes se couchent ; elle éclate... Je m'attendais à ce qu'un bon nombre d'entre eux ne se relèverait pas : chose presque incroyable, pas un soldat n'avait été atteint. Un gros fragment du projectile, passant par-dessus nos têtes, alla retomber sur la main de Müller, l'interprète du prince, qui lui parlait en ce moment. Ce brave Müller n'était pas heureux, car trois jours après, il recevait une balle à la cheville, toujours auprès de M. le duc de Nemours qu'il ne quittait jamais.

C'était une musique des plus variées sur le Mansourah que les sifflements de tous les projectiles de divers calibres qui se croisaient et se répondaient; les balles surtout, venant de loin, rendaient un son très-harmonieux.

Pendant notre fausse attaque, le général Rulhières marcha sur Coudiad-Aty avec deux brigades, et s'en empara après avoir passé en deux colonnes les gués du Bou-Merzoug et du Rummel vers leur confluent, au-dessus duquel sont les restes d'un aqueduc romain. Au passage de la rivière, le capitaine Rabié, aide de camp de M. le lieutenant-général de Fleury, fut tué par un boulet.

Pour assurer la défense du plateau de Coudiad-Aty où l'on s'était établi, trois compagnies de sapeurs, avec la légion étrangère et les tirailleurs d'Afrique, élevèrent sur les crêtes les plus rapprochées de la place, et sur la gauche de la position, des retranchements en pierres sèches et en briques empruntées aux tombes du cimetière de la ville, situé en cet endroit. On crénela aussi quelques constructions restées debout; on pouvait de cette manière, sans trop livrer les hommes au feu de la place, en surveiller les portes et les sorties.

Pendant que l'artillerie commençait l'établissement de ses batteries sur le Mansourah, 100 sapeurs et 300 hommes d'infanterie creusèrent sur le revers de la montagne un chemin pour le transport des pièces de 24 et de 16 destinées à la batterie royale. Il était alors environ cinq heures; la troupe rentra à ses bivouacs. Les résultats de la première journée étaient satisfaisants; le temps se montrait assez favorable. Le prince avait établi son camp à Sidi-Mabrouk. Cet emplacement me parut un lieu de délices, comparé à nos anciens bivouacs : nous étions dans une espèce de jardin où coulaient deux sources d'une eau fraîche et limpide; nos yeux y furent agréablement surpris par la vue d'un peu de verdure; on y remarquait plusieurs cactus, trois figuiers et deux peupliers d'Italie. On voit que nous n'avions pas à nous plaindre, car, si l'on excepte les raquettes qui couvrent les pentes inférieures de Sidi-Mécid et le ravin du Rummel, il n'y avait pas un brin d'herbe ni, à plus forte raison, une feuille sur le Mansourah, sur Coudiad-Aty et dans les vallées environnantes. Rien n'est plus désolé, plus nu, plus sauvage, que les environs de Constantine : une terre dépouillée et des rochers, voilà tout ce que nous pouvions apercevoir à deux lieues à la ronde. Les jardins du bey, situés dans la vallée à l'ouest de la ville et sur le bord du Rummel, n'étaient pas visibles du point où nous nous trouvions.

Pendant la nuit du 6 au 7, on travailla aux batteries de Coudiad-Aty. On acheva les dispositions défensives pour les postes qui gardaient le plateau. Le 7, à la pointe du jour, nous montâmes à cheval, et allâmes visiter nos positions et les travaux sur le Mansourah. Pendant que l'artillerie achevait les plates-formes de la grande batterie royale, située à mi-côte et destinée à prendre d'écharpe les défenses du front d'attaque, on améliora le chemin qui devait y conduire, on adoucit quelques pentes et des tournants trop courts ; cela était nécessaire, car on s'attendait à ne pouvoir transporter des pièces de 24 sur un terrain nouvellement remblayé sans atteler un grand nombre de chevaux. On reconnut avec soin les communications à suivre pour pouvoir amener l'artillerie jusqu'à Coudiad-Aty. Les difficultés étaient grandes ; la reconnaissance du front d'attaque fit voir que depuis la dernière expédition il avait été considérablement ajouté aux moyens de défense de la ville. Les maisons qui, l'année précédente, formaient une espèce de faubourg devant la porte Bab-el-Djedid avaient été rasées ; les talus en terre qui s'appuyaient sur les roches du pourtour de la place, et auraient pu, en raison de leur élévation, faciliter les moyens d'y pénétrer, avaient été enlevés, de manière à rétablir partout des escarpements respectables ; un chemin de ronde crénelé, et à double rang de créneaux en certains endroits, couronnait la muraille de la fortification, haute de 8 mètres au moins ; on reconnut, sur le front d'attaque, des constructions neuves avec batteries casematées ; on y comptait dix-huit embrasures armées de pièces de bronze ; des créneaux et meurtrières étaient régulièrement percés entre les embrasures.

Toutefois, comme je l'ai dit plus haut, cette enceinte livrait à nos batteries son escarpe vue jusqu'au pied, et sa partie la plus saillante n'était protégée que par des flanquements d'une action faible et qui ne pouvaient nous résister plus longtemps. On arrêta donc que c'était là qu'il fallait faire brèche, et dès le soir même on commença à 500 mètres du rempart la batterie de Nemours pour des pièces de gros calibre, seules capables à cette distance de pouvoir agir puissamment contre un revêtement en maçonnerie. On ordonna également une seconde batterie pour des obusiers, sur une terrasse qui dominait à gauche la route de Tunis, à laquelle s'appuyait l'épaulement de la batterie de Nemours.

Vers deux heures, l'assiégé dirigea une sortie contre les positions du général Rulhières ; une foule de Kabyles s'élancèrent hors des portes Bab-el-Djedid et Bab-el-Gharbia, et gravirent au pas de course la colline de Coudiad-Aty. Il est impossible d'attaquer avec plus de détermination que ces sauvages, qui couraient, en poussant de grands cris, au milieu des tombeaux et des ruines, se ruant contre les petits murs en pierre derrière lesquels nos soldats les attendaient. Nous suivions avec un vif intérêt ce combat du haut du Mansourah ; deux fois nous vîmes nos hommes, officiers en tête, enjamber leurs retranchements et prendre l'offensive ; alors cette multitude couverte de vêtements blancs se repliait du côté de la ville avec de grands cris, pour revenir plus résolument à la charge aussitôt que notre infanterie rentrait dans ses lignes. Nous leur envoyâmes quelques boulets qui ricochèrent au milieu d'eux, mais sans atteindre personne. Cet engagement dura à peu près une heure, et nous y perdîmes deux officiers du 26e régiment.

Tous les jours les Arabes faisaient une sortie à la même heure, tantôt contre le Mansourah, tantôt contre nos positions de Coudiad-Aty. Ils accouraient à nous avec une très-grande résolution ; mais ils étaient déconcertés par nos charges à la baïonnette, et ils mettaient plus d'empressement à s'y soustraire qu'ils n'en avaient montré à nous attaquer.

Le temps se couvrit pendant la nuit ; la pluie commença à tomber de bonne heure, et bientôt des rafales épouvantables vinrent fouetter, ébranler, transpercer notre pauvre tente ; nous nagions dans l'eau ; le sol de notre mince abri s'était converti en un torrent qui entraînait, malgré nos efforts, toute notre garde-robe ; notre position était des plus ridicules et des plus embarrassées. Les détachements dirigés sur les lieux du travail qu'on avait ordonné la veille s'égarèrent à travers champs ; ils eurent beaucoup de peine à passer les gués, dont l'eau avait grossi rapidement; on ne put parvenir que fort tard à rallier aux points indiqués trois compagnies de sapeurs et 750 hommes de la ligne, qui avaient été commandés pour la construction des batteries. Après avoir essayé pendant plusieurs heures de se mettre à l'œuvre et d'exécuter les terrassements, au milieu de torrents de pluie et de l'obscurité la plus profonde, on reconnut, malgré le zèle le plus opiniâtre, l'impossibilité matérielle de rien faire, et les travailleurs furent renvoyés à une heure du matin.

Le lendemain, 8 octobre, notre bivouac offrait l'aspect d'un vaste marais ; bien des figures s'allongeaient déjà en voyant la pluie continuer; on pensait involontairement à la dernière expédition. Sur les dix heures, le ciel s'étant un peu éclairci, nous montâmes à cheval avec M. le duc de Nemours, mis à l'ordre de l'armée, depuis la veille, comme commandant du siége, et nous allâmes visiter la position du général Rulhières. Nos chevaux tombèrent plusieurs fois dans le trajet; ils ne se tenaient qu'avec la plus grande difficulté sur le sol détrempé par les averses de la nuit. Nous trouvâmes les postes établis sur Coudiad-Aty extrêmement rapprochés de la ville et en butte au feu des fusils de rempart et des soldats turcs cachés dans les casemates. Le marabout où s'abritaient nos avant-postes était cependant religieusement respecté par les Arabes; il en fut ainsi pendant tout le siége. Cette construction contenait plusieurs tombeaux couverts d'inscriptions, quelques-uns en marbre surmontés de turbans; c'étaient, nous dit-on, des sépultures de saints derviches ou de grands personnages.

A notre retour, nous rencontrâmes les deux colonnes de l'artillerie qui menaient leurs canons aux batteries construites dans la matinée; ses grosses pièces avançaient assez bien malgré la boue; il est vrai qu'elles étaient attelées de quarante chevaux. Vers le soir, la pluie recommença, affreuse, extraordinaire, ce qui n'empêcha pas le prince d'aller visiter les batteries. C'était une vraie corvée par un temps aussi épouvantable. L'ouverture du feu, qu'on avait crue possible pour le lendemain, était reculée indéfiniment; on n'avait pu armer que la batterie de mortiers, ainsi que celle du Sattah-Mansourah, composée de deux pièces, l'une de 24 et l'autre de 16, et de deux obusiers de 6 pouces. Quant à Coudiad-Aty, impossible d'y mener un canon à cause de l'état du terrain. Une partie des pièces dirigées sur la batterie royale n'avait pu parvenir à sa destination, et avait versé dans le ravin. C'était un contre-temps fort grave pour nous dans l'état des choses, car le temps pressait; avec les pluies, déjà les maladies commençaient à envahir l'armée. Tout le monde calculait que s'il était impossible d'amener des pièces de gros calibre à petite portée du rempart, qu'on regardait comme très-solide, notre situation devenait des plus critiques; le commandant en chef des troupes du génie semblait, en effet, convaincu que nous ne pourrions entrer dans la place que par une brèche, et que l'ennemi ne se rendrait que lorsque cette brèche serait praticable. Nous commencions d'ailleurs à être obligés de réduire la ration de nos pauvres chevaux; notre provision de foin étant épuisée, nous ne les soutenions qu'avec quelques poignées d'orge distribuées rarement. Le temps fut horrible toute la nuit. Notre horizon se rembrunissait, nos affaires prenaient une mauvaise tournure.

Cependant, grâce aux efforts intelligents de quelques centaines de zouaves dirigés par un officier d'artillerie, on parvint à relever une des pièces de 16 culbutées dans le ravin; on creusa ensuite une sorte de rainure dans la partie solide du chemin le long de la pente supérieure pour retenir, par les roues qu'on engageait dans cette ornière, les pièces entraînées sur le remblai du côté de son affaissement. On renonça pour le moment à armer le Coudiad-Aty; tous les efforts furent dirigés vers le Mansourah. Dans la journée, le feu de la place n'inquiéta pas beaucoup nos travailleurs; mais plusieurs bombes tombées au milieu de nos chevaux, tenus en main, les effrayèrent beaucoup; le mien s'abattit et rompit rênes, sangle et poitrail; un éclat emporta une des bossettes de son mors.

Le dimanche 8, les Kabyles furent assez hardis pour venir nous attaquer sur le Mansourah, et je ne sais pas comment nos tirailleurs purent les contenir, car leurs armes étaient si mouillées que sur dix coups il y en avait au moins huit qui rataient. Le temps continua à être épouvantable toute la nuit; la pluie tombait avec une horrible violence; la neige vint bientôt s'y joindre; un vent effrayant, un froid glacial, décourageaient nos malheureux soldats enfoncés dans l'eau jusqu'aux genoux, et qui ne pouvaient se coucher. Au bivouac, ils étaient sans feu, sans abri, sans soupe; devant l'ennemi, leurs armes ne partaient pas. Les ambulances se remplissaient de malades; on rencontrait déjà des chevaux morts de faim. Notre inquiétude croissait à l'aspect de toutes ces misères, et dans l'attente de calamités plus grandes encore. Si le feu de l'artillerie qui devait s'ouvrir le lendemain, disions-nous, n'écrase pas la place, serons-nous réduits à partir en abandonnant tout notre matériel, ou resterons-nous pour périr de la fièvre sous les murs de cette ville infernale? Les bœufs et les mulets de l'administration firent irruption pendant la nuit dans notre malheureux bivouac, qui ressemblait à une vaste fondrière couverte de sept à huit centimètres de neige, et y dévorèrent le reste des figuiers qui formaient la dernière ressource de nos chevaux.

Le lendemain, lundi, nous étions à cheval dès six heures. Le commandant en chef de l'artillerie avait retrouvé toute l'énergie de sa jeunesse. Les batteries de Mansourah étaient prêtes et armées. C'était une noble chose à voir que ces braves artilleurs couverts de boue de la tête aux pieds, près des pièces qu'ils avaient travaillé toute la nuit à mettre en place. A sept heures, notre feu commença; notre tir, à une aussi grande distance de la place, devait être incertain et le fut en effet pendant quelque temps; le comte Valée s'était mis en avant avec une lunette et le rectifiait par ses indications. Bientôt cependant il devint plus sûr; vers onze heures, la batterie royale, plus basse et plus rapprochée de la ville, commença à tirer; ses deux canons de 16 firent très-bien; nous ne tardâmes pas à écrêter les parapets de la batterie Bab-el-Gharbia, et à faire quelques coups d'embrasures en répondant au feu de la kasbah. Nous avions évidemment gêné le service des pièces de l'assiégé par la justesse de notre tir, car le feu de l'ennemi se ralentissait peu à peu. Cependant les six canons de la batterie Bab-el-Djedid, protégés par une immense traverse en maçonnerie, continuaient à canonner Coudiad-Aty, où le général Rulhières était parvenu à amener deux obusiers de 24. Nous fûmes étonnés, au commencement du feu, de voir l'étendard d'Aly remplacé sur la porte de Bab-el-Oued par l'étendard de la ville, qui était tout rouge. Cela indiquait, me dit-on, que la population n'était pas satisfaite des événements, et qu'elle attribuait à l'influence du sultan la mauvaise tournure que prenaient ses affaires.

Au reste, le nouvel étendard ne tarda pas à être bientôt, comme l'ancien, criblé de boulets et réduit au plus piteux état. Avec tout cela, l'effet de nos pièces sur la ville fut presque nul; nos obus et nos bombes ne purent y allumer le moindre incendie. L'assiégé ne semblait disposé à nous faire aucune proposition; nous prévîmes donc qu'il faudrait nécessairement enlever Constantine de vive force. Les généraux tinrent conseil alors; on examina les différents moyens d'en arriver à ce résultat. On pensa d'abord à une attaque sur la porte d'El-Gharbia, la moins défendue de l'enceinte ; mais la colonne d'attaque aurait eu à parcourir à découvert une distance de plus de trois cents mètres sur un terrain en contrepente, sous les feux d'une artillerie tirant à embrasures et d'une ligne de murailles et maisons crénelées de plus de six cents mètres de développement; arrivée enfin contre l'enceinte, la colonne eût été obligée de s'arrêter pour attendre l'effet du pétard sur la première porte, laquelle enfoncée n'aurait donné d'autre avantage que la facilité de pénétrer dans une petite cour intérieure n'ayant d'issue que par une seconde porte et dominée de tous côtés par des créneaux. Cette disposition, qu'on pouvait distinguer de Coudiad-Aty, ne permit pas de donner suite à cette idée.

La brèche par la mine n'offrait pas moins d'obstacles dans les circonstances où se trouvait l'armée ; ce moyen exigeait que le mineur fût amené au pied de la muraille par des cheminements à couvert, et que son établissement fût protégé par des places d'armes capables de recevoir une garde de tranchée assez forte pour contenir les sorties de la garnison. Or, tous ces cheminements sous le

Coudiad-Aty auraient dû être faits sur un sol nu, presque partout de roc et en contrepente raide. Le temps et les matériaux nous manquaient, les parapets ne pouvaient être exécutés presque uniquement qu'en sacs à terre, et la plus grande partie de l'approvisionnement amené de Medjez-el-Hammar avait été employée aux batteries ; il nous aurait fallu, d'ailleurs, suivant les hommes pratiques, au moins huit à dix jours de travaux non interrompus.

On ne crut pas devoir recourir à l'escalade ; j'avoue cependant que, dans mon opinion, cette opération n'eût pas été peut-être impraticable, de nuit, sur un des points de l'enceinte, entre la porte Bal-el-Gharbia et le Rummel ; on doit remarquer que cette muraille n'était pas flanquée. Une fois les têtes de colonne parvenues dans la ville, elles eussent été à couvert, et l'obscurité aurait favorisé cette tentative hardie, qui se serait opérée sans désordre, si on avait eu soin de bien reconnaître d'avance les points du rempart les plus favorables pour poser les échelles.

Quoi qu'il en soit, on décida que le seul moyen était de donner l'assaut, qu'on chercherait en conséquence à ouvrir une brèche dans la courtine située entre la porte Bab-el-Gharbia et la porte Bab-el-Oued, condamnée par l'assiégé ; que tous les efforts devaient tendre à amener de grosses pièces de siége à la batterie de Nemours, fût-ce même en passant à demi-portée sous le feu de la place, puisque l'état de la route que l'on avait essayé de faire prendre aux canons de 24 en tournant le Coudiad-Aty avait rendu l'armement de cette batterie impossible. Ce fut alors qu'on reconnut combien on avait eu raison d'insister pour amener le grand parc de siége sous les murs de Constantine. Notre seul espoir désormais était dans l'effet destructeur que pourraient produire nos boulets de gros calibre sur les vieilles murailles de construction romaine, si nous étions assez heureux pour pouvoir amener nos pièces à la batterie de brèche.

L'ennemi continua sans relâche à nous harceler dans nos positions toute la journée. Rien n'est fatigant comme cette tiraillerie continuelle ; ces Arabes sont comme des guêpes qu'on ne peut chasser, et qui bourdonnent sans cesse à vos oreilles. L'état du terrain, particulièrement sur le Mansourah, était déplorable. Nous nous levâmes le 10 assez tristement, appréhendant que la pluie n'eût rendu impraticable l'armement de la batterie de Nemours. En attendant notre départ, le prince me donna l'ordre d'aller savoir des nouvelles et de voir du haut du Mansourah si la batterie de brèche au bas du Coudiad-Aty avait pu être armée. Je rencontrai M. le lieutenant-général Valée, qui m'apprit qu'on n'avait pu encore amener les pièces qu'à trois cents toises de la batterie, par suite de toutes les difficultés du temps et de l'obscurité, auxquelles était venu se joindre le feu de l'ennemi, qui avait beaucoup tiré de ses batteries basses ; mais il me donna l'assurance que la batterie de brèche serait armée le lendemain. Le fait est que c'était une entreprise presque téméraire que de traverser le Rummel avec nos pièces de 24 ; le gué où l'on devait passer la rivière n'est pas distant de plus de trois cents mètres du rempart. Malgré les boulets et la fusillade de la ville, nos braves canonniers étaient parvenus à amener quatre de ces pièces à l'autre bord; mais il avait fallu doubler et tripler les attelages, écarter, pour le passage des chevaux, d'énormes roches roulées par les eaux que la pluie avait grossies. Ce travail si pénible avait été exécuté avec une héroïque patience par les artilleurs et les sapeurs du génie, qui s'étaient mis dans l'eau jusqu'à la ceinture. Heureusement que la nuit ôtait à l'assiégé le moyen d'ajuster, et que son tir était incertain ; car sans cela nos pertes eussent été bien plus considérables, et peut-être même le passage de la rivière n'aurait pas pu s'effectuer.

A la pointe du jour, les canons et leurs attelages avaient pu atteindre au coude du chemin de Tunis, où ils étaient défilés du feu de la place; il ne leur restait plus qu'à gravir la côte pendant la nuit suivante. On avait envoyé deux compagnies de sapeurs avec de l'infanterie occuper le Bardo, où se trouvaient les anciennes écuries du bey, situées dans un petit vallon entre l'enceinte de la ville et les pentes du Coudiad-Aty, afin de protéger d'abord le transport des pièces au delà du Rummel contre les sorties de la place, et de se préparer ensuite un couvert qui pût servir de point de départ et d'appui pour de nouvelles opérations. Toute la nuit fut employée à fortifier ce réduit et à percer des créneaux dans les murs de clôture. On en releva plusieurs parties abattues, car les écuries du bey étaient en ruine; l'on fit en pierres sèches des tambours devant les portes. Pendant l'exécution de ces travaux, les officiers du génie reconnurent, attenant au marabout et à peu de distance du Bardo, un ravin long de deux cents mètres environ, et garanti à peu près des feux de la place par sa direction et sa profondeur. Le ravin conduisait sur le plateau du front d'attaque, à cent cinquante mètres de l'escarpe; quelques travaux rapides devaient suffire pour en compléter la défense. On obtenait ainsi une vaste place d'armes et un abri d'où la colonne d'assaut se serait élancée, lorsque le feu de la batterie de Nemours aurait démoli le rempart et rendu la brèche praticable. Les Arabes essayèrent, vers une heure du matin, une sortie contre le marabout, mais ils furent bientôt repoussés. On eut la pensée de joindre le Bardo et le poste de ce marabout par une communication couverte ; mais une tranchée était impossible dans ce terrain de rochers, et un épaulement en sacs à terre eût employé des matériaux précieux qu'il fallait conserver avec soin pour se créer des couverts plus rapprochés de la place. On renonça donc à cette idée, et il fut résolu qu'on ne communiquerait entre ces deux postes que la nuit, ou le jour en courant.

Nous montâmes à cheval avec le prince, et allâmes sur le Coudiad-Aty, comme de coutume, pour examiner l'état des travaux. Vers neuf heures, l'assiégé fit contre les positions où nous nous trouvions sa sortie habituelle. Le lieutenant-général gouverneur, voulant lui donner une leçon, ordonna au général Rulhières de laisser arriver les Arabes aussi près que possible et de les aborder alors vigoureusement. En effet, au moment où, s'avançant avec leur hardiesse accoutumée, ils allaient atteindre notre épaulement, le prince avec son état-major, à la tête d'une compagnie de la légion étrangère, sauta par dessus les briques et les tuiles derrière lesquelles notre infanterie était couchée, et se jeta au milieu des fantassins d'Achmet, qui venaient à nous drapeau en tête. La rencontre fut vive, et avant que l'ennemi, surpris par notre retour offensif, eût battu en retraite, on avait échangé une fusillade à bout portant qui coûta la vie à bien des braves de part et d'autre. Notre mouvement fut aussitôt appuyé par une compagnie d'élite du 26e, et les Kabyles, dont il ne nous fut pas possible de saisir le drapeau, s'éparpillèrent alors en descendant sur les versants du Coudiad-Aty, dont nous occupions les sommets ; cachés derrière des rochers ou des ruines dont cette côte est semée, ils commencèrent contre nous un feu très-meurtrier, car rien ne nous dérobait à leur vue. Tous les officiers de la compagnie de la légion étrangère furent mis hors de combat ; les capitaines Marland et Béraud tombèrent frappés à mort par des coups de biscayens, car la ville tirait sur nous à mitraille ; les trois autres reçurent de graves blessures, le capitaine Raindre, fils du général de ce nom, atteint d'un coup de feu au genou, dut subir l'amputation quelques heures après.

Müller, l'interprète du prince, eut le pied fracassé par une balle ; en un mot, ce fut une mêlée très-chaude ; mais, grâce à l'énergie de nos braves grenadiers, elle ne dura pas longtemps, et les Arabes ne firent pas mine de résister à nos baïonnettes. M. le duc de Nemours donna dans cette circonstance des preuves de la plus grande bravoure et d'un imperturbable sang-froid ; à coup sûr, aucun de nous ne fut plus exposé que lui, car il franchit un des premiers le parapet en briques, et se trouva presque seul au milieu des Arabes ; heureusement qu'à la guerre ce ne sont pas toujours les plus intrépides que le feu de l'ennemi atteint de préférence, et le prince échappa sans blessure au plus grand danger qu'il ait couru dans cette campagne, où il les affronta tous. Le fait est qu'il y eut plus de vingt hommes jetés sur le carreau en un instant.

Nous poursuivîmes les Kabyles au milieu des masures où ils s'étaient réfugiés ; l'on en tua plusieurs ; le capitaine de Mac-Mahon, aide de camp du gouverneur-général, reçut un coup de fusil tiré de si près, que son uniforme et sa chemise en furent brûlés ; heureusement, la balle ne fit qu'effleurer les côtes. Après avoir culbuté et refoulé ces Arabes dans les ravins, il fallut remonter les escarpements rapides où nous étions descendus, et cela au milieu de nos tirailleurs, parmi lesquels se trouvaient de jeunes soldats qui déchargeaient leurs fusils sans trop savoir sur quoi : je portais une redingote blanche imperméable par dessus ma pelisse de hussard, et je m'attendais à chaque instant à être pris pour un Arabe et traité comme tel. Cette affaire d'infanterie m'intéressa beaucoup; j'y fis une remarque générale, c'est que dans ces combats corps à corps le soldat est très-grave, très-attentif, et loin de s'étourdir par des cris ou une pantomime active, comme je m'y attendais, il tue son ennemi le plus sérieusement du monde. Il est impossible d'ailleurs de mieux mourir que ne meurent les Arabes : deux de ces braves sont acculés dans une masure, nous y entrons, Mac-Mahon et moi; ils tirent sur nous et nous manquent; mon compagnon donne un coup de pointe de sabre au premier, qui est renversé contre le mur, le second tombe percé de coups de baïonnette ; ces deux malheureux, couchés à terre et rendant le dernier soupir, nous regardaient avec une fierté et un courage admirables. C'était un spectacle triste et noble à la fois.

Je remontais, assez difficilement d'ailleurs, sur ces pentes rapides, pour rejoindre le prince dont je m'étais un peu trop éloigné, quand je fus témoin d'un fait qui a laissé dans ma mémoire une trace douloureuse et ineffaçable. Un pauvre Kabyle blessé à mort était assis à terre, le dos contre un mur en ruines ; des flots de sang s'échappaient d'une large blessure qu'il avait au côté. Plusieurs soldats en passant près de lui, pour l'achever sans doute et par humanité, lui avaient donné des coups de baïonnette. J'accourais pour essayer de sauver ce malheureux au moment où un voltigeur, qui lui avait appuyé son canon de fusil sur la poitrine, allait lâcher la détente. L'Arabe étend le bras alors, et détourne tout doucement l'arme homicide en disant avec un sourire presque bienveillant : *Barka, Franzouï, morto!* ce qui, en mauvaise langue franque et par l'expression qu'il y mit, voulait dire : « Merci, Français; j'en ai assez comme cela ; ne brûlez pas inutilement votre poudre pour m'achever, car je suis mort. » Et en effet une seconde après il expirait.

Nous étions tous extrêmement fatigués de cette courte, mais rude affaire. La témérité du prince, dans cette circonstance, a été blâmée, je le sais, mais ce n'est certes point par les jeunes officiers de l'armée, auxquels un des fils du roi venait de donner l'exemple de la plus brillante valeur. Ce coup de collier produisit un excellent effet sur le moral de nos troupes, que la persistance du mauvais temps, les longueurs du siége et les misères qui en étaient la suite commençaient à décourager. Il plut toute cette journée, et souvent à verse.

Le gouverneur-général, examinant, du haut de Coudiad-Aty, avec le prince et les généraux, les travaux exécutés ou en voie d'achèvement, eut l'idée de faire reconnaître la partie du chemin de Tunis où l'on voulait établir une nouvelle batterie de brèche : l'endroit désigné était à cent cinquante mètres du rempart, et très-exposé au feu de la place. Le gouverneur dit, en conséquence, au commandant de l'artillerie de charger un officier d'aller en mesurer la largeur ; mais le général Valée répondit qu'il désirait ne pas exposer inutilement la vie d'un de ses aides de camp, que le chemin avait été toisé avant le jour, et qu'il était sûr qu'il y avait place pour quatre pièces de 24. Le général Damrémont fut un peu piqué de cette réponse, et chercha autour de lui quelqu'un à envoyer. M. le duc de Nemours ayant refusé à M. de Chabannes et à un autre de ses officiers la faveur d'aller faire cette reconnaissance, le capitaine Borel de Bretizel, attaché au général Perregaux, chef de l'état-major général, s'offrit et fut agréé. Il s'acquitta avec beaucoup de sang-froid de sa mission, fort périlleuse d'ailleurs, car il avait à parcourir deux fois, pour aller et revenir, un espace de plus de trois cents mètres entièrement en vue et à demi-portée du rempart. M. Borel fit tout le trajet à pied et au pas, mesura la largeur de la route fort lentement, et revint de même, et cela en vue de toutes nos troupes, qui suivaient ses mouvements avec une grande anxiété. Il eut le bonheur de ne pas être blessé, quoique les Arabes lui aient tiré au moins deux cents coups de fusil pendant ce petit voyage. C'était une honorable mission dont ce brave officier s'est acquitté avec éclat.

Sur notre route, en revenant au camp, nous trouvâmes une grande quantité de chevaux morts auxquels les Arabes avaient coupé les oreilles : c'était un trophée comme un autre, et qu'il leur était facile malheureusement de recueillir, car nos pauvres chevaux tombaient par douzaines.

Pendant la nuit, les troupes du génie, secondées par l'infanterie du Bardo, continuèrent à travailler à la place d'armes et à la fortifier ; elles exécutèrent deux têtes de sape en sacs à terre. Ces travaux furent inquiétés par la fusillade, la mitraille et les sorties de la place que la garde de tranchée repoussa à coups de baïonnette : le capitaine d'é-

6.

tat-major d'Augicourt fut blessé dans une de ces rencontres. On continua également les autres batteries, et on poussa fort loin l'achèvement de la plupart des travaux.

Le lendemain, quand, suivant notre habitude, nous fûmes arrivés sur le Coudiad-Aty, nous aperçûmes sur notre gauche, dans la campagne, une nombreuse troupe d'habitants campée près de la ferme ou des jardins du bey. Nos lunettes nous permettaient de distinguer des chameaux, des mulets, des poules au milieu des tentes, et tout l'attirail d'un immense déménagement. Il paraît qu'une évacuation générale des bouches inutiles, des femmes, des enfants, des vieillards, avait été ordonnée par le *caïd-el-dar* (le gouverneur de la ville), et qu'en conséquence les habitants de Constantine que leurs affaires ou leurs devoirs militaires n'y retenaient pas étaient allés camper à une petite distance de leurs pénates, afin sans doute de pouvoir les retrouver sans trop de dérangement aussitôt que notre retraite, sur laquelle Achmet comptait positivement, se serait opérée. Une réunion considérable de Kabyles couvrait les collines du voisinage. Les Arabes en repos ont pour principe de ne jamais rester debout, et s'accroupissent aussitôt : quand deux amis se rencontrent dans la campagne, avant d'entamer leur conversation, ils commencent par s'asseoir. Aussi lorsque les fantassins d'Achmet réunis attendaient le signal d'une attaque, ils se gardaient bien de rester sur leurs jambes, et les gazons, les rochers, les éminences les plus rapprochées de nos positions, étaient, au moment d'une affaire, tout couverts de petites brioches blanches du plus singulier effet.

L'affaire de la veille, à ce qu'il paraît, avait dégoûté les Arabes d'en venir aux mains avec nous, aussi se contentèrent-ils toute la journée de tirer sur nos postes à d'assez grandes distances. Les batteries opposées au front d'attaque présentaient une apparence respectable. On avait armé celle de brèche de trois pièces de 24 et d'une de 16. Une autre, consistant en trois obusiers et une pièce de 16, était placée un peu au-dessus à gauche. Enfin, il y en avait une troisième en arrière, armée de deux mortiers de huit pouces.

A neuf heures, le feu de toutes ces batteries, joint à celui de la batterie royale du Mansourah, qui prenait de revers les défenses du front attaqué, commença avec un bruit terrible. L'effet de nos boulets de gros calibre sur la muraille ne tarda pas à être visible. Bientôt le rempart fut entamé ; vers le soir, la démolition avait déjà sept mètres de largeur; la brèche commençait à se dessiner, mais elle présentait encore une pente raide et escarpée. La maçonnerie, en forts matériaux, était plus liée et meilleure qu'on n'avait présumé d'abord; on craignait qu'à cette distance de cinq cents mètres, avec quatre pièces seulement, et le petit nombre de coups qu'on avait encore à tirer, on ne pût faire en temps utile une brèche suffisante, et il fut décidé que la nuit suivante on transporterait les pièces à 350 mètres plus loin, dans la place d'armes, à laquelle on ferait subir les changements nécessaires. Cette décision se trouva justifiée quelques heures après par les détails que vint fournir au général en chef un Espagnol, déserteur des zouaves du bey, qui donna des renseignements fort précis sur les abords du rempart que nous battions en brèche. « Cette brèche, nous disait-il, serait très-difficile à couronner; elle était entourée de masures crénelées et de réduits d'où l'ennemi pouvait très-bien la défendre. » L'assaut offrait des chances incertaines et pouvait être très-meurtrier, si nos boulets et nos projectiles creux, en élargissant considérablement l'ouverture faite au rempart, et en adoucissant les talus, ne les rendaient pas facilement accessibles à notre infanterie.

Notre feu n'avait pas tardé à éteindre celui des pièces situées sur la muraille même que nous battions en brèche. Nos obus, bien dirigés, avaient rendu plusieurs des batteries supérieures inhabitables, et en avaient délogé les canonniers. Cependant l'assiégé ne cessait pas de répondre vivement, de ses casemates surtout, avec les pièces sur lesquelles notre feu n'avait pas de prise ; il entretenait aussi par ses meurtrières et ses embrasures un feu nourri de fusils de rempart.

Nous passâmes deux heures environ dans la batterie de brèche, les deux états-majors réunis. On prétendait que le lieu n'était pas tenable pour un général en chef et pour le prince, et l'on ajoutait que certainement l'un ou l'autre serait bientôt tué, s'ils ne voulaient pas agir avec plus de prudence, ne se défilant jamais, et affectant de rechercher les endroits les plus dangereux. Je n'ai jamais, quant à moi, blâmé cette hardiesse, qui sied bien de temps en temps à des officiers-généraux chargés de commander aux plus braves troupes de la terre ; mais je suis forcé de convenir que les projectiles de l'ennemi tombaient là comme la grêle. Heureusement que l'épaulement de la batterie était haut et solide. Chabannes, l'intrépide Chabannes s'amusa à aller s'asseoir à quelques mètres au-dessus de nous, trouvant sans doute qu'il y serait plus exposé encore.

Vers la fin de la journée, le général en chef, dont les instructions, à ce qu'on prétend, portaient d'éviter l'assaut à tout prix, et qui, d'après l'état des choses, avait quelques doutes sur l'issue d'une attaque de vive force, voulut tenter un dernier effort auprès de l'assiégé, et sommer Constantine de se rendre. Il écrivit, en conséquence, une lettre à Achmet-Bey et une autre au commandant des troupes dans la ville, où il les engageait à se soumettre pour arrêter l'effusion du sang et éviter les suites d'un assaut.

Ce n'était pas tout : il fallait faire parvenir ces lettres à leur destination, et c'était une mission délicate et pleine de danger que celle de se présenter aux avant-postes des Arabes, car on ne pouvait pas avoir l'assurance d'y être traité suivant le droit des gens. On demanda un homme de bonne volonté pour remplir les fonctions périlleuses de parlementaire. Il s'en présenta deux à l'instant ; l'un était sergent dans la légion étrangère ; l'autre, un jeune homme de vingt ans, Mahmoud, qui faisait partie du bataillon turc de Bône. Celui-ci fut préféré, parce qu'on pensa que, si des explications avec les habitants devenaient nécessaires, il serait avantageux que notre envoyé pût parler la langue du pays. L'événement prouva qu'on avait eu raison.

Le jour commençait à baisser, il n'y avait pas de temps à perdre ; on mit le jeune Arabe en route, tenant à la main un bâton auquel était attaché un mouchoir blanc qu'il agitait bien haut au-dessus de sa tête. En même temps, le général en chef, après une salve magnifique de toutes nos batteries, fit sonner par un trompette la cessation du feu. Les trompettes des autres batteries redirent cette sonnerie, qui fut répétée au loin par l'écho des montagnes ; nous criâmes aux grenadiers du 47e qui étaient dans le Bardo, au-dessous de nous à notre droite, de laisser passer notre envoyé. C'était avec un vif intérêt que nous suivions du regard ce brave jeune homme dont la mort était bien probable, à ce que prétendaient les gens qui connaissaient les usages du pays, et l'on doit comprendre que nous ne le perdions pas de vue.

L'assiégé, voyant que nous suspendions notre feu, avait fait comme nous. Nous espérions en conséquence qu'il nous avait compris, et que notre parlementaire pourrait gagner sans danger une des portes de la ville. Mahmoud avançait donc hardiment en agitant son drapeau, quand un cri d'indignation s'éleva parmi nous. Des coups de fusil, tirés des embrasures de la place et dirigés sur lui venaient d'interrompre le silence général, que notre anxiété et notre attention rendaient plus profond encore. Notre envoyé remuait en vain son drapeau; les sauvages à qui il avait affaire n'en tiraient sur lui qu'avec plus d'acharnement. Tout d'un coup nous croyons le voir tomber... Il est tué! s'écrie-t-on de toutes parts. Mais bientôt, malgré l'obscurité qui augmentait à chaque instant, nous reconnaissons que Mahmoud, caché derrière un rocher, parlementait avec la place, et qu'à l'abri de la fusillade il cherchait, par des explications amicales, à faire comprendre la nature de sa mission toute pacifique. Nous entendions en effet que la conversation s'engageait entre notre envoyé, couché au milieu des pierres, et les Arabes du haut des créneaux de l'enceinte. Cependant les coups de feu se ralentissaient, et peu après ils cessèrent tout à fait. Mahmoud, encouragé sans doute alors par quelque déclaration venue de l'intérieur, se releva et s'approcha avec plus de confiance de la ville. On lui jeta une corde qu'il s'attacha autour du corps, et bientôt nous le vîmes hissé le long du mur, passer par-dessus le rempart, et disparaître. Nous nous retirâmes alors au camp, un peu moins inquiets de la destinée de notre messager, craignant bien encore cependant de voir l'ennemi nous jeter sa tête le lendemain par-dessus les murailles.

M. le duc de Nemours m'avait donné l'ordre de me rendre avant le jour, le jeudi 12, sur Coudiad-Aty pour y examiner l'état des travaux, afin de pouvoir lui en rendre compte à l'heure où il avait l'habitude de monter à cheval. Je pris avec moi un chasseur d'escorte, et nous nous lançâmes par une nuit des plus noires sur les chemins les plus horribles du monde. Il pleuvait d'ailleurs un peu pour rendre le *comfort* plus complet. Nos chevaux, avec leur instinct naturel, nous guidèrent, sans y voir, sur cette route qu'ils avaient l'habitude de suivre tous les jours. Ce qui est remarquable, c'est que nous reçûmes en chemin le feu de toutes nos vedettes, dont pas une ne nous cria qui vive; heureusement qu'elles n'y voyaient pas plus que nous, de sorte que sur douze ou quinze balles envoyées à notre adresse, pas une seule ne nous atteignit. Quand je me doutais que nous approchions d'un de nos postes avancés, j'avais bien soin de siffler très-haut quelque refrain national; mais la sentinelle profondément endormie ou peu musicienne sans doute, ne nous en lâchait pas moins son inévitable coup de fusil. Mon chasseur, qui prétendait connaître parfaitement la route, au lieu de me conduire sur le Coudiad-Aty, me mena droit au Bardo.

J'entendais depuis quelque temps des détonations tellement fortes, que je m'imaginais que deux ou trois de nos bataillons de garde de tranchée avaient mission, pendant cette nuit, de nettoyer par le feu le plus vif les embrasures et les créneaux du rempart, car jamais feu de manœuvre n'avait été plus vif ni mieux nourri. Et cependant, en débouchant du Rummel, je reconnus qu'on ne tirait ni de la place d'armes ni de nos batteries; mais je vis sortir de toutes les fenêtres donnant sur le front attaqué, de toutes les meurtrières, de toutes les embrasures de la ville, des fusées lumineuses qui me mirent au fait, et me prouvèrent que l'assiégé tentait un dernier effort désespéré pour gêner l'établissement de notre nouvelle batterie de brèche et empêcher nos travaux de communication. J'étais égaré au milieu d'une boue affreuse; il pleuvait à verse. Je donnai mon cheval à mon chasseur, qui ne savait plus où il en était, lui disant de chercher et de s'en tirer comme il pourrait, que, quant à moi, je gravirais à pied l'escarpement de Coudiad-Aty, et tâcherais de trouver mon chemin tout seul jusqu'aux batteries. J'étais désespéré et craignais de ne pouvoir m'acquitter de ma mission. Je cherchai donc à tâtons et parvins à me diriger tant bien que mal. Ce n'est qu'à grand'peine que j'atteignis la route de Tunis, après avoir roulé et glissé plus d'une fois sur ces pentes fangeuses où je ne voyais goutte. Le petit jour commençait à poindre quand j'arrivai aux batteries. Je me mis en rapport aussitôt avec M. de Salle, le major, qui chargea M. de Mimont, un des lieutenants de tranchée, de m'accompagner dans les travaux. Je trouvai le colonel Lamoricière avec les zouaves dans la nouvelle batterie de brèche et dans le boyau. Après avoir bien reconnu l'état des travaux, qui ne pouvaient pas être achevés avant midi, je revenais par le sentier de communication du génie, lorsque je m'y croisai avec le jeune Arabe, notre messager de la veille, qui remontait du Bardo, ne rapportant pas de réponse du bey. Je fus enchanté de le voir sain et sauf, et je le conduisis aussitôt à la tente du général Rulhières, où l'on fit venir un interprète. Nous sûmes alors par Mahmoud qu'il avait failli être massacré par le peuple, que les caïds l'avaient protégé et mis en sûreté en l'enfermant dans une maison après lui avoir pris ses lettres. Beaucoup de notables habitants de la ville étaient venus le voir et lui avaient tous énergiquement déclaré que leur intention était de mourir plutôt que de se rendre. Ils se moquaient de notre artillerie, disant que quelques heures de nuit leur avaient suffi pour réparer la brèche. « Les Français, ajoutaient-ils, n'ont plus de pain, plus de poudre ; quant à nous, nous ne manquons pas de munitions. Bientôt l'armée des chrétiens sera forcée de battre en retraite comme l'année dernière. Alors des cavaliers plus nombreux que les sauterelles et que les grains de sable du désert viendront fondre sur elle et l'anéantir. » La confiance et l'exaltation paraissaient, en un mot, arrivés à leur paroxisme parmi les habitants de Constantine.

Pendant qu'on députait Mahmoud au général Damrémont, je repris la route du camp, mais, victime encore une fois de la maladresse de mon guide, j'inclinai trop à droit. Je m'égarai et tombai dans une embuscade de quarante ou cinquante chevaux arabes, dont je me doutai heureusement assez vite pour avoir le temps de tourner bride sans perdre un instant, et pour me diriger par le chemin le plus court, à travers les montagnes, vers Sidi-Mabrouk. Avec tout autre cheval que le mien, je n'eusse peut-être pas tenté l'aventure, mais ce parti extrême me réussit. Les cavaliers ennemis ne nous poursuivirent pas longtemps, nous en fûmes quittes pour quelques coups de fusil et force apostrophes injurieuses. La partie, il faut en convenir, était trop inégale pour qu'il y eût de la honte à l'éviter.

Arrivé près du prince, je lui rendis compte du retour de Mahmoud, des dispositions que montrait la population de la ville; je lui parlai de l'état actuel de nos batteries ; je me permis même d'ajouter que l'ancienne batterie de brèche étant désarmée, et que la nouvelle n'étant pas terminée encore, l'ennemi balayait impunément la route de Tunis avec les pièces de ses embrasures, que nous n'étions pas en état de contrebattre ; que les boulets et les balles y tombaient à foison, que j'avais pu en juger par moi-même, et qu'en un mot, tant que notre feu n'aurait pas été ouvert, c'était s'exposer au plus grand péril et sans nécessité que d'aller visiter les batteries. Mon observation fut mal reçue. A ce moment même, le gouverneur général montait à cheval pour se rendre à Coudiad-Aty, et secondait ainsi l'impatience du prince, qui s'empressa de le suivre. Je déplorai tout bas cette résolution, et je dis à mes camarades qu'avant peu un de nos officiers généraux serait tué.

Le comte de Damrémont était vivement piqué qu'Achmet n'eût pas daigné lui répondre ; il venait de faire parler Mahmoud, notre messager, et l'espoir d'un accommodement vers lequel ses instructions lui enjoignaient de tendre par tous les moyens possibles s'évanouissait à ses yeux ; il n'y avait plus à douter désormais de l'acharnement avec lequel l'ennemi était résolu à se défendre. Les véritables dispositions des Arabes apparaissaient clairement à notre général en chef ; or, chez les natures énergiques et généreuses, le mécontentement et l'impatience se manifestent souvent à la guerre par des actes de témérité. Le matin du 12 octobre 1837, il se passa à coup sûr quelque chose de semblable dans l'esprit de notre infortuné gouverneur général.

Ce jour-là, au lieu de prendre la route ordinaire et de faire un détour à gauche, ainsi que nous en avions l'habitude, en suivant le chemin de Tunis, après avoir passé le Rummel, nous tournâmes à droite et longeâmes la pente de la colline qui fait face à la ville. C'était défier l'adresse des artilleurs d'Achmet, qui n'étaient pas à plus de cinq cents mètres de nous. Cependant la longue file de chevaux que les états-majors réunis formaient en marchant l'un derrière l'autre dans l'étroit sentier où nous étions engagés ne fut pas entamée par les boulets de la place; ils passèrent tous au-dessus de nos têtes, les canonniers turcs n'ayant pas eu le temps de rectifier le pointage de leurs grosses pièces de rempart. Lorsque nous eûmes rejoint la route de Tunis, nous mîmes pied à terre, et le général Damrémont, ayant à sa gauche M. le duc de Nemours et près de lui les généraux Rulhières, Boyer et Perregaux, s'avança lentement dans la direction de l'ancienne batterie de brèche. Je marchais immédiatement derrière lui avec le capitaine Pajol, attaché à son état-major ; d'autres officiers nous suivaient. Quelques soldats qui travaillaient dans la batterie et nous voyaient venir à eux en descendant, nous crièrent que le feu de trois pièces situées à la droite de la porte Bab-el-Oued balayait la route où nous nous trouvions, et nous engagèrent vivement à nous écarter un peu. On ne tint pas compte de leur avis, et nous fîmes halte en cet endroit. Il était neuf heures; M. de Damrémont regardait avec une lorgnette du côté de la ville en s'entretenant avec le prince, quand un boulet qui ricocha à quelques pas devant eux vint le frapper en plein dans le flanc gauche, au-dessous du cœur; nous entendîmes le bruit sourd que fit le projectile en atteignant le malheureux gouverneur ; il tomba aussitôt à la renverse raide mort ; il avait été traversé de part en part.

L'armée sentit bien vivement cette perte ; j'en fus moi-même profondément affecté. Le comte de Damrémont était très-courageux ; il s'exposait tous les jours comme un simple soldat ; ses manières douces et agréables lui avaient gagné le cœur des officiers qui servaient sous ses ordres. Une action très-simple en elle-même, un fait dû au hasard, et dont je ne parlerais pas si je pensais y avoir le moindre mérite, m'avait valu, je crois, sa bienveillance particulière. Dans les premiers jours du siége, pendant l'établissement des batteries, j'étais sur le Mansourach occupé à faire un croquis de la place, quand le gouverneur général vint à passer, et, avec son affabilité ordinaire, voulut voir mon dessin ; je le lui présentai. Sur ces entrefaites, une bombe tomba près de nous ; aussitôt tout ce qui était là, officiers et soldats, se jette à terre, ainsi que cela était ordonné, et ainsi que nous le faisions tous les jours. J'avoue que j'eusse préféré en ce moment la position horizontale à toute autre ; mais, obéissant à un sentiment instinctif de respect et d'amour-propre que l'on comprendra peut-être, j'eus honte d'interrompre ma conversation avec le général en chef, et je ne bougeai point; lui-même, qui, dans ce moment de prostration générale, avait fait involontairement un mouvement presque imperceptible, se raidit encore plus en me voyant debout, jaloux, comme on pense, de ne pas être en reste avec moi. La bombe éclata sans blesser personne. Quoique le brave gouverneur ne fût certes pas à cela près, je ne tardai pas à m'apercevoir qu'il m'avait su gré du fait.

Le comte Damrémont avait fait les guerres de 1806 et 1809 à la grande armée et en Dalmatie, celles de 1811 et 1812 en Espagne et en Portugal, et enfin les campagnes de 1813 et 1814 à la grande armée; il avait commandé une brigade d'infanterie dans l'expédition d'Afrique en 1830, et avait été nommé lieutenant général le 13 décembre de la même année; enfin le 15 septembre 1835, le roi l'avait nommé pair de France et l'avait appelé, le 12 février 1837, au gouvernement de l'Algérie. Le jour de sa mort, il ne portait pas le chapeau d'officier général qu'il avait d'ordinaire; il était coiffé du képi africain, et avait par-dessus son uniforme un burnous brun. Il est mort de la mort des braves, sans prononcer un mot; il a été comme frappé de la foudre.

Le général Perregaux, chef d'état-major, en

proie à la douleur la plus vive, s'était jeté sur le corps inanimé de son général; une balle vint le frapper presque au même instant dans le haut du nez, et se logea entre ses deux sourcils; en même temps un artilleur avait auprès de nous le bras fracassé par un obus. Après le premier moment de stupeur, on emporta le malheureux général, et nous nous éloignâmes de cette maudite route que les boulets de la batterie Bab-el-Oued continuèrent à sillonner toute la journée. Un conseil s'assembla aussitôt, et il fut décidé que M. le comte Valée prendrait le commandement de l'armée. Le lieutenant général Trézel, à qui, suivant quelques personnes, le commandement suprême devait revenir, en raison de ce que le lieutenant général Valée appartenait à une arme spéciale, n'éleva aucune réclamation; aussi modeste que brave, il s'inclina devant l'âge et l'expérience de l'ancien commandant de l'artillerie de l'armée de Catalogne.

Le feu de la nouvelle batterie établie dans la place d'armes s'ouvrit à une heure; les obus tirés des autres batteries adoucirent le talus de la brèche et ruinèrent les maisons qui étaient en arrière, afin d'empêcher l'ennemi de s'y retrancher avec sécurité. — Dans la journée, un envoyé d'Achmet s'était présenté à nos avant-postes porteur d'une lettre du bey; il fut amené les yeux bandés au quartier général, et placé sous bonne garde dans le marabout de Coudiad-Aty. Je fus commis à sa surveillance, avec recommandation d'éviter soigneusement qu'il pût communiquer avec personne. Achmet n'était pas dans la ville; depuis plusieurs jours, il campait sur la montagne aux environs avec sa cavalerie; c'est pourquoi il n'avait pas répondu la veille à la lettre du gouverneur. Comme j'avais un encrier et du papier, les interprètes et moi nous nous retirâmes dans un coin du marabout, et j'écrivis en français sous leur dictée la traduction de la réponse du bey. Je l'ai conservée, et je la reproduis ici littéralement; on verra qu'elle ne laissait pas d'être assez habile.

« Un de vos envoyés a été soustrait hier par les principaux chefs de Ksemtina à la fureur de la populace, qui ne comprend pas les affaires; soyez sans inquiétude sur sa vie, il ne lui sera fait aucun mal. Cessez votre feu et votre bombardement qui effraye le pays, et dans vingt-quatre heures je vous enverrai un personnage sage avec lequel vous pourrez traiter de la paix, pour terminer cette guerre d'où il ne résulte aucun bien. »

Achmet voulait évidemment gagner du temps, mais nous sentions que nous n'en avions pas à perdre ; aussi le général Valée chargea-t-il l'envoyé du bey de lui rapporter une réponse conçue à peu près en ces termes : « Si vous voulez sincèrement la paix, ouvrez-moi les portes de votre ville, car je suis résolu à ne traiter avec vous que dans Constantine. » On continua à pousser vigoureusement le feu tout le jour. A six heures du soir, la brèche parut dans un tel état qu'on jugea que l'assaut pourrait avoir lieu le lendemain matin. L'ennemi, pendant cette journée, ne tenta aucune sortie ; il est présumable que Ben-Aïssa, gouverneur de la place, s'attendant à nous voir bientôt donner l'assaut, ménageait sa poudre et les forces de ses soldats.

Malgré le ton pacifique de la lettre d'Achmet et l'effet qu'on pouvait encore attendre de la réponse du général Valée, on poursuivit sans interruption le feu pendant toute la soirée. L'artillerie reçut l'ordre de le continuer toute la nuit pour nettoyer le plus possible les meurtrières et les embrasures du front d'attaque, élargir la brèche, et en tenir l'ennemi éloigné, dans le cas où il essayerait, ce qui n'était pas douteux, de la réparer ou d'y construire des traverses soutenues de sacs à terre, comme il avait déjà fait la nuit précédente. Dans ce but, nos canonniers eurent pour instruction de tirer à des intervalles inégaux. L'assaut devait être donné le lendemain à la pointe du jour; on arrêta toutes les dispositions, et on forma trois colonnes d'attaque, qui devaient agir successivement.

A en juger par le feu énorme de l'assiégé, nous pouvions nous attendre à trouver sur la brèche une résistance désespérée. M. le duc de Nemours envoya chercher à Sidi-Mabrouk une partie de ses gens, et nous nous établîmes avec lui dans le marabout du Coudiad-Aty, celui qui était le plus à droite au-dessus de la batterie de brèche. Nous y dînâmes, et nous nous étendîmes entre les tombeaux pour y passer la nuit. Le prince et les deux lieutenants généraux couchèrent dans le petit réduit couvert, et les officiers en dehors. Nous dormîmes à merveille, malgré les détonations de toutes les batteries au-dessus desquelles nous étions établis, et sans égard pour les bombes, les obus et les fusées à la Congrève dont les trajectoires bruyantes et lumineuses passaient par-dessus nos têtes.

Le vendredi 13, à trois heures du matin, les capitaines Boutaut, du génie, et de Garderens, des zouaves, eurent l'honorable mission d'aller reconnaître la brèche et de s'assurer si elle était praticable. La clarté de la nuit rendait cette mission des plus périlleuses. Ces deux officiers s'en acquittèrent heureusement; ils gravirent le talus, le redescendirent et revinrent à la batterie de brèche sans avoir été blessés. M. de Garderens avait déchargé un pistolet qu'il avait à la main sur le haut de la brèche, et presque au même instant ce pistolet fut cassé par une balle. On arrêta le feu de nos batteries pendant le temps nécessaire à cette reconnaissance. De la batterie de brèche au rempart, il y avait environ 150 mètres; le temps de parcourir cette distance, de gravir le talus, de le redescendre et de revenir en courant, ne dut guère prendre plus de cinq minutes.

Vers trois heures et demie du matin, l'assiégé recommença à tirer plus fort que jamais. Le temps était froid; nous nous réunîmes auprès d'un petit feu que les cuisiniers du prince avaient allumé dans un des coins du marabout, et nous déjeunâmes avec du café. A cinq heures, tout le monde descendit successivement et sans bruit. En arrivant dans la communication et dans la place d'armes, que les ombres portées rendaient très-obscures, nous fûmes étonnés d'abord de les trouver entièrement dégarnies de troupes; mais les premières colonnes d'assaut, qui y étaient déjà réunies, étaient couchées à terre en silence, et nous vîmes bientôt que loin d'être seuls, nous nous trouvions au contraire en très-bonne et très-nombreuse compagnie. Le prince, les officiers généraux et l'état-major, s'assirent dans un petit enfoncement à la gauche de la place d'armes, et à côté de la première pièce de 24 de droite. L'épaulement nous défilait des feux de la place; il faisait encore nuit.

Quarante sapeurs et mineurs dirigés par quatre officiers du génie, trois cents zouaves et les deux compagnies d'élite du bataillon du 2e léger formaient la première colonne d'assaut, sous les ordres du colonel de Lamoricière. Ce vaillant officier causait gaiement avec nous, et assurait qu'il arriverait à la brèche sans qu'on lui tuât un seul homme; en effet, les feux obliques de l'ennemi n'étaient pas très-redoutables, et l'assiégé, ignorant d'ailleurs le moment précis où la première colonne s'élancerait, n'était pas préparé à la recevoir. On ne doit pas perdre de vue que nos canonniers et nos carabiniers devaient faire jusqu'au dernier moment, contre les embrasures et les meurtrières du rempart, un feu de mousqueterie et de mitraille fort gênant pour les tirailleurs ennemis ; entre le moment où le feu de nos batteries cesserait et celui où l'ennemi rassuré serait en état de garnir suffisamment le rempart, la première colonne avait le temps de couronner la brèche, sans courir de grands dangers. Une fois, par exemple, le signal donné, le rôle de notre artillerie cessait, et c'était à notre infanterie de faire le reste.

Les officiers du prince avaient tous brigué l'honneur de monter à l'assaut avec la première colonne. M. le duc de Nemours accorda cette faveur au lieutenant-colonel de Chabannes comme au plus élevé en grade, il adjoignit le chef d'escadron Dumas à la deuxième colonne, et moi comme capitaine à la troisième.

C'était une heure solennelle. Nous étions tous assis et serrés les uns à côté des autres dans l'obscurité ; on parlait bas, et il serait difficile de rendre les sifflements de tout ce qui se passait au-dessus de nous ; car, indépendamment du feu de la place, toutes nos batteries, échelonnées les unes au-dessus des autres, ne cessaient pas de tirer. Le moment approchait ; toutes les dispositions prises, il fallait s'élancer, parcourir le glacis au pas de course et gravir la brèche, qui, comme je l'ai dit plus haut, avait été reconnue praticable. A cet instant, le prince envoya Dumas au Bardo porter un ordre à la troisième colonne, et, peu de minutes après, on vint chercher pour lui le chirurgien-major Baudens ; notre pauvre camarade avait été atteint d'une balle. Je réclamai et j'obtins la faveur de le remplacer auprès du colonel Combes, commandant la deuxième colonne, et le capitaine d'Illiers, moins ancien que moi, prit alors ma place auprès du colonel Corbin.

Quelques minutes furent encore employées à préparer un drapeau tricolore et des sacs à poudre pour les sapeurs du génie. Je me souviens qu'en ce moment quelqu'un s'écria : « Tiens, Curnieu vient d'avoir la tête emportée par un boulet ! » C'était un des canonniers de la batterie qui, en effet, avait été décapité complétement. Je prenais intérêt à entendre causer les zouaves qui faisaient partie de la colonne d'attaque et attendaient gaiement le signal de l'assaut ; les plaisanteries et les bons mots se succédaient sans interruption dans leur conversation fort animée. La plupart de ces intrépides soldats étaient Parisiens ; on ne s'en serait pas douté à voir leurs grandes barbes et leurs turbans, insignes de la compagnie d'élite à laquelle ils appartenaient.

« Commandant, dit enfin le général Valée au

chef de la batterie, vous allez continuer le feu pendant quelque temps encore, et vous le cesserez au signal que je vous en donnerai ; puis M. le duc de Nemours lancera la première colonne d'assaut. — « Mais, mon général, répondit M. d'Armandy, j'ai brûlé tout ce que j'avais de poudre... Il ne me reste plus qu'un seul canon chargé. » Nous nous regardâmes tous alors en faisant un peu la grimace. « Eh bien ! tirez-le, dit le vieux général, et après cela... en avant ! car il n'y a pas de temps à perdre ! » La pièce de 24 fit des façons, et le premier servant de droite s'y prit à trois reprises différentes sans parvenir à allumer l'étoupille, ce qui fut cause que M. d'Armandy, impatienté, lui arracha la lance des mains et mit lui-même le feu à la pièce.

Ainsi, nous avions consommé tous les approvisionnements de notre artillerie, nos chevaux mouraient de faim, et il ne restait aux hommes que du biscuit pour quatre jours. Telle était notre terrible situation à ce moment; nous en sentîmes bien toute la gravité. De la prise de Constantine dépendait non-seulement notre gloire, mais l'existence de l'armée. Si nous étions repoussés, comme l'année précédente, il fallait battre en retraite, abandonner notre matériel, notre parc de siége, nos blessés, nos malades, et, laissant nos chevaux que nous n'avions plus le moyen de nourrir, revenir tous à pied, généraux, officiers et soldats, jusqu'au camp de Medjez-el-Hammar, harcelés et poursuivis sans doute par l'innombrable cavalerie d'Achmet et par les fantassins victorieux de Ben-Aïssa. La perspective d'un pareil revers ranima les forces de nos soldats épuisés par les veilles et les travaux du siége; ils savaient que derrière ces murs le repos et l'abondance les attendaient ; tout le monde prit pour devise vaincre ou mourir, et les pauvres fiévreux eux-mêmes devinrent des héros.

Il était sept heures ; il faisait jour. M. le duc de Nemours éleva un mouchoir, la première colonne d'assaut sortit de la batterie par un passage qu'on avait préparé d'avance et s'élança. Le colonel de Lamoricière et le chef de bataillon du génie Vieux étaient en tête. Le tambour battait la charge. Quel moment! A travers les embrasures nous les regardions avec une anxiété inexprimable ; ils avaient traversé rapidement l'espace qui les séparait de la brèche, et n'eurent que deux hommes blessés en route : l'ennemi avait été surpris. Lamoricière, sur le haut du rempart, agitait notre drapeau tricolore; pendant ce temps le reste de la colonne suivait, traversait le glacis et gravissait la brèche. Ce fut un enthousiasme, un bonheur inexprimable pour tous, et des cris de *vive le roi* répétés par toutes les bouches.

Alors la deuxième colonne s'ébranla. Commandée par le colonel Combes du 47e, elle était formée de la compagnie franche du 2e bataillon d'Afrique, de 80 sapeurs dirigés par 5 officiers du génie, de 100 hommes du 3e bataillon d'Afrique, de 100 hommes de la légion étrangère et de 300 hommes du 47e régiment. Je partis avec cette colonne.[1] ; nous traversâmes en courant le glacis, nous marchions par files, et j'étais sur le flanc droit de la colonne. Le trajet se fit heureusement ; deux hommes seulement furent tués, trois blessés vinrent tomber au pied de la brèche. J'étais très-faible ; assez malade des entrailles depuis longtemps, je ne prenais presque aucune nourriture ; aussi arrivai-je fort essoufflé au bas de l'escarpement.

On a souvent entendu parler d'une brèche, de monter à l'assaut ; je déclare que ce n'est pas

---

[1] Un capitaine Russell, officier anglais au service d'Autriche, fut, de tous les étrangers qui avaient eu la permission de faire la campagne avec l'armée, le seul qui monta à l'assaut. Je me souviens de l'avoir vu arriver en même temps que nous sur la brèche. Il avait un uniforme blanc avec un collet vert.

chose aisée, matériellement parlant. Qu'on se figure, en effet, de gros cubes en pierre de taille, des débris de maçonnerie, au milieu d'une immense quantité de fragments de bois, de poutres, le tout supporté non par de la terre, mais par de la poussière, sur un talus extrêmement rapide, et l'on comprendra comment j'ai pu tomber trois fois avant d'en atteindre le sommet; j'ai été la première fois culbuté par un pauvre sapeur du génie qu'une balle avait atteint en pleine poitrine, et qui en expirant vint à rouler sur moi. Enfin j'arrivai en haut, et je m'y assis pour respirer un moment, car j'étais accablé de fatigue. Le baron Frossard, officier de la garde nationale de Paris, qui était attaché au colonel Combes, vint à moi, croyant que j'étais blessé, et reçut lui-même, en me parlant, une balle à la main. Au moment où je me relevais, une détonation épouvantable se fit entendre sur la droite ; elle jeta la plus vive inquiétude parmi nos hommes, qui pensèrent aussitôt que la brèche était minée, que l'assiégé faisait jouer successivement tous ses fourneaux, et que nous allions sauter. Un torrent de soldats repoussés par l'explosion, saisis de surprise et surtout d'horreur à la vue des affreux effets de la commotion et de la poudre, se précipitèrent sur le haut de la brèche, faisant mine de tout abandonner et de revenir à la batterie. Ce fut un moment bien critique, et si les officiers n'avaient pas réussi à remonter par leur exemple et leurs exhortations le moral des troupes un instant ébranlé, une affreuse catastrophe aurait pu succéder à cette déroute. On se porta de nouveau en avant pour occuper les maisons en ruines et les décombres en arrière de la brèche. La cause de l'explosion ne tarda pas à être connue; l'ennemi, en se retirant, avait mis le feu à un magasin de batterie situé un peu à droite à l'entrée de la rue du Marché; c'est ce qui avait produit la détonation et les effets terribles que nous avions sous les yeux. Le chef de bataillon de Sérigny était écrasé sous les décombres; de malheureux soldats, noirs comme des nègres, aveuglés par la poudre, venaient à nous les bras ouverts en poussant d'affreux hurlements, la plupart avaient la figure en lambeaux; des officiers de mes amis me parlaient sans que je pusse les reconnaître. C'était un spectacle hideux et déchirant. Nous marchions sur les corps des mourants, dont le haut de la brèche était entièrement couvert. Le capitaine de Garderens, l'épaule droite ouverte par une énorme blessure, était assis le dos tourné à la ville, il avait en outre deux autres coups de feu dans le corps; le colonel de Lamoricière était gravement brûlé; le commandant Vieux, les capitaines du génie Hackett, Potier, Leblanc, les officiers de zouaves Sanzai, Demoyen, et tant d'autres, étaient tués ou blessés à mort. Au milieu de cette scène d'horreur, oserai-je dire que je fus frappé par l'odeur délicieuse qui s'exhalait des décombres au milieu desquelles nous nous trouvions? Nos boulets et nos obus étaient, à ce qu'il paraît, venus tomber au milieu d'une suite de boutiques attenant au bazar et qui régnaient derrière la courtine de Bab-el-Gharbia, de sorte que les objets de mercerie, les étoffes, les flacons d'essences bouleversés ou brisés par nos projectiles, répandaient au loin dans l'air les parfums les plus agréables.

Nous ne savions comment nous éloigner de cette maudite brèche; la seule issue par laquelle nous pussions pénétrer dans l'intérieur de la ville et qu'avait suivie la 1re colonne, était obstruée par les ruines, embarrassée par les cadavres ou par les malheureux brûlés qui se traînaient dans cet étroit passage; il fallut bien du temps pour le déblayer. En attendant, nous piétinions sans pouvoir faire un pas; nous cherchions à avancer à droite, à gauche, dans les caves, sur les toits : partout nous étions arrêtés, partout nous recevions des coups de fusil. Enfin, les sapeurs du génie parvinrent à élargir quelques trouées, à retrouver une ou deux ruelles par lesquelles on se glissa un à un, et où il fallait encore marcher avec précaution sous peine d'y être écrasé. « Ne battez plus la charge, criaient aux tambours des zouaves des soldats engagés dans un de ces étroits couloirs, vous nous faites étouffer ! » Et, en effet, animés par ce son entraînant, nos braves poussaient leurs camarades sans se soucier de savoir s'il leur était possible d'aller en avant. La troupe qui couronnait la brèche était réunie dans un petit espace, et offrait par conséquent beaucoup de prise au feu de l'ennemi, dont les balles pleuvaient sur nous. L'intrépide colonel Combes, l'épée à la main, debout sur un pan de mur en ruine, semblait défier la mort. Une maison très-élevée [1] et en vieille maçonnerie fort solide, située heureusement à la droite, nous défilait des

---

[1] Si l'assiégé avait eu l'idée de percer des meurtrières dans la partie de cette solide construction qui avait vue sur la brèche, et qu'on ne pouvait tourner, s'il y avait placé une ou deux pièces légères chargées à mitraille, ou même seulement des tirailleurs, je crois qu'après les éboulements, suites de l'explosion, qui obstruèrent les abords de la rue du Marché, nous n'aurions pas pu tenir un instant sur la brèche, et la ville alors n'était pas prise.

feux de la caserne des janissaires, qui autrement auraient plongé sur nous, et nous auraient fait un mal incalculable. J'essayai de pénétrer, avec quelques hommes, sur le rempart en contournant cette maison, mais nous dûmes y renoncer; à peine en avait-on doublé le coin et débouchait-on dans le chemin de ronde, qu'on se trouvait sous le feu des fenêtres de la caserne, qui n'était pas soutenable. Trois hommes y furent tués et d'autres blessés en n'avançant pas de plus de dix pas. Il fallut alors chercher de nouveau à pénétrer dans l'intérieur de la ville; nous y réussîmes enfin, mais, en vérité, je ne sais pas comment : tout ce que je puis dire, c'est que nous marchions au milieu des décombres, en passant de masures en masures, en tuant les Arabes qui les défendaient, quand nous pouvions les voir, et en perdant nous-mêmes du monde. Je me rappelle qu'après la prise de la ville, je voulus retrouver la route que j'avais suivie dans ce dédale, et par laquelle j'étais enfin parvenu au bazar; cela me fut impossible.

Quand j'arrivai à l'entrée de la ruelle du bazar, le colonel Combes, à la tête d'une compagnie de son régiment, venait d'enlever une barricade; déjà blessé au cou sur le haut de la brèche, il fut frappé en ce moment pour la seconde fois. Ce héros me dit adieu. Ses lèvres, en me parlant, étaient toutes couvertes de sang. « Vous êtes blessé, mon colonel ! m'écriai-je. — Oui, répondit-il avec le plus grand calme, avec la plus grande sérénité; j'ai reçu deux blessures... la seconde est mortelle. » Une balle ennemie l'avait traversé de part en part au moment où il enlevait la barricade. L'assiégé avait étendu, au-dessus de la ruelle garnie de boutiques latérales où nous nous trouvions, une espèce de toit en claies d'osier destiné sans doute à garantir ce passage, seul moyen de communication de l'intérieur de la ville avec les batteries, des éclats de pierre et des plâtras que nos projectiles faisaient voler de tous côtés. Ce léger blindage avait aussi pour objet de masquer les fenêtres d'une grande maison située à cheval sur la rue qui la traversait, et où des Arabes embusqués pouvaient tirer sur notre infanterie au jugé en perçant les minces couvertures que je viens de décrire. Des grilles faisant saillie en dehors défendaient les fenêtres de cette maison. On avait eu la précaution d'élever sur leur appui intérieur des tas de pierres rondes qui garnissaient la baie jusqu'à une hauteur suffisante. Les tirailleurs kabiles, défilés ainsi de notre feu derrière ce double abri, passaient leurs longs fusils à travers les interstices des pierres, et aussitôt qu'ils croyaient l'étroite rue du bazar bien remplie par nos hommes, ils faisaient pleuvoir sur eux une grêle de balles. A chaque instant nos braves soldats s'élançaient dans ce couloir obscur en criant : En avant ! mais la plupart, arrêtés dans leur élan par le plomb de l'ennemi, tombaient sans vie, ou en poussant des cris que leur arrachaient leurs blessures. Ceux qui, plus heureux, pouvaient sans être atteints parcourir tout le bazar et parvenir jusqu'à la maison, étaient alors exposés à découvert au feu de ses meurtrières ; arrivés au passage voûté de la rue, ils en ébranlaient vainement la porte, qui était barricadée et qui résistait à leurs efforts.

Ce bazar où nous étions n'avait pas plus de quatre pieds de largeur ; il était littéralement encombré par les morts et les blessés. C'était un spectacle lamentable, une scène d'horreur et de sang qui sera toujours présente à ma mémoire ; mais aussi je ne saurais en quels termes exprimer mon admiration pour ces jeunes soldats qui couraient à la mort comme des lions, malgré ce que nous pouvions dire pour modérer leur ardeur. J'en étais ému jusqu'aux larmes : avec une race d'hommes pareils, que ne serions-nous pas capables d'entreprendre ! Non, la France n'est pas dégénérée : j'en appelle aux vieux militaires qui ont pu voir notre infanterie combattre à Coudiad-Aty, sur la brèche et dans le bazar de Constantine, qu'ils nous disent si elle s'est montrée inférieure aux héroïques phalanges de la république et de l'empire ! Notre général en chef, en parlant de la journée du 13 octobre 1837, n'a-t-il pas dit : « C'est une des actions de guerre les plus remarquables dont j'aie été témoin dans ma longue carrière ? »

La prise de Constantine a été le résultat de deux opérations partielles et simultanées : l'attaque de droite, savoir l'occupation de la rue du Marché ou du bazar, et l'attaque de gauche sur la porte El-Djedid. Ces deux opérations se sont subdivisées elles-mêmes en une foule de combats partiels, isolés, invisibles les uns pour les autres, et concourant au but commun. Si l'on en excepte la rue du Marché, qui d'ailleurs était extrêmement étroite, dans presque aucun des lieux où l'on s'est battu, on n'avait d'espace devant soi ; on cheminait dans des impasses tortueuses de 50 à 60 centimètres de large, de 20 à 30 pas de longueur, souvent barrées par des obstacles ; on perçait des murs, on délogeait l'ennemi des chambres où il se défendait ; puis on descendait par un escalier dans une petite cour pour en ressortir de même en sapant les murailles. Constantine, ville de vingt-cinq mille âmes, n'était à proprement parler, lorsque nous l'avons attaquée, qu'un immense pâté de maisons traversé seulement par deux ruelles, celle du Marché et celle de la porte d'El-Gharbia ; on sait que cette dernière était éloignée de nos attaques, et n'a pu nous servir. Il faudrait donc une foule de récits semblables au mien pour qu'on pût savoir exactement ce qui s'est passé dans la ville depuis sept heures du matin jusqu'à onze heures, moment où le feu a cessé.

Pendant que nous nous brisions, le colonel Despinoy et moi, avec une centaine d'hommes du 47e, contre des obstacles insurmontables, les sapeurs du génie, en perçant des murs, en cheminant de chambre en chambre, de maison en maison, étaient parvenus d'abord à tourner un minaret qui plongeait sur la ruelle du Marché et nous blessait du monde ; ils l'avaient fait évacuer par des Turcs qui y étaient postés. Ensuite, à notre insu, ils s'étaient emparés, avec de l'infanterie et par derrière, de la grande maison qui nous barrait le passage, et dont le feu cessa tout à coup : on y surprit et on y tua beaucoup d'Arabes à coups de baïonnette. Alors l'ennemi, qui nous voyait gagner du terrain de tous côtés par ces sapes habilement dirigées,

8.

craignant que toute retraite ne vînt à lui être coupée, abandonna la grande caserne des janissaires. La porte du bazar venait d'être enfoncée; nous nous précipitâmes en avant, chassant devant nous les Arabes à coups de fusil ; nous occupâmes quelques maisons, et plaçâmes des postes à une grande distance dans l'intérieur de la ville.

Cependant la troisième colonne d'attaque arrivait et couronnait la brèche ; elle se jeta aussitôt sur le rempart de droite, le suivit dans sa longueur, parvint sans coup férir à la porte d'El-Gharbia, dont elle fit sauter les serrures et qu'elle ouvrit. Alors les 11ᵉ et 17ᵉ régiments pénétrèrent dans la ville par une longue rue qui part de cette porte. L'attaque de gauche avait également réussi. Les sapeurs, ouvrant des passages à l'infanterie, avaient occupé successivement tous les abords de la porte El-Djedid, non sans livrer à chaque pas les combats les plus acharnés, et après s'être emparés de la porte ils l'avaient ouverte. Dès ce moment la fusillade cessa, et l'ennemi ne fit plus de résistance. Le général Rulhières avait marché sur la kasbah dont le commandant se rendit en lui présentant la crosse de son pistolet. Il était environ onze heures.

Alors je descendis par la brèche, et je courus

dans la batterie auprès de M. le duc de Nemours pour lui faire part des événements qui s'étaient accomplis dans l'intérieur de la ville, et qui lui étaient encore inconnus. Deux habitants notables qui se présentèrent, conduits par des soldats, peu de temps après, confirmèrent cette glorieuse nouvelle. En proie à la plus grande frayeur, ils apportaient un papier sur lequel était écrit sans doute quelque chose comme une capitulation; mais les pauvres gens arrivaient un peu tard. Au surplus, les ordres les plus sévères avaient été donnés, et aucun excès ne vint ternir notre victoire.

Je ne sache pas qu'il puisse y avoir sur terre une satisfaction plus fière, plus passionnée et plus émouvante à la fois, que celle que j'éprouvai lorsque, serrant la main de notre jeune et brave général, j'eus l'honneur de lui annoncer le premier que nous étions maîtres de Constantine.

ASCENSION

AU VIGNEMALE

ASCENSION

AU VIGNEMALE

―――◦◯◦―――

Le Vignemale est la plus haute montagne des Pyrénées françaises [1] ; sa tête chauve domine le lac de Gaube où elle se mire, et ses flancs déchirés descendent d'un côté dans la vallée d'Ossoue, en s'appuyant sur le Malferrat, tandis que de l'autre le pic se dresse de toute sa hauteur au-dessus du port de Panticous, que les habitants de Cauterets suivent pour aller en Espagne.

Ramond essaya plusieurs fois de parvenir à la cime du Vignemale ; mais ses efforts furent infructueux. Il n'est pas à vingt lieues à la ronde de sommités plus âpres, de rochers plus verticaux ;

―――

[1] Le mont Perdu et la Maladetta sont en Espagne.

les glaciers qui en protégent les abords sont sillonnés par des crevasses immenses, et les annales des Pyrénées contiennent plus d'un événement sinistre dont ses neiges éternelles ont été témoins.

Plus que toute autre ascension, celle du Vignemale peut devenir funeste aux personnes qui la tentent, si la tourmente vient à les surprendre dans ces hauteurs désolées, là où chaque pas est un calcul, où l'équilibre tient souvent du hasard, dans ces vallées de glaces où, par le plus beau temps, vous ne pouvez faire vingt pas sans vous arrêter pour reprendre haleine. Il faut plaindre le pauvre voyageur dont la poitrine, épuisée par la raréfaction de l'air, est soumise encore à l'épreuve d'un vent glacial qui l'étouffe et le gèle, en même temps qu'il l'étourdit et l'aveugle. Quand on a parcouru ces hautes régions, on comprend ce que les battements rapides du cœur peuvent ôter d'énergie;... et, dans le Vignemale, malheur à celui dont le pied hésite !

Je montais le 30 juillet dernier le port de Gavarnie avec mon frère et trente chasseurs que nous avions réunis pour faire une battue à l'ours dans la forêt de Bujaruelo en Espagne, m'amusant à écouter les récits d'exploits ou d'aventures plus ou moins invraisemblables avec lesquels nos compagnons de voyage s'efforçaient de charmer les ennuis d'une ascension des plus rudes. En récapitulant le nombre d'ours qu'ils auraient tués entre eux depuis une année, on serait, j'en suis sûr, arrivé à un chiffre qui aurait bien dépassé celui des ours tués dans les Pyrénées depuis vingt ans; car, soit dit en passant, l'ours y est un animal insaisissable, fabuleux même. Que d'ennuis, de fatigues et de déceptions attendent le chasseur inexpérimenté qui, comme moi, aura la faiblesse de croire à l'ours des Pyrénées !

— Nous ne sommes pas sûrs de rencontrer l'ours à Bujaruelo, me dit le vieux Cantouz, de Gèdres, plus sceptique ou plus véridique que ses compagnons. Mais, si vous voulez, je vous mènerai dans un pays que personne n'aura vu avant vous... à douze mille pieds au-dessus du niveau de la mer... Voulez-vous que je vous conduise au sommet du Vignemale ?

Nous regardâmes d'un air un peu narquois l'auteur de cette étrange proposition, car nous étions trop nourris des traditions des Pyrénées pour ne pas savoir que le Vignemale y est regardé comme inaccessible. L'offre du vieux guide nous sembla une fanfaronnade, et nous lui en exprimâmes notre façon de penser avec beaucoup de franchise. Mais le front ridé du Gédrois, d'où coulait une abondante sueur, sous son bonnet de laine brune, ne manifesta aucun embarras, et à mon exclamation : Cantouz, voulez-vous donc nous casser le cou? il répondit : « Monsieur, je vous conduirai au sommet du Vignemale plus aisément que je ne le ferais au mont Perdu... Or, vous n'êtes pas sans savoir que, depuis que Rondeau de Gèdres a montré à M. Ramond le chemin par l'Espagne, en passant par la brèche de Roland, et couchant à la tour de Goliz, de bons marcheurs peuvent sans dangers monter au mont Perdu, et que cette ascension a souvent eu lieu. »

Je connaissais tous ces détails aussi bien que Cantouz, car j'avais lu plus d'une fois, et avec passion, les voyages de Ramond au mont Perdu. Le récit de ses nombreuses tentatives pour arriver au sommet de cette montagne m'avait trop vivement intéressé pour que j'ignorasse que depuis il avait trouvé par l'Espagne un chemin que les rochers affreux du pic d'Allanz et les glaciers d'Estaubé lui avaient refusé trois fois.

« Mais alors, s'il en est ainsi, d'où vient que le sommet du Vignemale passe pour être inaccessible? et comment se fait-il que vous, en particulier, Cantouz, en ayez une tout autre opinion? »

— Ah! Monsieur, c'est que j'ai trouvé par hasard un chemin que personne ne connaît, et qui s'est bien gravé dans ma mémoire. Voyez ces cicatrices... ce sont des blessures que je me suis faites sous le glacier de Vignemale, en tombant dans une crevasse où j'ai demeuré cinq heures. J'avais été chargé par un voyageur, il y a deux ans, de chercher un chemin pour parvenir au sommet de la montagne, et j'avais la promesse d'une belle récompense si j'y arrivais. Pendant plus de huit jours, je parcourus, avec mon beau-frère Bernard Guillembert, les neiges, les rochers, les glaciers, sans pouvoir approcher de cette maudite cime, dont les assises sont tellement unies, qu'elles n'offrent par même de prise aux pieds d'un isard. Nous désespérions de réussir, quand, le 8 octobre 1834, à une heure de l'après-midi, nous étions sur le grand glacier qui regarde la vallée d'Ossoue. Tout à coup le pied nous manque à tous les deux, et nous tombons, à une grande profondeur, dans une crevasse, où, le corps tout meurtri, nous restâmes pendant quelque temps privés de sentiment. Je fus le premier debout, et j'aidai Bernard à se remettre sur ses jambes. J'étais bien éclopé de ma chute, mais j'avais bon courage. Bernard, démoralisé, me recommandait déjà sa femme et ses enfants. Je parvins pourtant à le faire marcher, et, nous traînant sur les mains et sur les genoux, nous suivîmes la longueur de la crevasse, passant d'une cavité à l'autre, dans l'eau ou sur la neige fondue, cherchant si nous ne trouverions pas un resserrement assez étroit pour qu'il pût nous permettre de regagner la surface du glacier, en nous faisant un appui des deux parois. Après avoir longtemps erré dans ce labyrinthe, nous découvrîmes une espèce de cheminée, dans laquelle nous nous élevâmes tout doucement en nous creusant à droite et à gauche des degrés avec nos crampons, que nous avions détachés à cet effet. Je ne sais pas le temps que dura notre travail, mais il me sembla bien long, et quand nous eûmes enfin le bonheur de revenir sur le glacier, le soleil était déjà descendu du côté de Saragosse. Nous avions débouché alors sur une grande plaine de neige, flanquée de quatre pics d'inégale grandeur, qui me parurent aussitôt devoir être les sommets du Vignemale. Il nous fut très-facile de les atteindre, car il paraît que la crevasse d'où nous sortions était, du côté de l'est, le dernier obstacle que nous devions rencontrer. En cheminant sous la glace, nous nous trouvions avoir évité quelques passages également difficiles; nous venions de dépasser la croupe du glacier du Malferrat, et nous étions désormais dans le plat pays, sur une belle surface de neige que ne sillonnait aucune apparence de fissure. Nous ne nous aventurâmes pourtant qu'avec précaution sur ce sol souvent perfide, et ce ne fut qu'au bout d'une heure que nous atteignîmes le pic le plus élevé du Vignemale.

— Et votre retour, Cantouz?

— Ah! Monsieur, nous fûmes obligés de coucher sur la montagne, sans savoir si le lendemain nous pourrions redescendre; mais nous eûmes le bonheur de trouver, du côté de la vallée de Serbigliana en Espagne, un chemin très-facile, que je vous ferai prendre ainsi qu'à monsieur votre frère, si le cœur lui en dit. Mon désir était d'y conduire l'Anglais pour qui j'avais cherché ce passage; mais ses affaires l'ayant forcé à quitter Saint-Sauveur, nous ne pûmes effectuer l'ascension ensemble.

Ah çà! dis-je un peu ébranlé, vous vous souvenez bien de la route?

— Comme si je l'avais trouvée hier.

— Vous savez pourtant que des lavanges, des neiges nouvelles peuvent changer, en peu d'heures, l'aspect de la montagne, et rendre votre route méconnaissable?

Mais Cantouz ne voulut pas en démordre, et m'assura qu'il nous mènerait au sommet du Vignemale.

— Eh bien! Edgar, si tu veux, nous irons?

— Cela me paraît évident, me répondit mon brave frère.

Dès ce moment, notre voyage au Vignemale fut décidé.

Le 10 août 1838, à onze heures, nous étions en route, par un temps magnifique, indispensable à notre entreprise, avec Vincent, guide et chasseur de Luz, David, mon domestique, et le conducteur d'un cheval de bât chargé de couvertures et de provisions.

De Luz à Gavarnie, la route, que nous connaissions d'ailleurs, n'attira pas notre attention. Semblables à certaines gens dans le monde, qui suivent une idée et n'écoutent rien de ce qu'on leur dit, nous marchions comme des inspirés, ne nous laissant aller à aucune distraction étrangère à notre mission. Après avoir pris une hache et des crampons à Gavarnie, où nous déjeunâmes, nous repartîmes aussitôt, nous dirigeant vers l'ouest par la vallée d'Ossoue.

Nous rencontrâmes d'abord une côte rapide et pierreuse, puis un joli bois de noisetiers bien frais. A une demi-lieue plus loin, le vallon se resserre, et le chemin devient plus horizontal, à la grande satisfaction de nos chevaux qui semblaient protester, par des haltes fréquentes, contre les pentes de soixante-dix degrés sur lesquelles nous les conduisions. Ainsi que sur la mer, ici point de route tracée : le Vignemale était notre pôle; le Gave qui en sort et qui roulait à nos pieds, notre boussole. Nous cheminions sur des côtes vierges de pas humains, tirant sans cesse, de droite et de gauche, des bordées, dans le but de tromper la déclivité d'une surface glissante où nos montures perdaient souvent en équilibre ce qu'elles gagnaient en respiration.

A droite, au-dessus du Gave, dont les eaux sont si limpides, s'élève la montagne de la Courbe comme un mur immense; cette montagne attire l'attention par sa raideur. Formée d'un marbre rose où l'œil ne découvre, pour ainsi dire, aucune anfractuosité, elle semble avoir été taillée par un architecte géant, pour former la vallée.

— Un homme fauchait son pré, l'autre jour, tout là-haut, me dit Jean-Marie (car notre caravane avait fait quelques recrues à Gavarnie); le pauvre diable s'est approché trop près du bord!... On n'en a rien retrouvé, Monsieur!

Après deux heures de marche, par un soleil bien chaud, nous nous arrêtâmes sur une jolie pelouse, auprès d'une fontaine ; nous avions tourné le Malferrat que nous longions jusqu'alors, et le Vignemale brillait enfin devant nous, déroulant toute la pompe de ses glaciers, tout le caprice de ses aiguilles.

— Le voilà, cria Cantouz, se découvrant par respect devant sa conquête. Regardez cette pointe qui s'élève à peine derrière la neige... c'est le sommet de la montagne! voilà le pic où nous serons demain, avec la grâce de Dieu et de Notre-Dame-de-Héas!

C'était le cas, si nous avions été Anglais, de pousser tous ensemble et par trois fois, un *hip! hip! hurrah!* à faire tomber une avalanche ; mais nous n'avons en français rien d'analogue. La pauvreté de notre langue nous condamna au silence le plus expressif.

— Vite un croquis de cette vieille tête, me dit Edgar.

Et nous dessinâmes.

— Eh! mais... regarde là-bas, ne sont-ce pas des voyageurs à pied? des guides?... Ils s'avancent vers nous... Ah ! s'ils nous avaient précédés !

J'étais, comme on voit, préoccupé de la crainte de ne pas arriver le premier à ce sommet, le rêve de mon ambition.

— Non, Monsieur, soyez tranquille, me dit Cantoùz : ce sont des étrangers qui reviennent tout simplement de Cauterets par la vallée des Espessières, ils coucheront sans doute à Gavarnie...

J'eus la faiblesse de me sentir soulagé d'un poids énorme.

Notre route avait été égayée jusqu'alors par la vue d'immenses troupeaux répandus çà et là sur les larges flancs du Malferrat. Mais, après nous être remis en marche, en nous élevant du côté du *port*[1], nous arrivions dans des solitudes que n'animaient plus ni le son grave de la cloche des brebis, ni la voix plus mâle encore de leurs gardiens fidèles. Ces chiens énormes semblaient ne signaler notre passage par leurs aboiements pleins d'intelligence que pour prendre acte de notre arrivée : il n'y avait aucune hostilité dans leurs protestations. Insensiblement les bruits de la vallée se perdaient dans la vapeur, et nous nous en éloi-

---

[1] C'est le nom qu'on donne, dans les Pyrénées, à un col ou passage.

gnions, gravissant lentement des côtes de plus en plus rapides. Nous mettions pied à terre de temps en temps, quand nous sentions que nos montures ne pouvaient plus tenir sur ces pentes glissantes, et cela arrivait souvent dans des herbages brûlés par un soleil qui, depuis deux mois, ne s'était pas voilé un jour. Il faut le dire aussi, ces pauvres bêtes, sur le gazon ou sur la pierre, n'avaient dans leur démarche rien de ce qui inspire à un cavalier une sécurité complète. Si nous cheminions dans les prairies, ce n'était que glissades; c'était bien pis encore sur les schistes brisés, ou au milieu des cailloux roulants. Là, nous ne pouvions faire dix pas sans entendre ce bruit du cheval qui va s'abattre, et ne se retient sur ses jambes qu'avec d'immenses efforts et au grand préjudice de sa chaussure, dont le fer jaillit en étincelles. Ce bruit a quelque chose d'inquiétant d'abord, mais on finit par s'y faire, car c'est là en quelque sorte une allure particulière aux chevaux des Pyrénées.

Pour nous donner du courage, les rayons de l'occident doraient alors de la manière la plus coquette ces belles neiges éternelles, objets de nos vœux; rien ne cachait plus le Vignemale à nos regards, et, s'il avait été abordable du côté de la

France, il semblait assez rapproché pour que nous pussions y arriver ce jour-là avant souper. Il n'en était pas ainsi à beaucoup près, et, cette fois, à en croire Cantouz, le plus court chemin n'était pas le meilleur. Comme il nous restait encore une forte journée de marche pour le lendemain, afin de nous rapprocher de notre base d'opérations, qui devait être le point où nous laisserions les chevaux, nous résolûmes de coucher le plus près possible du Plan d'Aube : c'est le nom du *port* qui conduit à la vallée de Serbigliana.

Cependant, après avoir continué de marcher quelque temps dans cette direction, comme le soir approchait, il fallut, sur l'avis des nos guides, changer un peu de route, afin de trouver un emplacement convenable pour notre bivac. En effet, quand on passe la nuit dans des régions aussi élevées, il faut faire du feu, et il eût été imprudent de nous éloigner trop des lieux où croissait encore le rhododendron, dernier arbuste qu'on trouve dans ces montagnes, et après lequel il faut dire adieu à toute végétation.

Nous fîmes donc un détour à gauche, et redescendîmes dans une petite vallée au pied du Cardal, où paissaient des troupeaux espagnols, sous la garde de deux bergers, qui nous frappèrent aussitôt par leur mine et leur costume. Il était impossible de réunir plus de couleur locale. Ces deux grands gaillards bien pris avaient le costume du paysan aragonais ; leur face bronzée était ombragée du large *sombrero*, et à chaque parole ils nous faisaient voir des rangées de dents blanches comme le lait de leurs chèvres. Du reste, ils tricotaient tous les deux des bas pour leur usage particulier.

La conversation fut bientôt établie entre nous, car il est impossible de courir un peu les Pyrénées sans retenir quelques mots de castillan (en Espagne, comme vous savez, on ne parle pas espagnol, mais castillan). Nous leur fîmes les questions d'usage, et, disposés sans doute en notre faveur par le traité de la quadruple alliance, ils nous offrirent de fort bonne grâce leurs services. Je les employai avec trois des nôtres à aller chercher du bois, en leur recommandant d'en apporter autant qu'ils pourraient. C'était là le point essentiel, car l'eau ne pouvait nous manquer. Nous eûmes bientôt trouvé un emplacement pour passer la nuit, sur le bord d'un joli gave auprès duquel nous fîmes halte. Les chevaux dessellés furent abandonnés à eux-mêmes ; on tira du bât les couvertures et les provisions.

La fraîcheur de la soirée me mit dans l'obligation de rendre hommage à la prudence d'un frère qui avait, dans sa sollicitude, muni nos paniers de dix bouteilles de vin de Bordeaux et de trois bouteilles de vieux rhum. On étendit à terre la paille et le foin des paniers; chacun prépara son lit. Nous nous couvrîmes, Edgar et moi, de vêtements plus chauds. Cette opération se borna pour nos guides à passer les manches de leurs vestes brunes, qu'ils portaient suspendues sur l'épaule; mais la perspective du bon feu qui les attendait me fit considérer avec moins de remords les couvertures et les burnous dont notre domestique avait fait, à mon frère et à moi, le lit le plus confortable. Bientôt apparut sur la montagne la corvée du bois; nos hommes pliaient sous leur charge; nous les vîmes avec joie déposer à nos pieds une énorme pile de fagots. Le feu le plus pétillant, la flamme la plus odorante et la plus vive, ne tardèrent pas à réjouir notre vue, et nous nous groupâmes gaiement autour du foyer, tandis que la nuit tirait insensiblement son noir rideau sur le Vignemale, et semblait nous dire : « A demain les affaires sérieuses. »

Cette nuit se passa joyeusement. Toutes les conbinaisons possibles de rhum, d'eau-de-vie, de vin et de sucre, furent épuisées par l'esprit éminemment inventif d'Edgar, dans le but de réchauffer nos guides et de les mettre en belle humeur. Aussi ne tardèrent-ils pas à entonner l'air : *Là-haut sous las mountagnas*, de la voix la plus sonore, afin de faire honneur à des maîtres aussi prévoyants. C'est ainsi que notre dîner s'accomplit fort agréablement, mais peut-être avec une nuance de gaspillage dont notre souper du lendemain eut à souffrir.

Dans un esprit de fraternité que les circonstances expliquaient, nous appelâmes les Espagnols, et les invitâmes à prendre place au banquet. Ils arrivèrent, toujours avec leurs tricots à la main, s'asseoir au feu de l'hospitalité. Ces bonnes gens n'étaient pas tout à fait étrangers aux arts, car, sur notre invitation, et après avoir humé, chacun un énorme gobelet de punch comme de vrais bergers qui ne boivent que de l'eau depuis longtemps, ils entonnèrent une espèce de chanson sur un mouvement de fandango, qui se terminait par de grands cris semblables à ceux que poussent les Arabes de l'Atlas. A ces cris, Perro, leur gros chien, répondait dans sa langue *au grave*, comme dirait M. XXX des *Débats*. Cependant les chants cessèrent peu à peu ; les bergers allèrent se blottir avec quelques-uns de nos compagnons dans leur tanière en pierres sèches, et nous y offrirent une place. Mais une extrême sensibilité de peau (qu'on me pardonne l'expression!) nous éloigna, Edgar et moi, de ce lieu hospitalier, par souvenir d'une nuit passée à la meilleure auberge de Poitiers.

Ceux de nos guides qui, comme nous, ne voulurent pas risquer la *couïla* espagnole, s'étendirent autour du feu, qui fut religieusement entretenu toute la nuit. Que le ciel était grand! Vous ne savez pas ce qu'est une belle nuit, vous qui, par crainte des rhumatismes, n'avez jamais osé affronter les charmes d'une nuit sur le Cardal! Comme on respire bien sous ce beau ciel! avec quelle volupté on dort ainsi! et si l'on ne dort pas, combien d'idées, qui ne vous seraient jamais venues, naissent de la contemplation des étoiles!

Comme je l'ai dit, chacun veilla à l'entretien du feu jusqu'au jour, par un sentiment de bien-être personnel qui, vers deux heures du matin, nous porta tous à tisonner. Malgré la saison, la clémence de l'air et la latitude, les règles de la nature ne peuvent pas perdre absolument tous leurs droits, et, à cinq mille pieds au-dessus du niveau de la mer, un froid humide se fait presque partout sentir vers deux heures du matin. Mais le feu du rhododendron et quelques verres de vin chaud nous eurent bientôt rendu le sommeil.

Pour économiser nos forces, nous devions nous servir de nos chevaux le plus longtemps possible. Au point du jour, il fallut les chercher dans la montagne, où ils avaient pâturé toute la nuit. Ce ne fut pas chose aisée, et ils firent tant de façons, qu'à six heures à peine étions-nous en route. Nous gravîmes d'abord le Cardal : vers sept heures, nous étions en vue du Plan d'Aube ; nous ne le traversâmes pourtant pas immédiatement, car un isard qui paissait auprès du *port* nous donna l'idée de l'approcher, et nous fit perdre en détours inutiles au moins trois quarts d'heure. L'animal rusé ne voulut pas se laisser joindre, et lorsque nous arrivâmes, après bien des circuits, tout essoufflés, au terme de notre stratégie, marchant à quatre pattes depuis longtemps, impatients de lever la tête et de le voir enfin à portée de nos carabines, il n'était déjà plus sur le *port*; il avait fui, sans égard pour nos précautions et nos manœuvres, dont pas une seule ne lui aurait échappé, s'il faut nous en rapporter à ceux de nos guides qui ne l'avaient pas perdu de vue. Aussi serais-je presque tenté de ranger l'isard ou nombre de ces déceptions parmi lesquelles l'ours des Pyrénées figure en première ligne.

Après avoir traversé le Plan d'Aube et être descendus en Espagne dans la vallée de Serbigliana, nous fîmes environ une demi-lieue encore en tournant vers la droite, et nous nous arrêtâmes au pied du Malferrat. Nous y laissâmes les chevaux sous la garde d'un de nos hommes. C'est là que devait commencer notre ascension, et il était impossible désormais d'aller autrement qu'à pied. Il faut dire, d'ailleurs, que nous avions rarement usé de nos montures, et, dès le matin de cette journée, nous cherchions, en nous mettant en haleine par une marche anticipée, à acquérir ce *second wind* si précieux des chevaux anglais. Je crois que nous y réussîmes, car jamais nous ne nous étions sentis plus frais et plus dispos, et c'est dans la meilleure *condition* que, le 11 août 1838, à huit heures du matin, nous nous présentions au poteau du départ. Nous étions trois de plus qu'en partant de Luz : Jean-Marie, de Saint-Sauveur ; Bernard Guillembert, de Gèdres, et Baptiste, chasseur, de Gavarnie.

Le hasard avait fait trouver, en 1834, à Cantouz, le chemin du Vignemale : une simple déduction, tirée de la conformation du mont Perdu, aurait été, ce me semble, pour lui, un guide aussi sûr. Comme je l'ai dit, l'ascension de cette montagne si longtemps rebelle aux efforts courageux de Ramond, tant qu'il voulut l'attaquer du côté de la France, est très-aisée du côté de l'Espagne. Pourquoi Cantouz n'avait-il pas tenté cette dernière voie plus tôt? Il est vrai que le savant illustre que je cite a plus d'une fois établi, dans ses ouvrages, des faits dont l'application aurait dû le conduire naturellement à essayer de tourner cet ennemi qu'il ne pouvait vaincre de front. Comment n'a-t-il pas senti la portée de ces faits? je l'ignore.

Il est une vérité reconnue en effet, et que Ramond a été un des premiers à établir, c'est que le versant sud des Pyrénées offre des pentes moins abruptes, des rochers moins affreux, que le versant septentrional. Du côté de la France, les cimes de ces montagnes, dans les régions très-élevées, sont protégées par des neiges presque éternelles; le soleil n'a qu'une action fort limitée sur ces sommités, qui nous montrent encore toute la raideur de leur structure primitive. Là, pas une roche qui ne soit de première formation, pas une surface qui n'ait été baignée par les eaux du déluge. Du côté de l'Espagne, au contraire, les rayons d'un soleil plus ardent brûlent ces sommets trempés de neiges fondues, le travail des eaux ronge la montagne, et ces **deux grands éléments** de destruction réunis y entassent, depuis des siècles, débris sur débris, ruines sur ruines.

Qui dit ruines dit éboulements, brèches; c'est donc par l'Espagne qu'on doit toujours donner l'assaut. Si l'on parvient jamais au sommet de la Madaletta, ce sera par la Catalogne [1].

La route qu'on nous faisait prendre avait donc l'avantage d'être rationnelle, et, pénétré de mes auteurs, je me prêtai sans murmurer à l'immense détour que notre guide nous imposait. J'avouerai toutefois que, jusqu'au dernier moment, je doutai un peu de la véracité de Cantouz, tant j'avais toujours entendu parler de l'impossibilité de gravir le Vignemale; mais j'ai hâte de témoigner, ici, pour lui rendre justice, qu'il nous a menés droit au but de notre voyage, sans hésiter et sans que nous eussions à regretter le temps perdu à chercher une direction meilleure que celle indiquée par lui.

C'était autour du Malferrat que nous montions d'abord, en nous dirigeant vers le nord, au-dessus de la vallée de Serbigliana. Au commencement, la route est presque horizontale; nous nous élevions à peine, afin d'éviter les rochers peu abordables

---

[1] Ma prédiction s'est réalisée depuis.

dont est revêtue la partie moyenne du Malferrat;
nous suivîmes prudemment le pied de la montagne pendant une ou deux heures. Je tenais la tête de la colonne, dans le but de régler la vitesse de la marche. Nous rencontrâmes bientôt des ardoises mouvantes, des schistes en décomposition sur des pentes rapides. Ce sol est des plus pénibles; il ne faut pas s'y arrêter : on doit poser le pied à peine à terre quand on rencontre une de ces veines grisâtres, et s'élancer. Le moindre déplacement de pierres cause un dérangement incalculable : toute la montagne semble être en émoi, et il s'écoule bien du temps avant que le désordre causé par votre passage se soit calmé. Ces avalanches de pierres, ou lavanges, comme on les nomme dans les Pyrénées, doivent être rapidement coupées, et il serait imprudent de vouloir résister au courant : on finirait par être entraîné. Le bruit sourd des quartiers de roches mis en mouvement par le torrent supérieur, qui allaient, se heurtant contre la montagne, rouler au-dessous de nous à des profondeurs invisibles, hâtait nos pas dans ce désordre général, par un instinct qui peut s'expliquer. Ces schistes, ces fragments de pierres, usent les chaussures, déchirent les espardilles, et sont, sous ce rapport, la plus

désagréable chose du monde. Je me souviens, après une chasse aux isards, dans le Taillon, d'être revenu, il y a quelques années, par le *port*, à Gavarnie, après avoir passé une partie de la journée sur des lits de pierres de cette espèce ; j'arrivai à l'auberge de Bélot pieds nus, marchant depuis deux heures de nuit sans savoir où j'allais. J'avais usé une paires d'espardilles et une paire de gros souliers : vous dire l'état de mes pieds est chose inutile.

Ce fut donc avec plaisir que nous quittâmes les terrains mouvants pour le rocher solide ; ici, avec une bonne tête et un peu d'adresse, on est presque toujours sûr de s'en tirer. Toute cette partie de la montagne, qui n'est pas encore très-rapide, se parcourt aisément : d'une main l'on tient un bâton que l'on fixe quelque part, et l'autre main est prête à saisir les saillies de la pierre ; on avance doucement ; il faut peu de chose pour supporter le pied : je ne crois pas, vers la fin de notre ascension, avoir souvent posé mes deux pieds entièrement à plat sur le rocher. Ce sont ces légères assises, ces gradins de quelques lignes qu'il s'agit de bien choisir ; et nous avancions lentement, mais sans inquiétude.

Un pas néanmoins arrêta la colonne, et, avant

de nous y aventurer, je voulus le reconnaître avec soin. Qu'on se figure, entre deux rocs, une cheminée naturelle d'une vingtaine de pieds de hauteur, et tellement étroite que le corps a de la peine à y entrer : là les saillies de la pierre manquaient. Où poser les pointes de nos bâtons ferrés? où mettre les pieds? Le danger n'était pas grand, mais l'obstacle immense; dire comment nous nous en sommes tirés me serait difficile; le fait est que ce pas ne nous arrêta que fort peu de temps, et nous en avons passé bien d'autres....... C'est que le Vignemale nous attendait!

Cela me rappelle une bien belle réponse que m'a rapportée, en Suède, le maréchal comte de Stéding, à qui elle avait été faite par un grenadier français. — Pendant la guerre de l'indépendance de l'Amérique, où le maréchal servait comme volontaire, une compagnie française avait pris d'escalade un fort situé au haut d'un rocher très-escarpé, et dont j'ai le tort grave d'avoir oublié le nom. M. de Stéding, alors simple officier, étant venu visiter le rempart, témoigna sa surprise en voyant la raideur de l'escarpement, et s'adressant à un grenadier en faction : « Et comment diable, mes amis, dit-il, avez-vous fait pour monter ici!

— Ah! mon capitaine, répondit le soldat, c'est que l'ennemi y était! »

Pour nous, l'ennemi, le Vignemale, y était incontestablement. Mais nous marchions de confiance vers ce but invisible, nous l'attaquions par surprise, nous montions sur le dos du géant sans qu'il s'en doutât, et nous l'avons saisi à la nuque avant qu'il ait pu s'éveiller. Malheur à nous si, sortant de son sommeil séculaire, il avait secoué les neiges qui le couvrent!

Je trouve, en vérité, que, sans trop de poésie dans l'imagination, on serait quelquefois tenté de personnifier ces montagnes mystérieuses et inhabitées. Combien d'obstacles, de dangers n'opposent-elles pas au mortel téméraire qui leur rend visite! Les avalanches, les précipices, les crevasses des glaciers, et jusqu'à cette difficulté de respirer qui vous fait tant souffrir, quand vous touchez au terme de vos efforts, tout cela n'a-t-il pas quelque chose d'étrange, de surnaturel? Ne croirait-on pas qu'il y a là-haut une divinité malfaisante, un vieux génie de la montagne qui en défend les approches?

Vers onze heures, nous fîmes notre première halte, et nous nous retournâmes pour la première fois. La vue était immense, et déjà plus d'une chaîne s'étendait à nos pieds; derrière nous, le glacier du Vignemale s'élevait à pic entre des rochers aigus ; à droite, un énorme amphithéâtre étendait son cirque de marbre semblable à l'Oule de Gavarnie et à celle de Troumouse. Nous tirâmes du sac de nos guides quelques provisions, et nous nous mîmes à déjeuner. Cantouz portait fièrement mon baromètre, il semblait attacher beaucoup d'importance à voir constater avec certitude la hauteur de la montagne. Ce brave homme n'est pas tout à fait étranger à la minéralogie et aux sciences physiques. Il assurait qu'on n'avait pu mesurer rigoureusement, par les moyens géométriques, le Vignemale, en opérant du Pic-du-Midi de Baréges, et qu'à nous les premiers appartiendrait l'honneur d'un calcul exact. A coup sûr, du Pic-du-Midi à la vallée d'Ossoue il y a loin, et, si j'ose le dire, à ces grandes hauteurs les distances augmentent encore, ou plutôt la difficulté de s'en rendre bien compte. J'ignore avec quelle perfection sont établies les tables de réfraction employées par les astronomes, car je ne m'en suis jamais servi ; mais dans ces régions, à cause de la raréfaction de l'atmosphère, les observateurs se trouvent dans un cas particulier, et sujets à commettre des erreurs notables, s'ils n'ont pas en leur pouvoir les moyens de corriger les tables de réfraction calculées évidemment pour des milieux différents de ceux dans lesquels ils opèrent.

Quand nous arrivâmes en vue des neiges où nous devions nous frayer un chemin aussi fatigant que périlleux, nous vîmes un troupeau d'isards traverser lestement ces pentes glissantes et nous y indiquer notre route ; un cri que nous poussâmes et qui fut répété par vingt échos, les fit bondir et disparaître l'un après l'autre derrière les sommets que nous allions visiter. Nous ne rampions plus contre les parois des rochers, la scène s'élargissait ici pour nous, et nous avancions de front sur une longue ligne, choisissant à notre gré la place de nos pas. L'inclinaison des pentes augmente toujours jusqu'à la région des neiges. Nous marchions sur de larges surfaces calcaires dont quelques parties, lavées et polies par le travail des eaux, semblaient prêtes à entrer dans l'atelier d'un sculpteur. En nous dirigeant vers la gauche de l'arc immense formé par les parois de l'amphithéâtre, nous atteignîmes bientôt le pied du grand glacier. Là eut lieu une nouvelle halte, il fallut assujettir nos crampons, affermir et resserrer nos espardilles, mêler enfin du rhum avec de l'eau de glace, et en emplir une bouteille, pour notre goûter du sommet, car la chaleur était extrême et nous ne devions plus désormais trouver d'eau. Alors commença la marche la plus fatigante et la plus monotone qu'on puisse imaginer, sur ces neiges dont la blancheur nous éblouissait. A mesure que nous nous élevions, elles présentaient une inclinaison plus rapide et une surface plus ferme. Chaque guide, à son tour, marchant en tête, taillait dans la neige des degrés pour placer nos pieds. Nous avancions par file, les uns derrière les autres, et toujours en zigzag, revenant sur nos pas quand nous rencontrions le rocher, et nous élevant à peine au-dessus de l'horizon de dix mètres à chaque fois. Une ascension directe eût été, d'ailleurs, impraticable. Cette manière de procéder assurait au contraire notre équilibre, qu'il eût été fort dangereux de perdre, surtout dans la partie supérieure du glacier, dont la croûte est si dure et la pente si raide. Grâce à nos bâtons ferrés et à nos crampons, ce trajet s'acheva sans accident, et nous ne revînmes sur le rocher qu'au moment où la glace, par l'angle de son inclinaison, nous sembla tout à fait inabordable. Nous avions marché sur la neige plus de deux heures un quart. Il est vrai qu'obligés de piocher continuellement, nos hommes étaient fatigués, et ne cheminaient que lentement. J'ai appris depuis, à mes dépens, que nous avions bien fait de nous donner le temps de prendre pied, et de n'avancer qu'avec circonspection. Il fallut, pour sortir, de la neige sauter une crevasse assez profonde, car le glacier n'adhère point exactement au rocher, à cause de sa chaleur spécifique qui fait fondre la glace ; mais ce passage s'effectua sans difficulté. Je remarquai dans ce lieu avec surprise quelques mouches sur la neige : je sais que Ramond en a signalé au mont Perdu ; elles étaient fort vivaces, j'ignore comment elles peuvent vivre dans ces parages.

Déjà la respiration devenait plus difficile, le pouls augmentait de vitesse, et, tout en nous sentant vigoureux et légers, nous étions obligés de reprendre souvent haleine. Le calcaire primitif est la base du rocher que nous avions à gravir ; je n'y ai rien trouvé qui ressemblât au granit, et le Vignemale est, à coup sûr, de première formation, comme le Marboré et le mont Perdu, auxquels d'ailleurs il ne cède en hauteur que de quelques mètres. Il y a dans la teinte du rocher à ces hauteurs, dans la forme de ses contours, dans le dessin de ses anfractuosités, quelque chose de grandiose, de majestueux, qui frappe la vue ; les crêtes sont plus heurtées, plus confuses ; mais il est impossible de ne pas reconnaître partout les effets d'une cristallisation qui, quoique souvent interrompue, ne se signale pas moins à chaque instant par la régularité des pans ou faces suivant lesquels la pierre se débite. Les nuances de tous les objets empruntent ici à un ciel presque noir des reflets singuliers. Tout porte un cachet particulier; il n'est pas jusqu'au bruit de nos pas qui ne se fît entendre avec plus de netteté.

Quand la fatigue commence, il y a quelque chose de machinal dans les efforts qu'on fait pour avancer, et l'on parcourt de grands espaces sans presque s'en rendre compte. La similitude des objets, jointe à une tendance à l'assoupissement qui nous importunait quelquefois, répandait beaucoup de monotonie sur notre marche assez rude, car nous ne nous élevions plus qu'à l'aide des pieds et des mains; il fallut pourtant nous réveiller à la vue du précipice qui domine à l'est le port de Panticous. J'avoue que je n'ai jamais rien rêvé de si effrayant; je n'ai point cherché à le mesurer, car c'est avec répugnance que j'y portais mes regards. En avançant vers le sommet du premier pic du Vignemale, le rocher se resserre comme le dos d'un toit, et l'on finit par marcher à califourchon sur une crête qui offre heureusement de nombreux appuis; c'est là que la nature a posé un énorme machicoulis, que Cantouz nomme la cheminée du Vignemale. Par cette ouverture, une pierre abandonnée à son propre poids arrive dans la vallée sans avoir heurté nulle part.

— Mais nous grimperons donc toujours? disais-je à mon guide; j'ai les mains et les pieds déchirés, il me semble qu'il est temps que cela finisse!
— Courage! Messieurs, répondait-il, mais ne marchez pas si près du bord, dans quelques instants nous y serons.

Il avait dit vrai. Après quelques efforts désespérés, car plus nous allions, plus le Vignemale semblait se défendre, je touchai à la cime des rochers, et me trouvai alors devant une immense plaine de neige circulaire, cachant évidemment un entonnoir [1] colossal autour duquel s'élevaient quatre pics d'inégale grandeur, les quatre sommets du Vignemale.

Maintenant, dit Cantouz, le plus difficile, le plus dangereux est fait; et, si vous n'êtes pas trop

---

[1] Le Vignemale serait-il un volcan éteint, ainsi que la conformation de ces sommités semblerait l'indiquer? Le voisinage des eaux thermales de Cauterets et de celles de Panticous donne quelque crédit à cette supposition, que ne justifie pas d'ailleurs la composition des éléments de la montagne.

fatigués, nous serons dans une heure au haut de ce pic que vous voyez là-bas de l'autre côté du glacier, car c'est le sommet de la montagne.

Nous nous reposâmes un instant sur les bords de ce cratère de neige, afin de contempler des solitudes si étranges, des objets si nouveaux pour nous. Ces monstrueuses masses de glaces allaient évidemment aboutir du côté de l'est au glacier que l'on voit de la vallée d'Ossoue. C'est dans cet endroit que Cantouz nous répéta l'histoire dont j'ai parlé plus haut. Mais nous n'avions pas de temps à perdre, et, par suite d'un effet d'optique dont je ne tardai pas à reconnaître l'illusion, le pic qui nous restait à gravir me semblait à lui seul une montagne. La crainte de manquer du temps nécessaire à nos observations barométriques, et surtout de ne pouvoir nous retrouver en bon chemin avant la nuit, nous fit hâter le pas et traverser rapidement la plaine de neige. Nous eûmes cependant la précaution de marcher en file et de tenir tous une corde à la main, afin qu'un de nous venant à disparaître dans une crevasse, pût se retenir à la corde, soutenu par le poids et les efforts de tous les autres. David, mon domestique, fut le seul à qui cette précaution servit; il avait déjà de la neige jusqu'aux épaules quand nous le retirâmes.

Nous arrivâmes sans autres accidents au pied du pic [1], et enfin, à son sommet, à deux heures et demie, une heure après notre dernière halte, ainsi que nous l'avait annoncé Cantouz.

Le sommet du Vignemale est l'angle d'un tétraèdre triangulaire dont deux faces sont perpendiculaires entre elles. Qu'on se le figure couché sur la plus longue de ses faces et présentant l'autre au sud, on aura une idée assez exacte de l'aspect du pic et de la manière dont il est orienté. Ajoutez à cette disposition, qui exclut toute surface horizontale au sommet, la composition même de la crête, qui n'est formée que de fragments de toutes grandeurs, superposés dans le plus grand désordre, et vous comprendrez qu'il ne doit pas être facile de s'y reposer. C'est, en effet, une remarque que nous fîmes quand nous eûmes essayé plusieurs fois de nous y asseoir.

Après avoir promené nos regards sur un panorama que je n'essayerai pas de décrire, et dont une carte géographique des Pyrénées peut parfaitement donner l'idée, notre premier soin fut de faire nos observations barométriques, puis d'éle-

---

[1] Ce sommet, qui se voit du lac de Gaube, est appelé par les gens du pays la *pique longue du Vignemale*.

ver, au moyen de tous les débris que le lieu fournit en abondance, une petite tour, afin d'exhausser un drapeau que nous y plantâmes en le saluant d'une décharge de toute notre artillerie. Alors nous poussâmes de grands cris de joie et nous bûmes gaiement à la santé du Vignemale.

A notre grande surprise, une voix nous répondit : ce n'était pas l'écho, mais bien une voix humaine éloignée des nôtres... Comment expliquer ce phénomène? Nos lunettes parcouraient dans tous les sens les montagnes environnantes sans y trouver trace de créature humaine, quand un petit point noir sur la surface du lac de Gaube attira notre attention, c'était la barque du pêcheur du lac : cette barque voguait en approchant de notre côté, et à coup sûr c'était de là qu'on nous avait répondu. Malgré l'énorme distance, cela ne parut pas étonner nos guides, qui semblaient enchantés de savoir qu'on connaîtrait à Cauterets, le soir même, la résultat de notre excursion, et m'assuraient que la propagation du son dans les montagnes expliquait aisément ce phénomène.

Nous étions fort incommodés par le soleil; on sait combien, à ces hauteurs, la figure se brûle aisément : l'évaporation des corps a lieu d'autant plus abondamment dans un temps donné, que le milieu où ils se trouvent est moins dense. Aussi la raréfaction de l'atmosphère contribuait-elle puissamment ici à dessécher la peau. On rapporte qu'au haut du mont Blanc et dans les Cordilières l'air est tellement raréfié, que le sang jaillit quelquefois par les pores : ici nous en fûmes quittes, Edgar et moi, pour deux bons coups de soleil ; heureusement l'air était tranquille, car le vent aurait rendu notre excoriation plus complète encore.

De toute la chaîne des Pyrénées que nous parcourions des yeux, si nous devons nous en rapporter à la première impression, le mont Perdu s'élève le plus haut. Le groupe du Marboré, depuis le Taillon jusqu'aux aiguilles d'Allanz, occupe dans le sud-est une place éminente. Les montagnes de l'est, à l'exception du pic long de Néouvielle, sont toutes d'une taille inférieure. Je n'ai rien remarqué, ni au nord ni à l'ouest, qui fût digne d'être cité. La plaine de Tarbes s'étendait au loin et se confondait avec l'horizon. Du côté de l'Espagne, on voulut me faire voir Saragosse, mais on n'y put réussir.

Avant de partir, nous laissâmes auprès du drapeau une bouteille dans laquelle je glissai un papier contenant les divers détails de notre ascension. J'invite les personnes que les dangers et les fatigues d'une pareille expédition n'arrêteraient pas à aller placer à leur tour leurs noms dans cet endroit ; je crois qu'elles seront heureuses d'y avoir été, mais à coup sûr elles n'y retourneront pas.

J'avais observé sur le baromètre [1], à notre station de la vallée du Cardal, à cinq heures et demie du matin, $0^m,6114$ avec $17°,5$ du thermomètre centigrade ; sur le Plan d'Aube, à sept heures dix-huit minutes, $0^m,5801$ et $18°$ de chaleur ; enfin au sommet du Vignemale, $0^m,5228$ avec $20°,5$ de chaleur. D'après les observations faites dans le même temps à Luz, la hauteur du Vignemale au-dessus du niveau de la mer serait de $3421^m,48$, en supposant, selon Pasumot, Luz à 390 toises au-dessus du niveau de la mer.

Il fallut partir, et nous retrouvâmes bientôt la neige que nous traversâmes de nouveau heureusement. Cependant il nous était aisé de sentir que l'énergie de notre volonté avait jusque-là soutenu nos jambes, et qu'après le succès elles étaient un peu disposées à mollir. Nous avions à lutter contre un grand danger, c'était d'envoyer des pierres à ceux d'entre nous qui marchaient les premiers. En descendant, on se trouve souvent les uns au-des-

[1] Un excellent instrument de Bunten.

sus des autres, et les fragments de rocher qu'on détache viennent frapper la tête de la colonne, qui maudit alors l'arrière-garde. Plus d'un quartier de marbre siffla à nos oreilles, plus d'un ruisseau de schistes vint se partager sur nos tibias. Mais comment toujours modérer la vitesse de la descente? Nous sentions d'ailleurs, en nous rappelant les obstacles rencontrés le matin, qu'il était important de les franchir avant la nuit, et, toutes les fois que cela était possible, nous gagnions du temps en nous laissant glisser.

J'attaquai le glacier un des premiers, et dans la partie supérieure qui est la plus rapide. Nous étions tous meurtris par les rochers, et nous comptions nous reposer en nous laissant aller sur la neige. Nous avions remis nos crampons, et nous nous promettions beaucoup de plaisir sur ces espèces de montagnes russes ; je faisais peu d'attention à moi, n'imaginant pas que l'inclinaison fût assez rapide pour présenter quelque danger. Aussi, aux premiers pas, je fus culbuté, mais je me retins cette fois à la ceinture de mon guide, toujours de la meilleure humeur du monde. Cependant, mon crampon ayant tourné, je perdis de nouveau l'équilibre et je lâchai prise ; alors je commençai à descendre en glissant sur le dos. Je n'avais malheureusement pas de bâton, et je m'aperçus à l'instant, à la rapidité de mon allure qui croissait à chaque seconde d'une manière effrayante, et surtout aux cris que j'entendais pousser autour de moi, que je courais un grand danger ; mes crampons n'avaient pas le temps de mordre sur la neige, que mes mains ne pouvaient entamer. J'étais lancé comme une fusée sur un plan de soixante-quinze degrés, que nous avions mis deux heures à monter, et d'un train tel qu'il était impossible que je ne perdisse pas la respiration, si cela continuait. Je pensais en frémissant aux rochers inférieurs ; cependant, je ne perdis pas la tête, et je parvins à me tenir sur le dos. Sur ces entrefaites, Bernard Guillembert s'était élancé au-devant de moi pour essayer de me retenir : ayant enfoncé son bâton et ses crampons dans la neige, il m'attendait à une trentaine de pieds d'un petit promontoire formé par des débris de rochers qui s'avançaient sur le glacier [1]. Je me dirigeai de mon mieux vers lui, et j'eus le bonheur de l'atteindre. Le choc fut si fort, que je le renversai ; mais la déviation produite par sa rencontre me permit alors d'arriver sur les pierres, et me sauva ; car, après y avoir encore glissé quelque temps, je m'ar-

---

[1] C'est ce qu'on appelle une *moraine*, dans les Pyrénées.

rêtai contre un quartier de rocher vers lequel j'étendais les pieds. Le coup fut violent, comme on pense ; néanmoins, à l'exception d'une forte contusion au talon et d'un peu d'étourdissement, je n'éprouvai aucun mal, et pus me relever presque aussitôt. Je criai à mon pauvre frère qui était, comme on doit bien le penser, dans une inquiétude mortelle : Je n'ai rien ! je ne suis pas blessé ! Bernard était auprès de moi tout couvert de sang, le bras presque démis ; en se plaçant devant moi pour m'arrêter, il n'avait pas assez solidement pris son point d'appui : je l'avais comme foudroyé par la violence de mon choc, et le pauvre diable avait roulé sur les pierres la tête la première.

Edgar commençait à descendre alors un peu plus à gauche, s'appuyant d'une main sur l'épaule de Cantouz, de l'autre sur son bâton ferré, et marchant avec toute la prudence que devait lui inspirer mon accident. Cependant, malgré ses précautions, il n'avait pas fait trois pas, qu'il glissa, entraînant son guide avec lui. Leurs efforts pour s'arrêter furent inutiles ; en vain ils enfoncèrent leurs bâtons, je les vis tous les deux lancés ensemble sur la terrible pente. Baptiste se jeta en travers, et, plongeant les trois quarts de son bâton dans la neige, il alla à vingt pas de là les attendre, se raidissant sur cet appui et sur ses deux pieds, qui semblaient avoir pris racine dans le glacier... Le bâton se brisa, mais Baptiste, renversé, eut le bonheur de pouvoir se cramponner encore au tronçon qu'il serrait entre ses mains. Qu'on juge de mon anxiété ! je voyais cette course rapide s'accélérer à chaque instant; Edgar et son guide descendaient toujours ensemble!... Enfin, le groupe allait se briser sur une saillie de roc effrayante, quand Vincent se précipita avec intrépidité au-devant d'eux, enfonçant par un coup désespéré sa hache tout entière dans la neige..... Il les attend, il les regarde... Je retiens mon haleine... Grâce à Dieu! malgré l'impétuosité du choc, malgré la force de la commotion, il eut la vigueur de résister et de les arrêter sur le bord de l'abîme!... Mais c'est qu'aussi Vincent est un intrépide chasseur, au coup d'œil de vautour, aux épaules d'Hercule!

Que d'émotions en quelques secondes !

Cet épisode de notre journée jeta une teinte sérieuse sur nos succès, et la descente s'effectua sans nouveaux malheurs, mais non pas avec la gaieté du début. Avant de reprendre notre route sur le malencontreux glacier, nous suivîmes le rocher le plus longtemps possible, et ne nous hasardâmes sur la neige qu'avec de grandes précautions, et quand la pente nous sembla plus praticable.

Les passages que nous avions franchis en montant avec toute l'énergie de l'espérance, nous semblèrent bien autrement difficiles à la descente; mais aussi nos pieds étaient déchirés, et tout notre corps couvert de coutusions. Il faisait nuit obscure quand nous arrivâmes à la vallée de Serbigliana, à l'endroit où nous avions laissé nos chevaux; nous marchions depuis douze heures. Le ciel étant trop sombre pour que nous pussions continuer, il fallut nous résoudre à passer la nuit sans feu; le temps heureusement était magnifique, et nous ne souffrîmes pas beaucoup du froid.

Le reste de notre voyage se termina sans événements, et nous étions de retour à Luz le lendemain dans la journée.

L'accident de Bernard n'a pas eu de suites.

L'ILE DE WIGHT

1851

L'ILE DE WIGHT

1851

———⋅◦◯◦⋅———

I.

LES RÉGATES DE COWES.

De toutes les parties de l'Angleterre, l'île de Wight est peut-être celle où l'on peut, avec le moins de fatigue et de dépense, parcourir les lieux les plus intéressants dans le plus court espace de temps. Je suis venu très-souvent dans cette île charmante, si voisine de la France, si bien favorisée par sa situation et son climat, et, chose singulière, je n'y ai jamais rencontré un seul de mes compatriotes. En fait d'étrangers, on n'y voit guère que des Turcs ou des Levantins. On dirait que les touristes de la Grande-Bretagne se la sont réservée pour leur usage exclusif. Il me semble qu'il serait temps enfin de lui rendre justice ; l'île de Wight mérite mieux que cette indifférence, et j'espère ici réussir à le prouver. Toutefois je ne veux tromper personne : aussi ne la recommanderai-je pas aux gens très-sérieux, qui ne consentent à admirer chez nos voisins que les merveilles de leur industrie ; l'île de Wight n'est pas faite pour les économistes, qui ne daignent passer le détroit que pour visiter les docks de Londres ou de Liverpool, les chantiers de Chatam, les fabriques de Birmingham ou les usines de Cornouailles ; on n'y trouve pas de grandes manufactures, pas de machines à vapeur, pas même de chemins de fer, et, chose tout aussi digne de remarque, on n'y est nulle part aveuglé par la fumée du charbon de terre, quoique l'île de Wight soit bien incontestablement anglaise, qu'elle appartienne au comté de Hampshire et ressortisse au diocèse de Winchester. La nature a fait tous les frais de sa parure ; elle seule y est intéressante à étudier, et si les hommes de notre siècle y ont mis la main, ce n'est pas pour déchirer ses entrailles en y creusant des mines, ou empoisonner l'air parfumé qu'on y respire en y élevant des hauts-fourneaux ; c'est pour y tracer de jolies routes aussi soigneusement dessinées et sablées que celles d'un parc, y bâtir trois ou quatre petites villes bien propres et bien gaies, ou y semer enfin des milliers de délicieux *cottages.*

Les amateurs d'architecture gothique peuvent étudier dans l'île de Wight les vieilles murailles normandes de Norris-Castle, les tours crénelées des châteaux d'East-Cowes ou de Steephil, et plus d'une ruine féodale qui date de l'époque des Saxons. Quant aux peintres, pour qui elle semble avoir été créée tout exprès, comment n'aimeraient-ils pas son ciel vaporeux et brillant tout à la fois, les masses de ses grands chênes touffus, dont le feuillage est si abondant, et les ombrages d'un bleu si sombre? Et ces gentilles chaumières du temps de la reine Elisabeth, tout habillées de lierre et de roses, avec leurs vitraux en losanges et le pot de géranium rouge derrière la fenêtre, comme elles ont un cachet local et font bien dans le paysage! Mais si vous êtes fatigué de toute cette verdure, écoutez le bruit de la mer, elle est à deux pas; la scène change : voici les falaises aux flancs déchirés par les vagues, et les rochers noirs couverts de varech et d'écume. Je ne connais rien de plus romantique que ma chère île de Wight; nulle part on ne rencontre de sites plus pittoresques et plus variés. Antiquaires, poëtes, artistes, venez ici, il y a de l'occupation pour vous tous !

Chaque année, nous allons nous ennuyer à Dieppe, au mont Dore, à Vichy, nous poussons même jusque sur les bords du Rhin ou jusqu'en Suisse ; en quelques heures, nous pourrions être transportés dans l'île de Wight, et pour vingt-cinq francs ! Personne n'y songe. Le fait est qu'il est presque sans exemple de rencontrer dans nos salons de Paris quelqu'un qui puisse parler avec connaissance de cause du château de Carisbrook, de Shanklin, d'Alum-Bay et des régates de Cowes, lesquels, soit dit en passant, valent bien à elles seules la peine d'attirer les étrangers dans l'île.

Depuis que les chemins de fer de Londres à Southampton et à Portsmouth ont mis la capitale de l'Angleterre, à trois heures et demie de distance de Ryde ou de Cowes, pendant tout l'été, la route qui fait le tour de l'île est parcourue par une foule de familles avides de jouir du spectacle de ses beaux sites à meilleur marché que s'il s'agissait pour elles de faire le voyage de Spa, de Baden ou d'Interlaken. Ces promeneurs, — dans de légères voitures de toute forme et de toute espèce, depuis le *stage-coach* jusqu'au *poney-chaise*, — animent le tableau et enrichissent les hôteliers de l'île, dont les jolies auberges, déguisées en chaumières et à moitié ensevelies sous les chèvrefeuilles et les jasmins, sont bien les plus agréables lieux de repos que puisse rencontrer un voyageur. Cette grande affluence de *cokneys* serait insupportable dans tout autre pays que celui-ci, et le touriste rêveur, l'observateur tranquille de la nature se trouveraient bientôt fatigués du train des grandes routes et du tapage des cabarets ; mais les Anglais sont si réservés dans leurs manières, si peu bruyants, si bien élevés en un mot, que tout s'accomplit dans ce petit espace de quelques lieues carrées le plus silencieusement du monde. A part le son éloigné d'une clarinette et de deux trombonnes qui annoncent de temps en temps l'arrivée d'un *bateau à vapeur de plaisir*, ces graves *gentlemen* et leurs *ladies* s'amusent discrètement à faire leur tour de l'île sans jamais gêner ni étourdir personne.

Cependant ces familles de promeneurs n'appartiennent pas toutes à l'aristocratie : on rencontre dans ces chars, dans ces calèches, dans ces *véhicles of every description*, beaucoup plus de marchands de la Cité avec leurs femmes et leurs enfants, ou de boutiquiers des villes du littoral, que de membres de la chambre haute ; mais, il faut le reconnaître, c'est toujours la même mesure, la même civilité partout dans les manières de cette foule errante, et j'en ai été vraiment édifié. Quand on a vu d'ailleurs comment se comporte le public à un shilling dans le *Palais de cristal* à Londres, il est permis de croire John-Bull moins rude et plus raffiné que notre sot amour-propre national ne nous le fait supposer peut-être. Les Anglais ont leurs défauts, leurs ridicules même ; cependant il y a beaucoup à gagner auprès d'eux, surtout pour des Français : j'en appelle à ceux de mes compatriotes qui sauraient faire le sacrifice de leurs préventions avant de passer la Manche. Il est vrai que, pour entreprendre ce voyage avec quelque plaisir et quelque profit, il faudrait parler au moins un peu la langue du pays; il faudrait surtout se résigner à vivre en Angleterre autrement que ne le font, sans presque aucune exception, les Français qui s'y aventurent.

J'ai vu arriver l'autre soir, sur le *steamer* de Southampton à Cowes, quatre Parisiens pur sang qui venaient à coup sûr en Angleterre pour la première fois. Ils étaient costumés en voyageurs, se drapaient dans leurs manteaux et dans leurs tartans écossais, s'en dépouillaient, s'en revêtaient encore, allumaient des cigares, lorgnaient les femmes, parlaient très-haut et avaient l'air enchantés d'eux-mêmes. Une heure après, ce n'était plus cela : du balcon de ma chambre, je les apercevais, dans une salle d'hôtel, attablés et très en colère contre le *waiter*, qui ne comprenait pas le sujet de leur irritation. Pour moi, j'en avais deviné aisément la cause, car je connaissais par expérience le menu d'un souper anglais. C'est d'abord l'inévitable bouilloire et la théière de rigueur, avec du beurre et de la crème. Après un quart d'heure d'attente, si les voyageurs auxquels on a servi le thé sont des Français, il s'impatientent, ils sonnent, et crient au garçon qu'ils veulent souper. Un nouveau quart d'heure s'écoule, et l'on voit entrer solennellement alors deux plats en argent massif, recouverts de boules plus massives encore, et les domestiques, toujours respectueux, se retirent. « Voyons ! que nous apporte cette magnifique argenterie ? » Affreuse déception ! Des pommes de terre cuites à la vapeur et des petits pois à l'anglaise ! Convenons qu'ici des gens affamés ont bien le droit d'envoyer l'hôtel à tous les diables. S'ils ont soif, les choses prennent un caractère plus sérieux : ils demandent du vin d'ordinaire ; on leur apporte du *claret* qu'ils trouvent fort bon, mais qu'on leur fera payer sur la note, 12 ou 15 francs la bouteille. Quant à de l'eau et à du pain, je mets en fait qu'il est presque impossible de s'en procurer, en Angleterre, dans un hôtel fashionable.

Lorsqu'un touriste de notre pays arrive fatigué dans une auberge, il demande d'abord un *bouillon*, ce cordial éminemment français. Un bouillon! Dans la Grande-Bretagne et l'Irlande, on ne met jamais le pot-au-feu. Mais au moins un *beefsteak aux pommes*, c'est un plat anglais que celui-là! « *Waiter*, crie le voyageur, apportez-nous plusieurs *beefsteaks* aux pommes de terre. » Hélas! chose incroyable, l'Angleterre est le seul pays du monde où l'on ne mange pas de *beefsteak*. J'ose à peine ajouter ici, pour compléter le tableau, que l'omelette, cette ressource si précieuse du voyageur, est en Angleterre un mets presque inconnu. Mon Dieu, je sais bien que dans l'île de Wight même on peut se procurer à l'hôtel *Roper*, et encore ailleurs, des *sandwiches*, de l'excellente viande froide, des *pies*, des *puddings* pour souper, et que l'*ale* est une boisson délicieuse; mais qui peut s'en douter avant d'avoir étudié de près la cuisine anglaise, et comment suppléer à ce défaut d'expérience, quand on n'a pas quelques phrases à sa disposition pour s'expliquer avec le maître d'hôtel?

En somme, après avoir souffert la faim et la

soif, s'être exaspérés vingt fois contre les gens, avoir payé une carte exorbitante, dégoûtés de Cowes, mes quatre compatriotes repartaient par le bateau de Portsmouth le lendemain matin, le jour même où les régates devaient commencer. Ils étaient bien loin de se douter alors qu'ils quittaient une ville où le beau monde de l'Angleterre accourait de toutes parts, et que rien n'était plus curieux ni plus intéressant que le spectacle auquel ils tournaient le dos, furieux déjà contre l'île de Wight, où je les avais vus arriver la veille si joyeusement.

L'histoire de ces quatre voyageurs est, à peu de chose près, celle de tous ceux qui ont la prétention de venir en Angleterre, en conservant leurs habitudes français, sans s'y ennuyer parfaitement et sans être cruellement rançonnés. Il n'y a qu'une manière agréable et économique de vivre dans ce pays-ci : c'est de loger dans des maisons particulières, mais à la condition que vous vous contenterez de la même nourriture que vos hôtes. Vous êtes ainsi on ne peut plus confortablement et tranquillement établi, et vous pouvez ne passer qu'une semaine, quelquefois même un jour, dans un de ces appartements meublés, qui n'ont aucun des inconvénients des maisons garnies. Le service est compris dans le prix de location, qui, pour un homme seul, ne dépasse guère deux guinées par semaine, et rien ne peut donner une idée de la propreté exquise de ces élégants petits appartements. Ajoutez que les maisons, partout ailleurs qu'à Londres, ne sont pas très-grandes; il en résulte que vous êtes seul locataire au logis, où vous ne rencontrez jamais personne, pas même les propriétaires, si vous le voulez, et vous auriez tort de ne pas vous mettre en rapport avec eux, car vous les trouverez en général pleins d'attentions pour vous.

L'île de Wight a environ soixante-quinze milles anglais de périmètre, sur la carte elle ressemble à un losange dont l'un des angles formerait l'extrémité nord, et l'angle opposé l'extrémité sud de l'île. Cowes, à l'embouchure de la Medina, est située au plus septentrional de ces deux points, et Ventnor, la Nice de l'Angleterre, à l'autre bout de la diagonale sur le méridien de Cowes. Un canal naturel et semi-circulaire enserre la partie nord et ouest de l'île : c'est un havre immense où les navires du plus fort tonnage peuvent trouver en tout temps un abri, et dont la largeur varie de deux à six milles. Il est fréquenté par les bâtiments de toutes les nations, qui, se dirigeant vers le nord, trouvent des vents contraires dans la Manche, car de Portsmouth à la Tamise, il n'y a pas un bon mouillage sur les côtes du Sussex et du Kent.

Pour donner une idée des intérêts qui sont concentrés dans cet étroit espace, il suffira de rappeler que les eaux du Solent baignent à la fois Portsmouth et Southampton, Portsmouth avec ses docks, ses arsenaux et ses cent vaisseaux de ligne, Southampton avec ses paquebots à vapeur de mille chevaux, qui font le service régulier des Indes, de l'Australie et de la Chine. O'Connell avait décerné à l'Irlande le nom flatteur de *gem of the sea;* on appelle l'île de Wight le *jardin de l'Angleterre*, et, pour dire vrai, c'est un titre qu'elle est bien autrement fondée à porter que notre plate et insignifiante Touraine n'a le droit d'usurper celui de *jardin de la France*. Suivant les anciennes chroniques, cette île, il y a quelques centaines d'années, était si bien boisée, qu'un écureuil pouvait la parcourir dans tous les sens en sautant d'arbre en arbre. C'est à l'abondance des essences de chêne et d'orme dans l'île de Wight qu'on attribue l'établissement des chantiers de Portsmouth dans le voisinage. L'île est renommée aussi pour ses prés salés, et conséquemment pour la viande de mouton, qui y est excellente : son climat est si doux, que les géraniums, les fuchsias et les figuiers y croissent en pleine terre et y deviennent superbes. Les murs du presbytère, à Shanklin, sont tapissés par un myrte qui a, dit-on, trois cents ans, et dont le tronc mesure près de 60 centimètres de circonférence.

Plus d'un souvenir historique se rattache à l'île de Wight : Guillaume le Conquérant en fit don à William Fitz-Osborne, son parent et l'un de ses plus braves chevaliers. Ce fut le premier lord de l'île ; il bâtit le château de Carisbrook. C'est dans cette citadelle que se retira le roi Jean sans Terre, après la signature de la grande charte. Henri IV créa Beauchamp, comte de Warwick, roi de l'île de Wight. Le comte de Portland en était gouverneur, lorsque la guerre civil du XVIIe siècle éclata ; il fut remplacé par lord Pembroke, auquel succéda presque aussitôt le colonel Hammond de l'armée du parlement : c'est à la garde de cet officier que Charles Ier fut confié, lors de sa détention au château de Carisbrook. On sait comment ce malheureux prince essaya vainement de s'évader, en passant par une fenêtre de sa prison qui, trop étroite, le retint sans qu'il lui fût possible de se dégager. Sa seconde fille, la princesse Élisabeth, mourut prisonnière à Carisbrook, le 8 septembre 1650, un an et demi après l'exécution de son père ; elle est enterrée dans la chapelle.

Pour faire le tour de l'île, on commence d'ordinaire par Cowes, où l'on aborde en venant de Southampton. Cowes n'a pas plus de 3,500 habitants, mais c'est une très-jolie petite ville, fort proprette, fort gaie et presque entièrement neuve : elle est pourvue de boutiques élégantes et on ne peut mieux garnies. Elle se divise en deux parties que sépare la Medina. — East-Cowes sur la rive droite, West-Cowes sur la rive gauche ; c'est cette seconde partie qui constitue la ville proprement dite. La Medina prend sa source au centre de l'île, près de Newport. Cette rivière est navigable dans toute son étendue pour de gros navires à la marée haute. C'est un excellent lieu d'hivernage, que beaucoup d'yachts ont adopté. West-Cowes, bâti en amphithéâtre, s'appuie sur une colline que recouvre entièrement le parc séculaire de Northwood ; cet horizon de verdure, vu de la mer, produit le plus charmant effet. Les maisons de la ville ont presque toutes des jardins, et les émanations des fleurs mises en mouvement par la brise du soir sont délicieuses à respirer.

Il est certain que les Anglais, à force de méthode et de persévérance, parviennent toujours à obtenir la quintessence de toute production qui peut se créer chez eux ; les fleurs ont incontestablement plus de parfum, la viande plus de saveur, les œufs sont plus gros, la moutarde est plus forte chez nos voisins que dans les autres pays. Malheureusement pour eux, les fruits magnifiques de leurs serres chaudes n'ont aucun goût; je crois qu'on ne voit arriver à complète maturité en Angleterre que les noisettes ou les fraises. Les Anglais n'en sont pas moins des gens qui font très-bien ce qu'il font. Dans toutes les branches des connaissances humaines ou dans tous les genres de perfectionnements auxquels leur nature ou leur climat ne se montreront pas trop rebelles, on peut être assuré qu'ils arriveront aussi près du but que possible. Est-il, par exemple, un peuple au monde qui pousse plus loin le respect des lois, de l'autorité, des liens de famille, et même des distinctions sociales ou des usages? La ferveur de leur piété, la décence de leur maintien dans les églises pourraient en tous lieux servir de modèle. « C'est un grand bonheur qu'ils ne soient pas catholiques, me disait une spirituelle Française, car ils savent si bien prier le bon Dieu, qu'ils nous prendraient toutes nos places en paradis. »

Si les fruits manquent à Cowes, la végétation y est en revanche magnifique, et je l'ai rarement vue prospérer aussi près de la mer. Partout où des arbres s'y trouvent à l'abri du vent du sud-ouest, ils atteignent des proportions considérables. Le château, bâti par Henri VIII, et dont les vagues baignent la batterie, est ombragé par des ormes de toute beauté; c'est la demeure du marquis d'Anglesey, lord-gouverneur actuel de l'île, qui a perdu une jambe à Waterloo. La plupart des habitants de Cowes ont, dans leurs jardins, un mât auquel ils hissent à tout propos de grands pavillons aux couleurs variées; peut-être ne se rendent-ils pas compte de la signification de ces emblèmes; quant à moi je les considère comme un moyen dont on use dans l'île de Wight en général pour manifester toute espèce d'émotion ou d'impression. Qu'un gros marchand de la ville se marie, qu'un navire étranger paraisse dans le port, qu'on signale l'entrée en rade de yachts appartenant à quelqu'un des clubs nationaux, et aussitôt vous voyez flotter au-dessus des toits les couleurs russes, suédoises, américaines, le pavillon anglais, les *burgees du Royal-Cork*, du *Royal-Dee* ou du *Royal-Mersey*. Mon hôte me fit l'honneur d'arborer le drapeau tricolore sur sa maison pendant tout le temps que je l'ai habitée. Le *Club des Yachts* de Cowes a aussi plusieurs mâts destinés à un service de signaux avec les navires en mer. Cette multitude de flammes qui flottent dans les airs donnent à la ville ainsi pavoisée une apparence de fête permanente.

L'industrie principale de Cowes est la construction des navires et des yachts en particulier, MM. J. White et Ramsey sont les constructeurs les plus en renom. Pendant la belle saison, la location des bâteaux et des voitures de remise fait aussi vivre une partie de la population de la ville. On y compte huit ou dix excellents hôtels et une bonne quantité de *furnished lodgings, with a sea view.* La rue principale et la promenade habituelle sont, comme de raison, sur le bord de la mer; l'établissement du club est à côté du château; c'est devant ce quai, appelé la Parade, que viennent mouiller tous les yachts, que le commodore est à l'ancre, et qu'est placé conséquemment le *winning-post* pour les régates. La vue de cette esplanade est admirable. Le roi George IV, étant prince de Galles, a longtemps habité l'une des jolies maisons qui y sont bâties.

La reine Victoria, depuis quelque temps, a fixé sa résidence d'été dans l'île de Wight, où elle habite le château d'Osborne, près de Cowes. Elle est très-aimée et fort populaire dans le pays; elle paraît se plaire beaucoup dans sa nouvelle habitation, où elle dépense chaque année d'assez fortes sommes en embellissements. L'architecture italienne d'Osborne n'a rien de remarquable, et son parc est encore à créer, mais l'air y est excellent et la vue magnifique. On y domine toute l'île, Ryde, Portsmouth, Southampton et le Solent, où croisent sans cesse d'innombrables bâtiments. La position d'Osborne rappelle beaucoup celle du château de Stolzenfels sur le Rhin. La reine a trois *steamers*, construits exprès pour elle. Après les régates de Cowes, auxquelles elle ne manque jamais d'assister, sa majesté va passer quelque temps à Balmoral, dans les montagnes de l'Écosse; mais elle revient ensuite à Osborne, où, pendant son absence, les plus jeunes de ses enfants, qu'elle y laisse, se promènent chaque jour sur mer, à moins qu'ils ne fasse trop mauvais temps.

On peut dire que la reine d'Angleterre a choisi pour son séjour de prédilection, et pour y élever sa famille, le lieu le plus maritime de toute la Grande-Bretagne : il n'en est pas en effet, dans les trois royaumes, de plus. à portée des établissements de sa puissante armée navale. Plymouth et Falmouth ne sont pas éloignés d'Orborne. Portsmouth en est à une portée de canon ; mais ce qui donne à Cowes et à ses environs un cachet tout particulier, c'est le *Royal-yacht-Squadron*, fondé en 1812 dans cette ville par lord Belfast et lord Yarborough, qui en fut le premier commodore.

On ne saurait imaginer l'activité qu'impriment

à la navigation de plaisir les différents clubs de yachts qui existent en Angleterre, en Écosse et en Irlande. Au milieu de toutes ces réunions, c'est au club de Cowes que revient la palme de l'élégance et de la mode; c'est, si j'ose m'exprimer ainsi, l'institution spéciale de l'île de Wight.

Le *yachting*, ou la navigation sur des bâtiments de plaisir est un des *sports* nationaux de nos voisins, et ils y excellent comme dans le *racing*, c'est-à-dire dans les courses. L'élève des chevaux n'est pas l'objet de plus d'étude et de soins en Angleterre que l'*élève* des bâtiments. Je fais usage ici d'une locution défectueuse, mais que m'autorisent à employer les efforts incessants du *yachting people* pour améliorer les *conditions* et accélérer l'*allure* de leurs cutters et de leurs schooners, auxquels des prix de vitesse sont aussi bien offerts d'ailleurs qu'aux pur-sang d'Epsom et de Newmarket.

Nous avons cherché à nous approprier les procédés des Anglais pour perfectionner leurs races chevalines : c'est grâce aux encouragements accordés sur nos hippodromes aux producteurs de race pure que nous devrons peut être de voir s'ennoblir les chevaux de notre cavalerie : pourquoi ne songerait-on pas aussi à exciter l'émulation de nos constructeurs de navires en multipliant les régates, et en accordant des vases, des pièces d'orfévrerie aux yachts français les plus rapides? il ne serait pas impossible de voir un jour les habitants les plus riches de nos ports de mer croiser, dans d'élégants bâtiments, sur les côtes du Hampshire ou du Sussex, qui sait même peut-être? entrer en lice avec l'*Alarm*, l'*Arrow*, la *Gipsy-Queen* ou la redoutable *America! Beggar-Man*, à M. le duc d'Orléans, n'a-t-il pas gagné la coupe d'Ascot, battant les meilleurs chevaux de l'Angleterre? il ne faut donc désespérer de rien. Dans tous les cas, des essais de cette nature seraient éminemment profitables à notre marine. Quand on songe à l'étendue de nos côtes, il est déplorable de se dire que sur la liste universelle et officielle des yachts publiés cette année, on ne voie pas figurer le nom d'un seul bâtiment français. Le *Club impérial de Saint-Pétersbourg*, dont le prince Labanoff est commodore, compte dix-neuf navires, jaugeant ensemble 1,199 tonneaux, au nombre desquels s'en trouvent d'assez forts : le schooner de l'empereur, *Queen-Victoria*, par exemple, les schooners *Tsavitsa* du prince Serge Kotchoubei, et *Zabava* de M. de Schischmareff. Le *Club royal néerlandais*, que préside le prince des Pays-Bas, réunit déjà onze yachts. Le *Club de New-York* n'en possède pas moins de vingt-cinq, au nombre desquels la célèbre goëlette du commodore Stephens, *America*, qui, cette année, a défié le monde entier et à tout distancé en l'Angleterre.

Il y a dix-sept clubs de yachts chez nos voisins[1]; les membres de ces différents cercles ont sous leurs ordres sept cent quatre-vingt-quinze navires, jaugeant environ 7,316 tonneaux, depuis la yole de 3 tonneaux jusqu'au schooner de 393 tonneaux. Or, pour évaluer l'ensemble de leurs équipages, en comptant un homme pour 5 tonneaux, ce qui est la règle des courses, on trouve un chiffre de douze à treize cents marins d'élite, expérimentés, adroits, sobres, et qui peuvent servir de modèle comme matelots, grâce à l'engagement inviolable pris entre les membres des différents clubs de ne jamais se servir d'un homme qui leur aurait donné quelque sujet de mécontentement. En temps de guerre, ces légers navires, montés par des marins déterminés à tenter des abordages, feraient d'excellents corsaires; il en est dans le nombre d'un assez fort échantillon pour porter du canon.

Il ne faut pas croire que les yachts se bornent à

---

[1] Dix en Angleterre, quatre en Irlande, deux en Écosse, un dans le pays de Galles.

des excursions sur les côtes de l'Angleterre; l'année dernière, une escadrille de plus de soixante voiles, sous les ordres de lord Wilton, commodore, ayant son pavillon à bord du *Xarifa*, schooner de 209 tonneaux, est allée rendre visite au président de la république à Cherbourg. M. Stephenson était arrivé depuis quelques semaines de Malte dans l'île de Wight, à bord de son yacht en fer, *Titania*, lorsqu'il a couru dernièrement contre la goëlette *America*. Ces bâtiments vont dans la Méditerranée, en Égypte, au cap de Bonne-Espérance, même en Australie; ils sont fins voiliers, manœuvrés par des marins de choix; leur coque, leur gréement, tout est neuf et dans le meilleur état; maître et équipage sont parfaitement logés et pourvus de toutes les choses nécessaires. Quant au comfort des chambres habitées par le *gentleman* propriétaire du yacht, et souvent par sa famille, rien n'en peut donner l'idée. Dans d'aussi excellentes conditions, ces navires, qui n'ont jamais d'ailleurs un très-fort tirant d'eau, sont plus sûrs que des bâtiments qu'écrase et fait plonger le poids de leur artillerie. Quant aux bâtiments du commerce, c'est à peine si j'ose en parler; on sait que les armateurs et les négociants font en sorte de ne rien donner au luxe : aussi tout y est-il calculé pour l'économie, ils ont bien juste le nombre d'hommes nécessaires, souvent leur voilure est rapiécée, et, il faut le dire, plus d'un vieux trois-mâts navigue encore, quoique ses flancs soient disjoints, ses mâts pourris, et sa dernière heure depuis longtemps sonnée.

Les plus grands bâtiments ne sont pas toujours indispensables pour les plus grandes traversées; le navires que montait Christophe Colomb, lorsqu'il découvrit l'Amérique, était une goëlette de 100 tonneaux. Plusieurs yachts accompagnent en ce moment l'expédition qui sous les ordres du capitaine Penny, est chargée de rechercher les navires du capitaine Franklin dans les mers polaires. L'un de ces yachts est monté par un gentleman porteur d'un nom illustre dans la navigation des régions arctiques, sir J. Ross : c'est le schooner *Felix* de 110 tonneaux. Je ne sais à qui appartiennent les deux autres bâtiments, *Advance* et *Rescue;* mais on lit dans le dernier rapport fait à l'amirauté que le charpentier de l'un de ces petits navires a rendu les plus grands services dans des conjonctures difficiles. Bien des gens s'étonneront peut-être que la passion des aventures et des dangers puisse entraîner ainsi de jeunes hommes, possesseurs de magnifiques revenus, à braver les périls, les privations et souvent le scorbut, ces accompagnements inévitables d'un hivernage au milieu des glaces par 77 degrés de latitude; pour moi, j'estime au contraire qu'ils font un noble emploi de leur temps et de leur fortune en prenant part à cette généreuse expédition, qui, si elle n'a pas pour résultat, comme on peut le craindre, de ramener les malheureux équipages de l'*Erèbe* et de la *Terror*, élargit de plus en plus cependant le domaine des sciences naturelles et de la géographie, en jetant de nouvelles lumières sur les contrées arctiques, si intéressantes à étudier [1]. Sans insister même sur l'intérêt que peuvent offrir ces expéditions périlleuses, on ne saurait contester qu'il n'y ait un grand charme à visiter les côtes de l'Espagne, de l'Italie, à se rendre en Grèce, en Turquie, dans la Terre-Sainte, comme maître absolu d'une de ces petites maisons flottantes, d'un de ces jolis navires

---

[1] Jusqu'ici la dernière expédition a découvert huit cent quarante-cinq milles de côtes nouvelles, tant dans la partie sud que dans la partie nord de la baie de Melleville; des navires américains coopèrent aux recherches que dirige le capitaine Penny; aucun bâtiment français ne s'y est encore joint. Je m'étonne de l'indifférence de notre gouvernement dans cette occasion, car l'exploration des régions polaires, soit en raison des expériences magnétiques qui s'y rattachent, soit même dans l'intérêt de la pêche de la baleine, importe autant à la France qu'à tout autre pays.

si lestes, si coquets, si bien et si abondamment pourvus de tout ce que comporte la vie la plus confortable et la plus élégante, toujours sûrs d'ailleurs de trouver partout de bon mouillages proportionnés à leurs dimensions, quand il ne leur convient plus de tenir la mer, qu'ils ne craignent jamais.

Quand je suis débarqué à Cowes cette année, il n'y était question que d'un schooner mystérieux, récemment arrivé des États-Unis, qui était doué, disait-on, d'une étonnante vitesse. Son propriétaire, le commodore Stephens, parfait gentleman d'ailleurs, avait déclaré qu'il engageait son *America* contre n'importe quel bâtiment à voile que ce fût, pour telle distance et telle somme qui lui serait proposée ; et, pour fixer les idées, il indiquait la bagatelle de 10,000 livres sterling (250,000 fr.) comme enjeu. Il y avait près de quinze jours que le défi du commodore Stephens avait été articulé devant le *Royal-yacht-Squadron*, et le *Royal-yacht-Squadron* faisait la sourde oreille ; pas un membre des *yacht-clubs* les plus renommés de l'Angleterre, qui s'étaient donné rendez-vous à Cowes cette année, n'osait relever le gant du redoutable étranger. Les vieux marins secouaient la tête et juraient que le *Yankee* pouvait rendre des points au fantastique *Flying Dutchman*. « Il y a quelques jours, me disait un de ces vieux loups de mer, à la manière dont l'*America* a doublé et dépassé les meilleurs voiliers de la rade qui s'essayaient dans les eaux de Ryde, il faut que le diable s'en mêle! le schooner, Monsieur, n'avait pas seulement daigné hisser son foc, quand nos *clippers* étaient couverts de toile! — Il a une hélice en-dessous, c'est bien sûr, » ajoutait un homme du peuple, car à Cowes tout le monde est marin ou digne de l'être. — Quoi qu'il en soit, les têtes se montaient. et, au milieu de toute cette foule élégante qu'attiraient les fêtes des régates, on ne parlait plus que du *Flying stranger* [1]; c'est le nom qu'on donnait à la goëlette de New-York. Impossible d'engager le plus petit pari, tant la terreur était grande!

Cependant on touchait au 21 août : c'était le jour où les yachts devaient se disputer la coupe de cent guinées, prix offert par le club aux schooners et cutters de tous tonnages et de tous pays, portant les six voiles réglementaires et remplissant les conditions ordinaires pour les courses de ce genre. Or l'*America* était engagée. Le jour désiré se leva enfin. Qu'on se figure la plus belle matinée du

[1] L'étranger volant.

monde, la mer d'un bleu de saphir, ridée seulement par une jolie petite brise de sud-ouest, et sillonnée en tous sens par une multitude d'élégants yachts qui ne devaient pas disputer la coupe, mais se proposaient de suivre la course, et s'amusaient en attendant à tirer des bordées de droite et de gauche de la façon la plus gracieuse. Ils s'inclinaient et se balançaient sur la mer, comme on voit des patineurs se pencher sur la glace qu'ils effleurent en voltigeant. L'intérêt qui s'attachait à l'épreuve était immense ; la plage était couverte de curieux ; les yachts, leurs couleurs déployées et placés sur deux lignes dès la veille au soir, n'attendaient que le premier coup de canon pour se préparer, car au deuxième coup, tiré cinq minutes après, il fallait appareiller, et lestement.

De mémoire d'homme on n'avait vu une pareille émotion à Cowes, où l'on ne trouvait plus un lit depuis huit jours ; on avait signalé en rade jusqu'à cent yachts, car nombre de nobles chasseurs avaient quitté les *moors* et les *lochs* d'Écosse, quoique les *grouses* y soient superbes cette année, pour assister à la fameuse course. Les plus fashionables ladies étaient venues de leurs châteaux pour passer le temps des régates dans l'île, le balcon du club était couvert d'une foule aristocratique, et, pour rendre l'événement plus solennel encore, on voyait la reine et la famille royale croiser à distance dans le *Fairy*.

Jusqu'à cet instant, les marins anglais avaient considéré les paroles du *Rule Britannia* comme un article de foi ; or voilà qu'un navire traversant l'Atlantique venait défier les chefs-d'œuvre des White, des Camper et des Ratsey, qui ne connaissaient pas encore d'égaux, et qui allaient se voir battre par une goëlette américaine ! N'était-ce point là une petite humiliation nationale ? La justice m'oblige cependant à déclarer que je n'ai constaté que de la curiosité et de l'intérêt dans les paroles de ces braves Anglais attentifs à étudier les faits et gestes du *Yankee* ; il était impossible d'y démêler la moindre amertume. Il y a du bon goût suivant moi, il y a même de la grandeur dans cette manière de prendre les choses.

Des dix-huit yachts engagés aux dernières régates de Cowes, quinze seulement ont concouru. L'escadrille était composée de huit schooners ou goëlettes et de sept cutters, et telle était la différence de tonnage, que l'on comptait dans le nombre un navire de 393 tonneaux, *Brilliant*, à M. Acker, et un petit cutter de 42 tonneaux, *Aurora*, à M. Lemarchand.

Malgré la haute réputation de l'*America*, les marins anglais n'abandonnaient pas tout espoir. « Si le vent est léger, disait-on sur le rivage, vous verrez louvoyer *Volante!* — J'aime encore mieux *Alarm,* s'écriait un autre connaisseur, le temps aujourd'hui est à l'avantage des grands cutters; ils sont si prompts à virer de bord! » Un quart d'heure avant le moment du départ, la légère vapeur bleuâtre suspendue depuis le matin sur la mer cédait à l'action d'un beau soleil, et ce tableau naval brillait dans tout son éclat. Enfin, à neuf heures, le coup de canon du départ retentit, et aussitôt tous les yachts déployèrent leurs blanches ailes, et s'éloignèrent dans la direction de Ryde, poussés par une faible brise. Quant à l'*America*, elle appareilla avec la moitié de ses voiles seulement, et cependant elle avait, en un clin d'œil, dépassé la plupart de ses concurrents. J'étais à bord d'un bateau à vapeur, et je suivis toute la course. Jusqu'à dix heures quarante-cinq minutes, *Volante*, *Gipsy-Queen*, *Freak*, et *Aurora* tenaient bon. A Sanhead, le *Wivern*, au duc de Marlborough, se découragea et retourna à Cowes. A ce moment, l'*America* hissa le reste de sa voilure, et presque aussitôt elle laissa toute la flotte derrière elle, excepté *Volante*, qui, gonflée sous sa toile comme un ballon, faisait tous les efforts imaginables pour se maintenir à la hauteur du redoutable *Yankee*, dont les voiles semblaient aussi plates que des planches. Chose singulière, alors que tous les yachts étaient lavés par la mer, car le vent avait beaucoup fraîchi, l'*America* volait sur la vague, sans prendre une goutte d'eau à bord. Son équipage se tenait couché sur le pont par prudence, car les bordages de la goëlette n'ont pas six pouces d'élévation [1].

A onze heures et demie, *Volante* était vaincue ; l'*America* ne l'avait pas plutôt dépassée, qu'on vit le schooner amener généreusement son foc et sa voile d'en haut comme pour donner un avantage à son adversaire. Il ventait à ce moment une brise de six nœuds ; l'*America*, avec ses deux voiles de moins, obligeait les steamers à forcer de vapeur pour la suivre. Au tournant des Culver-Cliffs, les yachts les moins éloignés étaient à deux milles en arrière ; les matelots anglais semblaient tous avoir perdu la tête. Devant Ventnor, *Arrow*, le vainqueur de la veille, se jeta étourdiment à la côte. On lui envoya une amarre, non sans beaucoup

---

[1] Il est certain qu'avec des bordages ainsi rasés, cette goëlette ne peut pas tenir la mer, aussi prétend-on qu'elle en avait de très-raisonnables, lorsqu'elle a traversé l'Atlantique, et qu'elle les a fait enlever au Havre en arrivant.

de peine, et le steamer de la reine put parvenir à retirer le pauvre cutter du milieu des récifs, mais dans un état pitoyable. La reine avec la famille royale n'avait presque pas quitté le théâtre des courses pendant toute la journée. A quelques encâblures plus loin, en courant une bordée, *Freak* accrocha *Volante*, et lui cassa net son beaupré; tout le *field* était en désarroi, *le Favori* seul poursuivait sa marche sans encombre.

Cependant, à la hauteur d'Alum-Bay, dans une fausse manœuvre, le bout-dehors du beaupré de l'*America* se brisa : cela ne sembla pas le moins du monde la contrarier; bien plus, une circonstance inattendue et tout à fait piquante allait donner la mesure de ce dont cette étonnante goëlette est capable. Au moment où elle avait dépassé les *Needles*, aux applaudissements d'une foule nombreuse accourue des différents villages de la côte sur ce point décisif, et qu'elle mettait le cap au nord, sûre désormais de la victoire (car à ce moment le yacht le plus rapproché paraissait à plus de sept milles et demi en arrière), elle aperçut tout à coup à deux milles devant elle, un cutter faisant force de voiles vers Cowes : c'était le *Wildfire*, qui n'était pas engagé dans la course, mais s'amusait à la suivre. Le prendre pour un concurrent qui lui aurait échappé, lui donner la chasse et le rattraper fut pour l'*America* l'affaire d'un instant; en moins de rien, le *Wildfire* était dépassé et distancé. Je remarquai à ce moment que les farouches républicains de l'Amérique du Nord savaient, quand il y avait lieu, se comporter en parfaits courtisans, car, en arrivant à la hauteur du bateau à vapeur où se trouvait la reine, tout l'équipage de la goëlette se découvrit, poussa trois acclamations, et amena galamment son pavillon. « C'est, remarquait plaisamment quelqu'un auprès de moi, comme un jockey qui, dans une course, en passant devant la reine, lui ôterait sa casquette. »

Enfin, à huit heures trente-sept minutes, l'*America* atteignait le but et était proclamée victorieuse. Il paraît que les Anglais n'ont pas de rancune, car, au signal du coup de canon d'arrivée, les applaudissements des équipages de tous les bâtiments en rade, joints à ceux de la plage, saluèrent joyeusement la défaite de l'Angleterre. Cependant, depuis les *Needles*, *Aurora* avait insensiblement regagné le terrain perdu, de telle façon que ce brave petit cutter arriva encore le second, dix minutes après la goëlette américaine. Le vent était tellement tombé, que je vis le moment où les yachts ne pourraient plus avancer du tout. Quant au reste de l'escadrille, il n'en était pas question ; aussi lord Wilton proclama-t-il l'*America* première, *Aurora* seconde, *les treize autres nulle part.*

Je me féliciterai toute ma vie d'avoir assisté à cette mémorable course, qu'on peut considérer comme un événement dans l'histoire de la navigation du monde, tant le succès du schooner américain a renversé tous les usages du *yacht building*. Il fallait voir les plus célèbres amateurs, et même leurs ladies, se presser à bord du *clipper* le lendemain, examiner une à une toutes les parties de son gréement, en admirer la simplicité, reconnaître l'avantage de la forme concave de sa coque, rendre justice à l'extrême propreté de ce joli navire, à la manière habile dont il avait été manœuvré et commandé, et s'avouer enfin battus de la meilleure grâce du monde. Le soir, vainqueurs et vaincus soupaient ensemble, ce qui fournissait à M. Lawrence, ambassadeur des États-Unis en Angleterre, arrivé de Londres le matin pour assister à la course, l'occasion de *délivrer* un de ces excellents *speaches* dont il n'est heureusement pas avare. « C'est un jeune enfant, dit-il en parlant de l'événement du jour, qui s'est permis d'avoir raison contre son père. » Enfin tout se passa, de part et d'autre, de la façon la plus courtoise.

La fête se termina par un feu d'artifice comme on n'en voit qu'en Angleterre, où il est possible heureusement de trouver quelquefois à rire. Le *fire-work* de Cowes était annoncé depuis un mois. Il commençait à neuf heures, à minuit il continuait encore ! La première fusée partit sans plus de façon, suivant une ligne horizontale, et dut produire un déplorable effet sur le quai, où se trouvaient réunis un très-grand nombre de curieux. Un quart d'heure après, la seconde s'élança avec un peu plus de bonheur, aux applaudissements d'un public fanatique de ce genre de spectacle. On continua ainsi de lancer des fusées de cinq minutes en cinq minutes pendant une partie de la nuit, avec intervalles de feux du Bengale et autres surprises ; mais quels pétards et quels soleils ! J'étais allé me poster assez loin, pour jouir du coup d'œil ; après avoir patiemment attendu le bouquet pendant près de deux heures par un vent froid et humide, je rentrai me coucher avec une bonne fluxion, tout en me disant que les Anglais feront bien de prendre des leçons de feux d'artifice en Chine, où l'on est, comme chacun sait, très-fort dans l'art des Ruggieri.

Le lendemain du jour des régates, le club donnait un bal, et c'était chose curieuse que de voir les belles dames en grande toilette qui débarquaient à la lueur des torches sur la Parade ; elles venaient de leurs yachts, où elles demeuraient, et à bord desquels elles avaient des installations beaucoup plus confortables à coup sûr qu'elles n'en auraient trouvé dans les hôtels de la ville. Le bal était splendide, et l'orchestre ne jouait que des contredanses françaises. Le succès de l'*America* a sérieusement fait réfléchir tout le *yachting people*. On convient maintenant en Angleterre que le système de construction et de gréement appliqué jusqu'à présent aux yachts doit être modifié. Quelques personnes, dans le principe, avaient prétendu que la goëlette de New-York était un bateau-pilote renforcé, que le peu de capacité de ses flancs excluait d'avance tous ces aménagements intérieurs si nécessaires à l'habitation d'un gentilhomme qui va voyager dans la Méditerranée, en Italie, en Égypte, et emmène souvent sa famille avec lui; que tout, dans les navires de plaisir anglais, ne pouvait donc pas être sacrifié à la vitesse, et que la construction de l'*America* n'avait pas eu un autre but. Or rien n'est plus inexact : *Titania*, *Volante*, *Arrow* et d'autres yachts encore du port de Cowes, notoirement destinés aux courses, ont été aisément battus par le schooner américain. Il est à remarquer d'ailleurs que les chambres de ce bâtiment si fin voilier sont on ne peut plus coquettement et commodément disposées; j'en parle pour les avoir examinées moi-même, et non sans un léger sentiment de satisfaction nationale, car c'est au Havre que les aménagements intérieurs de l'*America* ont été établis.

On a cru jusqu'à présent que plus un yacht pouvait porter de toile et plus il devait marcher vite; on ne réfléchissait pas assez qu'un navire penché sous le poids du vent, courbé sous son immense voilure, le nez dans l'écume et le flanc presque entièrement engagé dans la vague, ne peut pas avancer aussi facilement que s'il était dans les conditions voulues pour la marche, c'est-à-dire en équilibre et fendant l'eau avec sa quille. L'*America* porte peu de voiles; mais, ce qui vaut mieux, elle glisse sur la mer, et personne, même pendant un gros temps, n'est mouillé sur son pont. Ses voiles en coton sont plus légères, et conséquemment plus faciles à manœuvrer que les voiles en fil dont on fait usage dans la marine anglaise; elles ont de plus l'avantage de présenter une trame serrée et une surface très-résistante à la pression du vent. J'ai déjà dit que, pendant la course, les voiles de l'*America* étaient raides et tendues, alors qu'on voyait celles des autres yachts toutes gonflées et comme près de se déchirer. Les mâts du célèbre schooner sont extrêmement inclinés en arrière et d'égale grandeur; ils ne portent pas de mâts d'en haut. On ne trouverait pas dans tout le gréement de ce navire une manœuvre, une poulie seulement qui ne fût d'une indispensable nécessité.

Il y a dans tout ceci matière à réflexion. *L'Amérique*, qu'on nous pardonne ce jeu de mots, est bien de nature à faire réfléchir l'Angleterre. « C'est la seule nation à craindre pour nous, » disait Cobden l'année dernière. — « Nous n'avons aucun souci des autres pays, répétait fièrement M. Hume devant ses commettants il y a un mois; mais prenons garde aux États-Unis! » Or voilà qu'au moment où une goëlette de New-York renverse toutes les idées nautiques des Anglais à Cowes, et bat leur flotte à plate couture devant leur reine, un Américain découvre à Londres l'impénétrable secret de Brahma, et ouvre ses serrures comme par enchantement. Je sais bien qu'à la place des Anglais je ne serais pas sans quelque inquiétude, et que je ne parlerais pas tout à fait si haut dans l'affaire de Cuba.

Malgré l'éclatant triomphe de l'*America*, et

surtout afin de savoir comment ce navire se conduirait par un grand vent et une forte mer, M. Stephenson, le capitaine du yacht *Titania*, défia le *Flying stranger* quelques jours après la course que je viens de raconter, en proposant à son propriétaire, il est vrai, d'assez singulières conditions. Il ne s'agissait plus du tout de l'île de Wight, mais d'une course en pleine mer et par un gros temps. Le commodore du *Royal-yacht-Squadron* fut prié de désigner l'époque et le lieu ; lord Wilton choisit un jour où il faisait un vent terrible, et ordonna que les concurrents partiraient de la pointe de Bembridge, iraient faire le tour d'un bâteau à vapeur placé comme but à quarante milles droit dans l'est, et reviendraient ensuite. Or *Titania* fut si bien vaincue, qu'on n'avait pas encore de ses nouvelles à Bembridge, alors que l'*America* y était déjà de retour depuis une heure et demie !

Il était impossible de ne pas s'incliner devant une telle supériorité ; aussi, en ce moment, n'est-on occupé, dans les chantiers de Cowes, qu'à refaire la plupart des yachts du club. Le marquis de Conyngham a commandé qu'on allongeât *Constance* de quinze pieds ; le comte de Mount-Edgecumbe veut pour *Violette* un gréement entièrement neuf ; quant au duc de Marlborough, il est décidé à se défaire à tout prix de *Wivern*, et il a recommandé à Ratsey un navire dans le genre *yankee*. Le fils d'un lord irlandais a pris encore le meilleur parti de tous : comme il faut qu'il y ait toujours un peu de commerce à faire avec des Américains, il se trouvait que le schooner de New-York, le *clipper*, le *Flying stranger* était à vendre ; le capitaine de Blaquière l'a acheté pour cinq mille guinées, dit-on, et le pavillon étoilé de l'*America* est, depuis quelques jours, remplacé par la croix du *Royal-Saint-George*. Le Nouveau-Monde enverra-t-il, l'année prochaine, une autre goëlette pour battre l'*America*, devenue anglaise? C'est ce que les Américains promettent gaiement, et ce que nos voisins ont presque l'air de craindre. O fiers insulaires, vous avez donc aussi vos jours de soucis !

La petite ville de Cowes, les régates une fois terminées, devint moins brillante. Tout y rentra bientôt dans l'état normal, et, comme premier symptôme du rétablissement de l'ordre, les crevettes, que le canon du commodore avait depuis quelque temps éloignées, reprirent confiance et reparurent sur nos tables. Lord et lady Anglesey, lord et lady Ailesbury, lord et lady Wilton, lady Godolphin et beaucoup d'autres *of the high life* ne tardèrent pas à suivre l'exemple de la cour, *qui avait donné le signal du départ.* Les yachts étrangers à la rade retournèrent dans leurs ports respectifs. La mer perdait beaucoup de son intérêt. Pour moi aussi, le moment de quitter Cowes était venu, et je m'éloignai de la côte, où rien ne me retenait plus, pour m'enfoncer dans l'intérieur de l'île.

West-Cowes (île de Wight), septembre 1851.

II.

LES CHATEAUX ET LES COTTAGES, EAST-COWES-CASTLE, NORRIS ET CARISBROOKE.— RYDE ET SHANKLIN.— LE TOUR DE L'ILE.

I.

Souvent, dans mes promenades, j'avais fait le tour du parc et du château d'East-Cowes, sans pouvoir découvrir autre chose de cette gothique demeure que le sommet de ses donjons et l'immense pavillon qui flottait au-dessus de sa grande tour. Encore fallait-il que je m'éloignasse beaucoup pour les apercevoir au-dessus des arbres; quant à pénétrer dans l'enceinte, j'y étais peu encouragé par des écriteaux qui me menaçaient de piéges à loup et de la dernière rigueur des lois. Cependant je commençais à m'impatienter de ce mystère, quand l'idée me vint de faire remettre ma carte au propriétaire du château. Cette démarche fut couronnée de succès, et je ne tardai pas à nouer de fort agréables relations avec M. et Mme J. Sawyer, les aimables hôtes d'East-Cowes-Castle. Durant mon séjour dans les environs, j'ai souvent visité leur magnifique habitation et l'ai dessinée de tous côtés. Les temps de la chevalerie ont empreint leur cachet romantique sur cet ensemble confus, mais grandiose, de murailles, de tours et de tourelles couvertes de lierre, qui renferment sous leur vaste enveloppe des arrangements intérieurs on ne peut plus élégants et confortables, mais dans le style moderne.

C'est ainsi qu'on a procédé pour les installations d'un château voisin, celui de Norris, dont l'architecture est plus ancienne encore. L'époque de la construction de Norris est antérieure à celle où l'on commença à élever les créneaux des tours sur des corniches à machicoulis pour la défense du fossé. Cette vieille forteresse commande le passage du Solent[1], et a dû servir aux Saxons pour la per-

[1] On prétend que l'île de Wight adhérait anciennement à l'Angleterre, que la mer est parvenue à dissoudre la langue de terre qui reliait la presqu'île au continent, et que c'est de

ception du péage, qui donne un revenu considérable, et que le château de Cowes se charge d'assurer aujourd'hui. Norris à pour propriétaire actuel M. Bell, éditeur du journal le *Bells' life in London*, qui s'est enrichi par la publication de sa feuille hebdomadaire ; M. Bell occupe seul avec son fils cette royale demeure, où il m'a reçu avec beaucoup de politesse. Le roi de Hollande, lors de sa visite à la reine Victoria, y a demeuré pendant une semaine. MM. Bell sont de grands amateurs de *yachting*, et dans leur dernière tournée ils ont gagné huit coupes en argent, avec leurs cutters *Héroïne* et *Secret*.

La position de ces deux beaux châteaux est admirable; construits, comme Osborne, sur le sommet d'un promontoire élevé qui s'avance dans la mer, entre l'embouchure de la Médina et la baie de Ryde, ils sont entourés l'un et l'autre de prairies où paissent d'innombrables troupeaux de moutons, et qu'ombragent des bouquets de beaux arbres répandus çà et là sur des tapis de verdure. Cependant la végétation d'East-Cowes-Castle est plus riche et se ressent d'une exposition plus favorables, tandis que le vent de la mer brûle depuis

cette action dissolvante que provient l'étymologie du mot *Solent* (*solvent, solvente pelago*).

bien des années le feuillage des vieux chênes de Norris, et ne leur a pas permis d'atteindre une grande hauteur. Les vagues rongent l'île de Wight au pied du domaine de M. Bell, qui a été obligé de faire construire une chaussée en pierres de près d'un mille de long pour en arrêter les envahissements. Ce beau travail, qu'on peut appeler d'utilité publique, lui a coûté plus de sept cent mille francs.

Comme toutes les habitations du moyen âge dans ce pays, Norris est presque entièrement couvert de plantes grimpantes dont les couleurs variées contrastent avec les nuances grisâtres de ses antiques murailles; il ne peut être aperçu qu'au loin et de la mer. C'est, comme East-Cowes-Castle, l'un des châteaux les plus beaux et les plus renommés de l'île : tous les deux ils servent de point de vue aux *steamers* qui passent devant Ryde pour se rendre à Southampton, et leur aspect au milieu des arbres est extrêmement pittoresque. — On ne permet pas aux étrangers de visiter la demeure royale d'Osborne pendant l'absence de la reine; mais le peu que j'en ai entrevu me fait supposer que, des trois châteaux du promontoire, Osborne, avec son architecture moderne, est sans contredit le moins remarquable.

Il y a peu d'années encore, lord Shannon possédait East-Cowes-Castle, lord Seymour le château de Norris ; on assure que le splendide domaine d'Apûldurcombe est mis en vente par lord Yarborough. Les nobles font comme les rois, qui s'en vont, dit-on; cela a lieu au moins dans l'île de Wight, où leurs aristocratiques demeures sont aujourd'hui la propriété de personnes qui, pour la plupart, ont fait leur fortune dans le commerce. En dépit des mœurs, des substitutions et des priviléges, la richesse territoriale, en Angleterre, finira comme ailleurs par tomber peu à peu entre les mains de l'industrie : la fortune au travail, c'est justice.

J'avais fait chez M. Sawyer, au château d'East-Cowes, la connaissance de plusieurs officiers du 36º régiment, et j'avais reçu l'invitation d'aller visiter leurs *barracks* situées près de Newport; je m'y suis rendu et j'y ai examiné avec beaucoup d'intérêt les différents détails du service intérieur qu'on a bien voulu me faire connaître. Dans ce régiment, comme dans toute l'armée anglaise, le soin qu'on prend du bien-être des hommes est poussé jusqu'à la minutie. Cette armée se recrutant uniquement par des engagements volontaires, il faut que l'état de soldat y soit au moins aussi confortable que celui de paysan, et il est plus d'un bourgeois de nos villes qui envierait la situation de tel laboureur du Middlesex ou du Devonshire. Le *flogging* (coups de baguette) n'est malheureusement pas encore supprimé chez nos voisins; mais, grâce aux efforts persévérants de sir Charles Napier, la flagellation n'est plus en usage que pour des cas très-rares. Toutefois le soldat anglais est encore soumis à des châtiments corporels d'une autre nature. Indépendamment du peloton de punition, qui est fort sévère, on l'oblige, pour certaine infractions au service, à ramasser des pierres dans un lieu donné, ou à transporter un boulet de 24 d'un point à un autre pendant un certain espace de temps. J'ai été plus frappé de la bonne qualité et de la mine appétissante des aliments du soldat que de la propreté des cuisines. Les hommes mangent dans les chambrées. Il est permis à un certain nombre de militaires par compagnie d'avoir femmes et enfants au quartier, où de petits appartements assez commodes leur sont accordés; ces soldats reçoivent, bien entendu, leur prêt franc. On m'a assuré que la présence de leurs femmes au milieu de la caserne n'avait jamais aucun inconvénient. Rien n'est plus sage ni moins bruyant que le soldat anglais; on peut bien se promener tout le jour dans les cours du quartier de Park-Hurst, par exemple, sans y entendre un cri ou un éclat de rire. L'Angleterre est le royaume du silence. Veut-on faire l'éloge de quelqu'un : *t'is a very quiet gentleman*, vous dira-t-on; « c'est un monsieur fort tranquille. » Comme chacun sait, les soldats anglais restent longtemps au service; en général ils ne sont pas jeunes; c'est peut-être à ce motif qu'est due la tranquillité exemplaire de leurs établissements. Ce calme n'est troublé dans les *barracks* de l'île de Wight que par les batteries de caisses très-peu tendues avec un accompagnement de galoubet un peu trop pastoral.

L'infanterie anglaise est pourvue d'armes excellentes; les fusils d'ancien modèle sont aujourd'hui supprimés. Je ne saurais en dire autant des sabres de la cavalerie, qui me paraissent mauvais et mal en main. Un fait intéressant, c'est que l'ivrognerie disparaît peu à peu de l'armée britannique. Ce vice est beaucoup moins répandu dans les basses classes, grâce à l'action bienfaisante des sociétés de tempérance; il n'est pas jusqu'à l'usage de demeurer longtemps à table après le départ des femmes qui, depuis quelques années, ne soit tombé en désuétude dans la bonne compagnie. Aussi les salles de police du bataillon du 36ᵉ étaient-elles vides. Cela m'a permis de les examiner en détail, et de constater que rien n'est plus mignon que ces petites cellules. Le système de l'isolement est ici en vigueur; chaque détenu occupe un lieu bien éclairé et aéré, pourvu d'une couchette parfaitement garnie, avec une table et deux chaises. Il a en outre à sa disposition un cordon de sonnette au moyen duquel il lui serait très-facile de faire endêver son geôlier, mais le brave homme préposé à cet office m'a assuré que les soldats prisonniers n'en abusaient jamais.

L'un des bataillons du 36ᵉ est dans l'île de Wight, l'autre à la Barbade sous les ordres d'un lieutenant-colonel. Il y a deux officiers supérieurs de ce grade dans chaque régiment anglais, ils y remplissent les fonctions de chefs de bataillon dans notre armée. Quant au chef du corps, c'est un colonel du rang de général. Le 36ᵉ est sous les ordres de l'un des fils du feu roi, lord Frédéric Fitz-Clarence, actuellement gouverneur de Portsmouth. Rien de plus agité que la vie d'un régiment anglais; le 36ᵉ, par exemple, après avoir combattu dans les Indes, où il a pris part aux glorieux faits d'armes qui s'y sont accomplis sous le commandement de lord Gough, est passé aux îles Ioniennes; de là il a été envoyé aux Antilles. Qui sait si, l'année prochaine, il ne fera pas la guerre en Cafrerie? Cette manière de servir doit admirablement former l'armée anglaise, car la cavalerie, démontée bien entendu, en allant de garnison en garnison, fait, tout comme les troupes à pied, son tour du monde.

J'ai eu l'honneur d'être invité à un grand dîner par le colonel et le corps d'officiers du 36e; le repas était servi dans une argenterie des plus riches, avec porcelaine, verrerie et linge de table à l'avenant. Tous les officiers, quel que soit leur grade, vivent à la même pension, c'est ce qu'on appelle la *mess*. Ils ont leur cuisine aussi bien que leurs logements au quartier. Ce service de la *mess* fait partie du mobilier régimentaire. Plusieurs des officiers présents s'étaient distingués dans l'Inde. Le gouvernement anglais n'est pas prodigue de décorations; il n'en accorde que dans des cas fort rares et pour des faits d'armes éclatants. La poitrine de quelques-uns de nos braves convives en était ornée. Rien n'est plus *gentleman like* que les manières des officiers anglais. On a quitté la table de bonne heure, et aussi raisonnablement qu'on s'y était mis; les jeunes gens me paraissaient pressés de se rendre au bal que le régiment offrait ce soir-là aux dames de Newport et des environs. Comme officier français, j'ai reçu un très-aimable accueil du lieutenant-colonel Trolloppe et de son corps d'officiers. J'ai déjà visité plus d'un régiment de l'armée anglaise, et pour en avoir une très-haute idée je n'avais pas besoin de ce nouvel examen, qui, en m'initiant à quelques nouveaux détails, m'a confirmé dans mon opinion. Je dois le dire en toute franchise cependant, à ce sentiment d'approbation ne se mêlait aucun sentiment d'envie; car, amour-propre national à part, rien, suivant moi, n'est au-dessus de notre armée et de nos soldats. Lors du séjour de mon régiment sur les bords du Rhin, j'ai profité du voisinage pour examiner de très-près les contingents militaires prussiens, autrichiens et d'autres troupes des différents États de l'Allemagne; si j'en excepte un escadron de cavalerie autrichienne que j'ai vu à Mayence et dont la tenue laissait beaucoup à désirer, je dois rendre justice à la discipline, à la bonne apparence de toutes ces troupes. Leurs officiers sont bien nés et bien élevés, on ne saurait avoir la pensée de mettre en doute leur courage personnel; mais il est fort rare de les voir au courant des détails du service intérieur. Mon observation porte moins sur les officiers anglais, qui me semblent en général approfondir davantage le métier. Je me rappelle avoir visité le quartier d'un régiment de hulans prussiens dans une des villes du bord du Rhin, Coblentz; j'y ai trouvé plus de trois cents chevaux réunis ; c'était l'heure du pansage, pas un officier n'y assistait ! Un *waguemeister* ou adjudant présidait à cette opération, si importante dans un régiment de cavalerie. Les officiers, m'a-t-on dit, ne paraissent que lorsque le régiment monte à cheval. Un jeune brigadier très-instruit, s'exprimant on ne peut mieux, m'avait conduit partout, et, comme je laissai échapper en le quittant quelques paroles sur ses titres à l'avancement, je le vis rougir et secouer la tête : « Mon colonel, me dit-il, ce n'est pas dans notre armée comme dans la vôtre ; je ne suis pas noble, et je n'obtiendrai jamais l'épaulette! « J'eus le cœur serré de cette réponse, que je me reprochai presque d'avoir innocemment provoquée.

Le fait est que la perspective de ne jamais pouvoir s'élever aux grades supérieurs doit nécessairement paralyser dans les armées étrangères l'ambition et par suite l'élan du simple soldat. Les conditions démocratiques de notre armée, jointes à l'impétuosité du caractère français, mieux encore que le sentiment du devoir et de la hiérarchie militaire qu'elle possède d'ailleurs au plus haut degré, en font la première armée du monde. Je crois les Anglais, les

Russes, les Allemands fort courageux, leur histoire militaire est là pour le prouver, mais leur courage est celui de l'obéissance et souvent de l'abnégation, la valeur du soldat français est d'une autre nature, c'est celle d'un homme libre, et j'oserai dire d'un gentilhomme. En veut-on la preuve? Notre armée est la seule en Europe où les simples soldats se battent en duel, où le fils d'un ouvrier ou d'un laboureur qui deviendra peut-être maréchal de France, du moment où il a endossé l'uniforme, se sent un homme nouveau et relève fièrement la tête. C'est la seule armée en Europe où un simple soldat se croie obligé de mettre le sabre à la main pour une offense légère, et d'affronter la mort plutôt que de souffrir une atteinte portée à son honneur. Ce fait seul démontre péremptoirement la supériorité du militaire français sur tous les autres.

Newport, centre du pays et de ses transactions agricoles, compte à peine quatre ou cinq mille habitants ; mais cette capitale de l'île de Wight est pourvue de nombreux établissements publics. Je citerai, entre autres l'*Isle of Wight institution*, qui réunit un musée, une bibliothèque et un cabinet de lecture ; la *Free-Grammar school*; une école des arts et métiers *Mechanic institution*; une école de filles *Free-school for girls*; enfin une

National school for poor children, école pour les pauvres enfants des deux sexes. On a placé aux environs de la ville une maison de refuge qui peut contenir plus de mille indigents : ce *poor house* et un pénitencier pour les jeunes détenus qui lui est joint ont eu pour résultat de purger l'île de Wight des mendiants que l'affluence des étrangers n'aurait pas manqué autrement d'y attirer et d'y retenir. Enfin on compte dans la petite ville de Newport deux églises du culte anglican, une catholique, une unitaire, une méthodiste, et deux chapelles indépendantes.

Cette ville tire son véritable intérêt du voisinage de Carisbrooke et du château de ce nom, fondé par Guillaume Fitz-Osborne, l'un des lieutenants de Guillaume le Conquérant. Les églises d'Areton, de Whippingham (paroisse actuelle de la reine près d'Osborne), de Newchurch, de Godshill, de Niton et de Freshwater, c'est-à-dire la presque totalité des paroisses de l'île, ont longtemps dépendu du prieuré de Carisbrooke, qui était placé lui-même à cette époque sous la juridiction de l'abbaye de Lire, en Normandie. Près du village de Carisbrooke se trouve le petit bourg de Newton ; brûlé en 1377, lors d'une descente des Français, et rebâti depuis, on l'a pendant longtemps appelé

Francheville, sans doute en raison de ce souvenir. Les habitants de l'île de Wight ont eu à essuyer de nombreuses incursions de la part de leurs voisins, qui, dans les XIIIe et XIVe siècles, apparemment dédaignaient moins de la visiter qu'aujourd'hui. En 1797, la banque d'Angleterre suspendait ses payements à la nouvelle qu'une flotte française allait débarquer sur les côtes de la Grande-Bretagne. Tel a été de tout temps le cauchemar des habitants de ce pays. L'année dernière, après les fêtes navales de Cherbourg, nos vaisseaux avaient fait voile pour Brest; mais, assaillis par des vents contraires, ils furent obligés d'aller chercher un abri momentané dans la baie de Torbay. Je me rappelle la lettre patriotique qu'adressa à l'amirauté, dans cette circonstance, le brave commandant du port de Torbay : « Une flotte française vient de mouiller dans la rade, écrivait-il en substance, nous n'avons pas de raisons de lui supposer des intentions hostiles… Cependant nous veillons, et au besoin chaque Anglais saurait faire son devoir, etc. » Sous le règne d'Édouard II, le comte de Chester, son fils aîné, gouverneur de l'île de Wight, poursuivi de la crainte des incursions françaises, avait déjà fait élever sur différents points du territoire vingt-neuf *beacons* ou tours de garde et de signaux, pour donner l'alarme à l'approche de l'ennemi. Les vestiges de quelques-unes de ces tours subsistent encore.

On a beaucoup discuté sur l'étymologie du mot un peu sauvage de Carisbrooke. Quelques auteurs prétendent que c'est le nom d'un chef saxon, nommé Whitgarsburgh, qui, sous le règne du roi Cerdic, en 530, assiégea et prit la citadelle. De Whitgarsburgh, on aurait fait Garsbruk et enfin Carisbrooke. J'aimerais mieux assigner à ce nom barbare une plus ancienne origine encore : pourquoi ne serait-il pas breton, et conséquemment antérieur aux temps de l'heptarchie saxonne? Dans Carisbrooke je trouve *brooke*, rivière (c'est la Medina), et *caer*, qui, en gallois on en breton, veut dire ville, forteresse, comme dans *Caermarten*, *Caernarvon*. C'est le *ker* de notre Bretagne, qui signifie aussi ville, village, comme dans **Kergariou**, **Keratry**, **Kersabiec**. Dans quelques parties de l'Angleterre, on rencontre des lieux dont les noms sont semblables à ceux portés par certaines familles ou certaines localités de la Bretagne française : n'y a-t-il pas identité complète, par exemple, entre *Caercaradok*, nom d'une montagne près de Knighton dans le Shropshire, et **Kercaradec** en Bretagne?

Il ne reste plus que des ruines du château de Carisbrooke. Pendant longtemps, cette position fut la clef de l'île. Les Romains, les Bretons, les Saxons et enfin les Normands, lors de la conquête, y établirent garnison, en réparèrent et en entretinrent les remparts. Il est facile d'y reconnaître l'époque de leurs différentes constructions, toutes les fois qu'elles ne sont pas superposées. Dans des temps plus modernes, les vieilles murailles normandes furent entourées d'une enceinte bastionnée, pourvue de quelques ouvrages avancés. Le château de Carisbrooke, situé sur le sommet d'une élévation, domine au loin le pays. On y arrive par un chemin rapide et difficile qui vous amène après un détour à l'ancienne porte seigneuriale, flanquée de deux tours rondes. Sous le porche gothique, une marchande vous vend de petites bouteilles de sable de couleurs variées et des diamants de la baie de Shanklin. On sonne à un guichet, et une autre femme vient vous ouvrir la porte de cette forteresse, dont la garde lui est confiée, sans doute en souvenir de l'héroïque défense de la belle comtesse de Portland. Il n'est pas de pays au monde où le lierre prospère mieux qu'en Angleterre, et dans l'île de Wight en particulier; aussi on ne doit pas s'étonner que les ruines de Carisbrooke en soient du haut en bas habillées et emmaillotées ; pas une des pierres tombées dans cette cour, aujourd'hui si solitaire, et jadis le théâtre de tant de faits dramatiques, qui ne soit cachée sous une épaisse enveloppe de verdure. La dégradation de ce pauvre vieux château dépasse toute idée. C'est vraiment un crime que de le laisser dans cet état. Il n'y a plus une vitre aux fenêtres de la chapelle où naguère encore les maires de Newport recevaient leur investiture du lord-lieutenant de l'île. Quant à la prison de Charles Ier, dont il ne reste que le mur extérieur et quelque peu du plancher, on n'y arrive pas sans danger. Comment les Anglais, qui ont laissé voter tant de millions pour bâtir ces deux coûteuses et incommodes inutilités qu'on appelle le tunnel et les chambres du parlement, ne se font-ils pas un cas de conscience d'affecter quelques milliers de livres sterling à mettre dans un état respectable ce lieu témoin de l'agonie de leur roi martyr ? Pour être un peu plus restauré, le château de Carisbrooke, à coup sûr, n'en serait pas moins pittoresque.

On peut juger de l'importance que les Romains attachaient à la position de Carisbrooke par un puits qu'ils y percèrent dans le roc et qui a plus de trois cents pieds de profondeur. Ce puits est encore aujourd'hui dans le meilleur état de conservation, et l'eau en est limpide et fraîche. L'âne qui en fait mouvoir le manége ne va pas vite, car il lui faut une heure montre en main, dit-on, pour élever un seau jusqu'à l'orifice. C'est sans doute à cet exercice régulier, sans être violent, qu'il faut attribuer la longévité extraordinaire des innocents animaux qu'on y assujettit ; la plupart d'entre eux ont atteint à Carisbrooke un âge très-avancé. On en cite un entre autres qui fit le service de la roue pendant cinquante-deux ans et qui était encore plein de force et de santé, lorsqu'il périt par accident, ayant eu l'étourderie d'aller brouter sur le rempart, d'où il se laissa choir. Son successeur était pensionnaire du duc de Glocester, oncle de George III, qui avait placé sur sa tête une annuité d'un *penny* de pain par jour. Ce serviteur fidèle fut assez heureux pour en jouir pendant quarante-cinq ans.

Lorsque éclata la guerre entre les parlementaires et le roi Charles Ier, le château de Carisbrooke avait pour gouverneur le comte de Portland, lord-lieutenant, ou, comme on disait alors, capitaine de l'île de Wight. Il était suspect à Cromwell pour son attachement aux Stuarts ; lady Portland surtout passait pour très-royaliste. Portland fut mandé à Londres pour justifier sa conduite. Il paraît qu'il aimait à s'amuser et menait bonne vie dans son gouvernement, car, parmi les griefs articulés contre lui pour motiver sa destitution et sur lesquels il eut à répondre devant les meneurs du parti puritain, on voit figurer comme chef d'accusation « la grande quantité de poudre qu'il avait brûlée en réjouissances et celle de vin qu'il avait bue en santés depuis qu'il était entré en fonction comme capitaine de l'île, où il n'avait cessé de se livrer à toutes sortes de *joyeusetés* [1]. » Quelque frivoles que parussent les charges élevées contre lui, il n'en fut pas moins jeté en prison. La nouvelle de cet acte d'injuste rigueur souleva presque la population de l'île, où Portland était extrêmement populaire ; mais, après mûre réflexion, les habitants, prudents politiques, finirent par envoyer leur adhésion au parlement, en y joignant toutefois une pétition dans laquelle ils demandaient avec instance qu'on leur rendît leur cher gouverneur.

D'un autre côté, le parti républicain, opposé à Portland, ne restait pas inactif ; son chef, Moses Read, maire de Newport, homme influent dans sa

[1] *Acts of jollity.*

localité, représenta au parlement que l'île ne serait jamais tranquille tant que lady Portland demeurerait à Carisbrooke, et qu'il fallait à tout prix l'en faire sortir. Se reposant sur l'affection que le peuple portait à son mari, la comtesse s'était réfugiée dans le château, et avait réclamé pour elle et ses cinq enfants la protection du colonel Brett, qui y commandait au nom du roi une faible garnison de vingt hommes. Lady Portland comptait sur quelque changement politique, et voulait seulement gagner du temps ; elle espérait que sa présence et son savoir-faire contribueraient à conserver la citadelle à la cause royale.

Cependant la prudence du parlement était éveillée ; il s'empressa de mettre les équipages des navires de guerre mouillés dans la Medina à la disposition de Read, qui, se voyant désormais soutenu par une force suffisante, s'avança sans plus tarder, à la tête de la milice de Newport et de quatre cents marins armés, sous les murs de la forteresse, qu'il somma de se rendre. Alors la comtesse parut sur le rempart, tenant à la main une mèche allumée ; elle déclara bravement qu'elle s'ensevelirait sous les décombres du château avec tous ceux qu'il contenait, plutôt que de le rendre, et que, pour preuve de ses intentions, elle allait mettre elle-même le feu à la pièce de canon sur laquelle elle s'appuyait, si la colonne d'attaque ne s'éloignait pas à l'instant. Cette attitude énergique fit réfléchir Read ; il commanda la retraite, et revint lui-même quelques instants après, porteur de propositions d'arrangements, qui furent fièrement repoussées. La comtesse ne voulut entendre à rien tant qu'on n'y eut pas stipulé qu'elle resterait au château et libre, en attendant une décision ultérieure du parlement. Ces conditions accordées, la place fut rendue, et la petite garnison défila avec les honneurs de la guerre. Quand on songe qu'elle n'avait pas pour trois jours de vivres, on ne saurait trop admirer la belle conduite de lady Portland.

Les événements trahirent les espérances de cette femme courageuse : le parlement refusa de ratifier la capitulation, et peu de temps après, la comtesse reçut l'ordre de quitter l'île. Elle dut à l'humanité de quelques pêcheurs de pouvoir être conduite en lieu sûr avec sa famille. Tous les forts du pays furent alors successivement occupés par les troupes du parlement, qui en nomma lord Pembroke gouverneur ; le colonel Robert Hammond l'y avait remplacé, lorsque, pour son malheur, Charles Ier vint chercher un refuge dans l'île. Hammond était l'ami et la créature de Cromvell[1]; il avait en outre Hampden pour beau-père : cependant comme il se trouvait être en même temps le neveu du chapelain favori du roi, encouragé par les assurances et les conseils de ce dernier, Charles crut devoir compter sur la générosité et même sur la sympathie du colonel, auquel il se rendit à discrétion le 12 novembre 1647.

Hammond traita d'abord Charles Ier avec le plus grand respect; il accueillit le prince fugitif comme un hôte distingué, et non comme un prisonnier. Le roi était logé au château, mais il avait la liberté d'en sortir, et même de se promener à cheval dans l'île. Il aimait à jouer aux boules, le colonel lui fit disposer un jeu dont on montre encore les traces. Un petit pavillon assez élégant fut aussi construit sur le rempart pour son usage spécial, et souvent Charles y allait rêver pendant le jour. Cependant ces attentions et ces égards furent bientôt refusés au prisonnier de Carisbrooke. Sur un ordre du protecteur, Charles fut écroué dans la forteresse, et on lui assigna pour prison l'un des appartements situés du côté du nord. Il continua néanmoins,

---

[1] On a des lettres que le protecteur écrivait à cette époque à Hammond; elles sont du style le plus familier. Cromwell l'appelait « mon cher Robin. »

pendant tout le temps du séjour qu'il y fit, à y recevoir de nombreux témoignages d'intérêt et d'affection de la part d'une foule de personnes qui accouraient, même de fort loin, pour l'apercevoir. Il passait une partie de son temps dans la prière et dans la lecture de la Bible. Ses ouvrages favoris à cette époque étaient les sermons de l'évêque Andrew, les ouvrages du docteur Hammond, les paraphrases de Sand sur les psaumes, les poëmes religieux d'Herbert, enfin la traduction du Tasse par Fairfax et la *Fairy-Queen* de Spencer. Il composait aussi des vers et des sentences, et avait l'habitude de surcharger ses livres de notes marginales et de *mottos*. On y trouve très-souvent écrite de sa main la devise ; *Dum spiro spero*, ainsi que des vers latins de Boèce ou de Claudien.

Les partisans de Charles, dès les premiers jours de son emprisonnement au château, avaient arrêté pour lui un plan d'évasion si bien combiné, qu'il aurait très-probablement réussi sans une circonstance dont la responsabilité doit malheureusement être imputée au roi. Firebrace, l'un de ses plus fidèles serviteurs, avait obtenu d'être attaché à sa personne, et de se faire comprendre au nombre des jeunes gens qui remplissaient à tour de rôle, auprès du roi, les fonctions de pages. Son service lui fournissait des occasions de se concerter avec Charles, et ils tombèrent ainsi d'accord, après les avoir bien discutés, sur tous les détails relatifs à son évasion. Le roi devait d'abord scier l'un des barreaux de sa fenêtre; mais il prétendit plus tard que cela était inutile, qu'il avait essayé de passer la tête entre ce barreau et l'imposte, qu'il y avait facilement réussi, et que partout où la tête passait, il devait en être de même du corps. Comme dans toutes les fenêtres gothiques, la baie de celle-ci était partagée en deux par le montant d'une croix en pierre, et il n'y avait à cette époque qu'un seul barreau de fer entre ce montant et le mur; on en ajouta un second depuis.

Tout devait avoir lieu de nuit. Il était arrêté que Firebrace jetterait une petite pierre contre les carreaux; à ce signal, le roi se serait laissé couler au moyen d'une échelle de cordes le long du mur dans le premier fossé, dont la constrescarpe n'était pas revêtue, et d'où il était facile de sortir. Une fois sur le chemin couvert, où Firebrace l'attendait, tout avait été préparé pour pouvoir gagner sans encombre le lieu où Wortsley et Osborne, montés, attendaient, avec un cheval sellé, des pistolets et des bottes pour le roi. Newman, de son côté, veillait, dans une grande embarcation, sur le rivage, prêt à conduire le fugitif hors de l'île.

Au signal convenu, Charles se mit en devoir de descendre par la fenêtre ; il s'aperçut alors, malheureusement trop tard, qu'il s'était étrangement abusé. Déjà ses pieds atteignaient le premier échelon de l'échelle de cordes, mais il lui fut impossible d'aller plus loin ; le barreau d'un côté, le mur de l'autre, le serraient comme un étau ; il se sentait pris entre la poitrine et les épaules de façon à ne pouvoir absolument ni avancer ni reculer. Firebrace, dans l'impuissance de lui venir en aide, entendit les gémissements que lui arrachait la douleur. Cependant une sorte de pressentiment de ce qui allait lui arriver avait inspiré au roi la précaution de fixer solidement dans l'intérieur de sa chambre une corde, grâce à laquelle, après des efforts inouïs, il parvint à rentrer. Alors il referma sa fenêtre et plaça derrière les vitres une lumière comme avertissement que tout était manqué. Rien en apparence n'avait été découvert. On ajourna l'exécution d'une nouvelle tentative à une autre nuit. Cette fois le roi avait scié le barreau, mais au moment de sortir, apercevant du monde au pied du rempart, il eut des craintes, remit toutes choses en place, et retourna dans sa chambre. Sir Richard Wortsley assura qu'il était trahi et que les sentinelles l'attendaient, avec ordre de tirer sur lui aussitôt qu'il paraîtrait. Ce qui rend cette supposition probable, c'est que les amis de Charles qui devaient coopérer à son évasion furent arrêtés le lendemain matin.

A partir de cet instant, son courage sembla l'abandonner, et son irritabilité nerveuse devint extrême. Il est vrai que le sort se plaisait chaque jour à mettre sa patience et sa résignation à de plus dures épreuves. Une fois, dit-on, le colonel Hammond entra inopinément dans sa prison, et après quelques recherches auxquelles il se livra malgré les protestations du roi, il saisit un chiffre au moyen duquel l'illustre captif correspondait avec ses amis du dehors. Indigné de la brusquerie que Hammond mettait dans son opération, Charles leva la canne sur le colonel. Celui-ci eut la lâcheté de l'arracher des mains du roi et de l'en frapper. Peu de temps après, Charles fut transféré à Hurst-Castle, sous la garde du colonel Corbet. Ce château, bâti par Henri VIII, est situé sur la côte du Hampshire, à l'extrémité d'une langue de terre qui s'avance dans le Solent, jusqu'à moins d'un mille de l'île de Wight, vers Norton. Ce lieu est humide, malsain et continuellement battu par les vagues. Le malheureux Charles n'y demeura pas longtemps; le colonel Harrison arriva bientôt porteur d'un message du parlement qui ordonnait la translation du roi à Windsor, et de là à Londres, où il fut, comme on sait, jugé et exécuté sans pitié à Whitehall. On raconte que Harrison était jeune et l'un des plus beaux cavaliers de l'armée anglaise. Quand Charles le vit à la tête d'un escadron de cuirassiers et revêtu d'une étincelante armure, sa bonne grâce et sa tournure chevaleresque le portèrent à croire qu'un homme de si grand air et de si bonne mine ne pouvait être un séide de Cromwell. Le roi rompit alors son silence accoutumé pour adresser au colonel quelques mots affables, espérant trouver en lui de la sympathie pour sa position et peut-être se le rendre favorable. Harrison répondit à ces avances avec hauteur et le plus grand dédain.

On n'avait laissé auprès du pauvre roi qu'un vieux serviteur infirme, appelé sir William Patrick, et les officiers préposés à sa garde avaient pour instruction de le traiter sans aucune cérémonie. Sur sa route cependant, il ne cessa de recevoir des marques de respect et de sympathie de la part de la foule qui entourait sa voiture et lui prodiguait les témoignages de son intérêt avec les apparences d'une vive affliction. Charles cependant ne croyait pas qu'on songeât sérieusement à instruire son procès; mais il s'attendait chaque jour à tomber sous les coups d'un assassin. Il avait laissé croître sa barbe, et sa chevelure grisonnante, ses vêtements négligés, l'expression mélancolique répandue sur son visage, produisaient, dit lord Clarendon, l'effet le plus douloureux sur les personnes qui le virent durant ce triste trajet.

II.

L'*East-riding* de la Medina est le plus joli côté de l'île; le *West-riding* en est le plus sévère. Aussi est-ce à Ryde, à Shanklin, à Ventnor, que viennent s'abattre en été les essaims de baigneurs, tandis que les touristes se bornent en général à visiter, sans y faire de séjour, les parties sauvages de la côte occidentale, depuis Gurnets-Bay jusqu'aux rochers de Freshwater. Sans prétendre ici tracer un itinéraire et lutter d'exactitude avec les *guides* que tout voyageur débarqué dans l'île de Wight peut acheter sur les lieux, je crois utile cependant d'indiquer quelques-uns des sites les plus intéressants.

Je suppose qu'on a pris la route de Cowes à Ryde

(la distance est de sept milles) : l'aspect du pays vu de cette route est délicieux. Je ne connais rien de plus ravissant qu'un joli paysage anglais, et surtout au coucher du soleil. J'ai beaucoup voyagé et visité la plupart des pays de l'Europe : si j'excepte les marronniers des Tuileries, je n'ai pourtant trouvé encore de vrais arbres qu'en Angleterre. Les rameaux contournés et noueux des chênes et des ormes y donnent naissance à une si merveilleuse quantité de feuilles, que les masses de cette végétation luxuriante sont presque impénétrables aux rayons du soleil ; l'obscurité des ombres dessine nettement alors les formes de ces épais bouquets de verdure et en fait ressortir toutes les saillies. Les arbres anglais ne lèvent pas bien haut la tête, mais ils étendent très-loin leurs bras ; les vapeurs que la terre exhale sont retenues par les voûtes du feuillage à travers lequel elles ne peuvent se frayer une issue. Condensées par la fraîcheur, on les voit au déclin du jour colorer en bleu transparent les étages superposés de ces sombres demeures, asile ordinaire des tourterelles et des rossignols. Il y a dans cette juxtaposition de lumières et d'ombres vigoureusement accusées de ravissantes harmonies pour l'œil d'un peintre ; que les lueurs du couchant viennent étendre sur les parties éclairées un *glacis* de rose et d'or, et l'effet de cette riche nature devient encore plus saisissant.

La route de Ryde est bordée à gauche par des bois touffus, et de temps en temps une légère fumée qui s'en élève y trahit la présence d'une maison de campagne ou de quelque modeste cottage. Au loin paraît la mer, et plus haut encore, les côtes du Hampshire bornent l'horizon. Sur la droite, des coteaux entièrement revêtus de moelleux gazons et semés de bouquets d'arbres déroulent jusqu'au fond des vallées leur manteau de velours vert dont un ruisseau d'argent dessine la bordure. Tantôt ce sont de coquettes chaumières parées de fleurs et à demi cachées sous des tilleuls centenaires. Plus loin sur une vaste pelouse que décorent des massifs d'œillets et de résédas, s'élève l'élégante habitation d'un *squire*. Pas un sentier de sable n'est tracé sur cette herbe d'élite rasée d'aussi près que le drap le plus fin : aussi le soulier de satin s'y pose-t-il avec confiance. On dirait que dans ce pays du *comfort* il faille des tapis partout, même en dehors des maisons.

A un petit village appelé Wotton-Bridge, qui marque la moitié du chemin, on passe un pont sur une rivière, qui bientôt s'élargit et tourne vers le nord en disparaissant au milieu des bois ; ses deux rives sont entièrement couvertes d'arbres, dont les branches trempent dans des eaux où l'azur du ciel se reflète. Quel est le nom de cette gentille rivière? C'est la mer, oui, la mer, qui pénètre ainsi sur plusieurs points du littoral et s'introduit sournoisement dans le pays pour vous faire de ces surprises!

J'ai déjà dit que les routes de l'île de Wight étaient entretenues comme les allées d'un parc; elles sont en outre fréquentées par les équipages les plus *fashionables*; il n'est pas jusqu'aux voitures publiques, que dis-je? jusqu'au *cart* du *cottager*, qui ne participent à la bonne tenue de rigueur. Les *vans* des *carriers*[1], les charrettes de ferme, sont ici peints à l'huile, en rouge ou en bleu, et les cuivres de leurs harnais étincellent. Quant aux diligences, vit-on jamais rien de plus *smart?* Je me sers d'un mot qui n'a pas d'équivalent en français; je n'essayerai donc pas de le traduire. Avec quel plaisir je regardais relayer, à quatre heures, devant l'hôtel William de Shanklin, le *Rocket*, cet élégant *stage-coach* de Ventnor à Ryde! Ses quatre jolis chevaux de pur sang, avec leur rose coquettement attachée derrière l'oreille, semblaient en si bon état, que je ne

[1] Voitures de déménagement pour le transport des effets et des paquets.

leur voyais jamais un poil tourné, même après la côte de Luccombe, qu'ils montaient ordinairement au galop. Ce qui m'attirait aussi beaucoup, c'était l'amusant spectacle des douze ou quinze voyageurs perchés sur le toit de la voiture; rien au monde n'a plus de couleur locale. Quant aux *ladies out siders*, drapées dans leurs tartans, je suis obligé de confesser qu'elles me paraissaient toujours charmantes.

Un romancier célèbre a prétendu que les Anglaises ne savaient pas marcher; d'autres ont affirmé que c'était à cheval qu'il fallait surtout les voir; je me suis trouvé de l'avis de ces derniers jusqu'au moment où, quittant les petits chapeaux d'homme qui leur allaient si bien, elles se sont coiffées d'une casquette ou du large *sombrero* espagnol orné d'une plume. Maintenant, j'oserai hasarder une autre opinion : c'est que, pour la bonne grâce et l'aisance, elles ne le cèdent à aucune femme au monde, si on les considère sur l'impériale d'une diligence; c'est là, sans contester leur mérite en d'autres lieux, qu'elles triomphent, selon moi, véritablement.

A mesure qu'on approche de Ryde, la file des voitures devient plus serrée; on se croit à la porte d'une grande ville; il n'en est rien cependant : ce

qui explique ce luxe et cette élégance, c'est que
Ryde est presque exclusivement habité par des
familles très-riches. Cette petite ville est toute
neuve, les rues en sont très-proprement tenues, et
l'on y trouve de magnifiques magasins. Sa proximité de Portsmouth, le service continuel des steamers qui traversent le détroit et communiquent
avec les différents ports du littoral impriment aux
environs du *Pier* une assez grande animation. Le
Pier est une jetée en bois hardiment construite et
soigneusement disposée; elle s'avance au moins
d'un kilomètre dans la mer et sert de promenade
aux personnes qui n'ont pas peur du vent. Dans
la belle saison, les yachts viennent croiser devant
l'extrémité du *Pier* et faire admirer leurs évolutions
aux belles dames de la ville.

Les navires qui se rendent de Southampton aux
Grandes-Indes mouillent en général devant Ryde,
pour y compléter leurs approvisionnements. C'est
un lieu à la mode pour les bains de mer, et il y a
quelques années, il était d'usage dans la noblesse
d'y avoir un pied-à-terre. Du reste, cette ville est
surabondamment pourvue, comme Newport, de
tous les établissements religieux ou d'utilité publique que sa faible population peut désirer. L'église catholique est charmante; elle a été bâtie par

une dame irlandaise, la comtesse de Clare, qui subvient en outre généreusement aux frais du culte. Toutes les autres constructions communales, y compris le *Pier*, sont le résultat de contributions volontaires; l'intervention du gouvernement ne se fait sentir nulle part ici. Ces travaux s'effectuent au moyen de capitaux réunis par souscriptions, c'est l'invariable manière de procéder en Angleterre. Ajoutons qu'on n'y spécule pas sur les actions de cette nature, et que les porteurs de titres se contentent d'avoir 1 et demi ou 2 pour 100 de leur argent.

Ryde est entouré d'une multitude de maisons de campagne, dont un étranger peut tout au plus deviner l'existence, et qui sont en général dissimulées aux yeux du public par des masses d'arbres plantés à cet effet. C'est au surplus ce qui arrive partout dans ce pays. L'amour de la vie de famille et des jouissances tranquilles d'un intérieur comfortable est tellement sincère chez les Anglais, qu'ils poussent jusqu'à l'exagération ce besoin d'isolement tout à fait caractéristique. Non-seulement on ne pénètre pas facilement dans l'intérieur de ces parcs si soigneusement gardés, mais on est tout surpris, après avoir passé l'été auprès de tel *manor* d'une architecture très-remarquable, et dont on ne soupçonnait même pas le voisinage, de le découvrir tout d'un coup à travers les bois, quand le vent d'automne a commencé à en éclaircir le feuillage. Sainte-Claire, autrefois à lord Vernon, est, parmi les châteaux des environs de Ryde, le seul vraiment digne d'être mentionné. Il est presque superflu de dire que les collines dont cette ville est entourée sont couvertes de la plus riche végétation, car c'est une condition commune à toutes les parties de l'*East-riding* de la Medina. Cette riche verdure, jointe aux riants pâturages qu'animent de nombreux troupeaux, aux milliers de buissons fleuris qui décorent les habitations ou brillent sur les parterres, fait des rives orientales de la Medina un séjour digne d'être chanté par Virgile.

On ne manque pas de mener les voyageurs à un lieu près de la ville qu'on appelle Dover, et qui sert de sépulture aux infortunés naufragés du Royal-George. Partout dans l'île, et surtout à Ryde, on vend des boîtes à ouvrages, des tabatières, des bobines et d'autres menus objets qui sont fabriqués avec un bois d'une nature particulière et d'une couleur foncée, susceptible d'un très-beau poli : ce bois a séjourné près de quatre-vingts ans au fond de la mer ; il provient des épaves du bâtiment de guerre dont je viens de parler, qui, par le plus beau temps, périt corps et biens dans les eaux de Ryde. — Le 29 août 1782, le vaisseau à trois ponts de sa majesté le Royal-George, de 120 canons, ayant à son bord l'amiral Kampenfeld et 1,200 hommes d'équipage, se préparait à appareiller ; les hommes avaient reçu leur paye ; le navire était encombré, non-seulement par les familles des soldats qui venaient leur faire leurs adieux, mais par beaucoup de fournisseurs et de marchands qui l'avaient envahi. Des quantités d'embarcations l'entouraient de toutes parts ; il devait mettre à la voile le soir même. Suivant le procédé en usage à cette époque pour les bâtiments de guerre, et qui est encore suivi, je crois, pour les navires du commerce, on avait incliné le Royal-George sur un de ses flancs, afin de faire quelques raccords de peinture dont la partie inférieure de l'autre côté avait besoin. Or, comme l'opération s'effectuait en pleine mer, pour obtenir cette inclinaison, tous les canons de tribord avaient été reculés, au moyen de leurs amarres, à une distance telle que leur poids, venant à s'ajouter à celui des batteries opposées, pût faire plonger le bâbord du navire de la quantité voulue. Le ciel était pur, la mer tout à fait calme. Une rafale inattendue, accompagnée de pluie, ce qu'on appelle en anglais un *sha-*

wer, vint inopinément fondre sur le pauvre bâtiment du côté opposé à celui où il était incliné, et avec une telle force, dit-on, que le pavillon royal qui flottait au haut du grand mât fut un instant en contact avec la mer. Malheureusement on n'avait pas fermé les sabords, et dans cette immersion latérale et instantanée, le *Royal-George* embarqua tant d'eau, qu'il ne se releva que pour couler à pic. La plupart des embarcations attachées aux côtés du bâtiment le suivirent dans le gouffre. On ne put sauver qu'une partie des personnes qui se trouvaient à ce moment sur les gaillards ; de ce nombre était l'amiral Durham, alors *midshipman* à bord du vaisseau, et qui commandait, il y a quatre ans encore, à Portsmouth. — La presse anglaise nous a souvent entretenus des procédés de sauvetage mis en pratique sous les ordres de l'amirauté, depuis quelques années, pour retirer du fond de la mer ce qui pouvait s'y trouver encore de la coque du Royal-George. Des explosions sous-marines, déterminées par le moyen d'une pile voltaïque et fréquemment réitérées, ont fini par réduire en miettes ses derniers vestiges.

Peu de temps après avoir quitté Ryde, en continuant le tour oriental de l'île, on traverse Brading : c'est un petit village sans importance, où se trouve cependant une vieille église saxonne assez remarquable. Au-dessous de Brading, la mer s'avance dans les terres de manière à former un grand lac à la marée haute : c'est ce qu'on appelle le Brading-Haven ; malheureusement, au moment du reflux, la plus grande partie des eaux se retire, et laisse le lit du golfe à découvert. Vu du sommet de la haute colline où s'élève la route, ce petit *Zuyderzée* produit un bel effet. Le sol de l'île est ici fort accidenté, et les légères voitures qui servent aux voyageurs de moyen de transport sont obligées elles-mêmes d'enrayer à la descente de Brading.

Le fort de Sandown, qu'on laisse un peu loin en passant à gauche, a pour but de défendre la baie de ce nom, et n'est pas occupé maintenant. Une réunion de *villas*, uniquement destinées à loger les étrangers pendant la saison des bains, forme ce qu'on appelle Sandown ; leur architecture à toits pointus, dans le style du temps d'Élisabeth, donne à ces constructions un certain cachet d'originalité. Sandown, ainsi que son nom l'indique, est bâti sur le sommet des dunes sablonneuses qui enserrent la baie. Situé à une hauteur considérable au-dessus de la mer, où les baigneurs descendent par des escaliers grossièrement taillés dans les *cliffs*[1], Sandown se ressent de son élévation et de son exposition à tous les vents : ce lieu est assez aride. Dans les parties de l'île de Wight où règnent les hautes falaises et où le pays se trouve découvert de tous côtés, la végétation ne prospère qu'aux lieux où les plis du terrain lui procurent un abri. Il n'en est pas de même de l'intérieur et de la côte septentrionale. Le charmant hameau de Shanklin, à quelques pas de Sandown, est favorisé par de nombreux mouvements du sol, et surtout par la haute chaîne de coteaux qui le protége contre l'action des vents du sud-ouest. Là on retrouve cette admirable verdure qu'on peut appeler la parure spéciale de l'île de Wight.

Les personnes qui prennent des bains de mer en Angleterre se divisent en deux catégories : la première est celle des gens auxquels il faut, été comme hiver, du bruit et du mouvement autour d'eux ; ceux-là vont à Cowes, à Ryde, et surtout à Brighton, où ils retrouvent un peu de ce qu'ils ont laissé à Londres : des réunions *fashionables*, l'agitation et les ressources d'une grande ville, les jouissances du monde et de la vanité. Dans la seconde catégorie, il

---

[1] *Cliff*, dune, falaise.

faut classer les baigneurs d'humeur douce et rêveuse qui aiment à se reposer, aussitôt qu'ils le peuvent, de l'étourdissement de la capitale. Ceux-ci fuient, pendant la belle saison, les soirées, les bals et les concerts, et recherchent les plaisirs de la solitude et le spectacle d'une belle nature. De tous les points de la côte de l'île de Wight où l'on a coutume de prendre des bains de mer, Shanklin est, sans contredit, le plus agréable et le mieux fait, sous tous les rapports, pour convenir aux dispositions des touristes qui cherchent le calme. Les maisons de Shanklin ont toute l'apparence de chaumières gothiques, mais de formes et de grandeurs différentes : quelques-unes sont meublées et disposées intérieurement avec la plus grande élégance ; je citerai entre autres, Vernon-cottage, à M. Philipps. Placées à une assez grande distance les unes des autres, elles sont séparées par des jardins et des bouquets d'arbres. Les hôtels de ce village sont tenus avec luxe et aussi soignés que les maisons particulières.

Je crois qu'on doit considérer la flore de Shanklin comme l'une des plus riches de l'île. Les habitants du village ont l'habitude de placer çà et là, sur les gazons, des espèces de tables rondes, soutenues par un pied en bois rustique et formant corbeilles, où l'on cultive des fleurs aux couleurs les plus vives et les plus variées. Tel est l'amour des fleurs dans ce pays, qu'indépendamment de celles qui tapissent les murs ou recouvrent les toits des cottages, des guirlandes qui envahissent les branches des arbres, des massifs qui interrompent la verdure des pelouses, on a imaginé encore ces jardinières, sorte de moyen ingénieux de les multiplier. A part un ou deux ormes qui se trouvent à Richmond, sur le bord de la Tamise, et que je connais bien, je n'ai pas vu en Angleterre de plus beaux arbres qu'à Bonchurch et à Shanklin ; ceux qui ombragent le presbytère de l'Achdeacon-Hill, dans le dernier de ces villlages, sont surtout extraordinaires par leur hauteur, la grosseur de leur tronc, le nombre de leurs branches et l'abondance de leur feuillage.

C'est à Shanklin aussi qu'on trouve le premier *chine* de l'île [1]. Un *chine* (prononcez *tchaïne*) est une vallée profonde et très-étroite, perpendiculaire à la côte, et au fond de laquelle coule un ruisseau qui va se jeter dans la mer. Ce nom singulier, qui n'a rien de chinois, malgré son apparence, s'ap-

[1] On en compte neuf en tout : les *chines* de Shanklin, de Luccombe, de Blackgang, de Chale, de Whale, de Cowleaze, et trois autres sans nom.

plique à une foule d'excavations de ce genre dans la partie sud de l'île. Les *chines* de Shanklin et de Luccombe, surtout le premier, sont les plus en renom, à cause de la végétation dont il sont ornés; tous les autres, à l'ouest de Ventnor, offrent seulement l'aspect d'affreuses déchirures de terrain, d'une nature triste et sauvage. C'est un pays curieux que celui-ci, quand on réfléchit à la singulière anomalie des noms qui s'y rencontrent, à la difficulté de leur découvrir une étymologie raisonnable et surtout un air de famille. Le nom de *chine*, par exemple, n'est en usage que dans l'île de Wight, pour désigner les fissures particulières du sol auxquelles on l'applique. On prétend très sérieusement qu'il provient du mot français *échine*; je n'en crois rien : j'aime mieux faire dériver le mot *tchaïne* du grec χαίνω [1], qui signifie en latin *hisco* ou *dehisco*. « Mais, dira-on, qu'est-ce que les Grecs ont jamais eu à démêler avec l'île de Wight? Il est vrai qu'on pourrait bien se demander aussi d'où vient ce nom si euphonique de la rivière Medina accolé sur la carte au nom si barbare de Carisbrooke. Medina veut dire ville en arabe ; c'est

---

[1] Le *chi* de χαίνω devait être prononcé *tchi* par les anciens Grecs.

très-bien, mais nous n'en sommes pas plus avancés pour cela, et on a le droit de s'écrier, après Voltaire, que l'étude des étymologies est une science ingrate et pleine de déceptions.

Bordée d'un côté par les *Culwer-cliffs*, dont les masses crayeuses et blanchâtres se dessinent d'une manière si pittoresque sur la couleur de la mer, et d'un autre par les *cliffs* de Dunnose, la baie de Sandown et de Shanklin s'étend, suivant une douce courbure, sur un espace d'environ quatre milles et demi. Les falaises qui marquent les deux extrémités de ce fer-à-cheval ont plus de trois cents pieds d'élévation ; elles sont en général, et surtout dans le sud, formées d'une substance sablonneuse que nuancent des veines d'ocre jaune et rouge foncé. Cependant cette baie ne peut servir de mouillage qu'à de petits bâtiments ; son fond de sable fin la rend très-agréable pour les baigneurs. Les habitations qu'on a pu construire à Shanklin, à Ventnor et sur d'autres points de la côte méridionale de l'île, toutes les fois que le pied des dunes s'y trouve assez éloigné du rivage pour le permettre, sont à la fois abritées des vents du nord et exposées en plein midi : cela les fait rechercher par les personnes dont la poitrine est délicate. Il y a à Shanklin une vingtaine de maisons sur le bord de la mer, ainsi placées en espalier ; mais le village proprement dit est situé sur le plateau supérieur.

Arrivé à Shanklin avec l'aversion systématique des auberges qui me poursuit partout, j'ai fièrement *brûlé* l'hôtel Daish ; et sans daigner regarder les valets de chambre qui, placés sur la porte, en habits noirs et en bas de soie, souriaient agréablement à mon cocher, j'ai ordonné qu'on me conduisît plus loin. La voiture a tourné à gauche ; je rencontrais à chaque pas d'élégants *lodgings* entourés de cèdres, de lauriers et de magnolias, mais qui tous étaient occupés. — En avant encore ! criai-je à mon *driver*. Cependant, après être descendu pendant quelque temps, sentant que le cheval était arrêté par un obstacle sérieux, je mets la tête à la portière. Nous étions au sommet d'un *cliff* perpendiculaire de cent cinquante pieds de hauteur au-dessus de la mer, que couronnait une frêle barrière muette comme mon cheval et mon cocher, mais qui nous en disait cependant assez pour nous engager à ne pas aller plus loin. La mer, à nos pieds, roulait avec fracas et couvrait la plage d'une blanche écume ; force me fut de quitter la route carrossable pour suivre un petit sentier de piéton qui se perdait en tournant à droite, au milieu des arbres. Je sentis que je descendais dans le *chine* en l'abordant par son flanc gauche. Le soleil brillait au bas de l'horizon ; c'était l'heure où les ombres portées s'allongent, où tout dans la nature se dessine avec plus de netteté, cette heure chère, pour des motifs différents, aux paysagistes et aux travailleurs de la campagne qui rentrent chez eux. Au loin, la mer reflétait les nuances des nuages lilas répandus dans l'atmosphère, devant moi se tordaient des arbres rabougris, mais dont le corps immense et les bras vigoureux montraient qu'ils avaient su regagner en largeur ce que le vent de la mer leur refusait en élévation ; leur feuillage, déjà sombre, se découpait sur l'azur empourpré du ciel. A droite, une chaumière, mais une de ces chaumières dont les hôtes se servent d'argenterie et de faïence du Japon, était à moitié cachée dans le fourré et comme ensevelie sous des revêtements de lierres et des dômes de verdure. Adossé au rocher, ce cottage, *chine Inn* [1], est précédé d'une petite terrasse rustique. Là des buveurs silencieux étaient attablés, la pipe de terre à la bouche, devant de grands gobelets d'étain poli. Ce remblai était nécessaire, tant la pente qui conduit au *chine* est rapide ; les troncs de deux beaux chênes lui

---

[1] L'hôtel du *Chine*.

servent de contreforts; des lierres, des myrtes, des rosiers du Bengale, ont élu domicile dans ces troncs vigoureux et en recouvrent l'écorce; ces plantes parasites font corps avec l'arbre, leurs feuilles se confondent, leurs tiges s'entrelacent, elles rampent en spirales odorantes autour de ses branches et se perdent dans des hauteurs invisibles.

Quels effets de lumière chatoyante, à travers ces taillis, sur les vitres en losange de l'auberge, caressant les mousses des rochers, dorant l'épiderme des gazons! comment décrire ce tableau? La plume est si maladroite, le pinceau si terne, si impuissant! vous descendez encore; alors il faut baisser la tête, et se faire jour au milieu de jeunes gaulis dont les rameaux vous barrent de temps en temps le chemin. Les degrés d'un petit escalier qui s'abaisse en zigzag vous amènent enfin à un sentier plus facile, cette fois parallèle à la vallée, et dans la direction de la mer, dont la grosse voix se fait alors entendre de plus près. A cet endroit, vous êtes surpris, puis attiré par le parfum suave d'un chèvrefeuille qui embaume les environs. L'interdiction ordinaire : *no-throughfare*[1], écrite en gros caractère sur une grille en bois, vous fait hésiter

---

[1] On ne passe pas.

un instant; mais il y a tant de mystère et de séduction dans ce lieu charmant, que vous poussez la barrière, malgré la consigne, et que vous entrez. J'avoue que j'ai commis cette indiscrétion. A l'extrémité d'une toute petite clairière, jardin, cour, tout ce que vous voudrez, tapissée d'une herbe de très-près tondue, s'élève une maisonnette. Au centre de la verte pelouse, un beau fuchsia étale avec orgueil des milliers de clochettes d'un rouge écarlate. La maisonnette est, bien entendu, couverte en chaume, mais son toit a disparu, tout comme ses murs, sous des masses de rosiers, de jasmins et de chèvrefeuilles dans tout l'éclat de leur floraison. Un hortensia bleu gigantesque est placé, comme une sentinelle, à la porte, et s'élève jusqu'au faîte de cette demeure rustique. Je trouve le rez-de-chaussée ouvert, j'y entre : c'est un petit salon coquettement meublé, avec des fauteuils comfortables, un tapis, de jolies gravures, un excellent piano; je pousse plus loin, et, à mon grand étonnement, au lieu d'un logement pour rire, comme je m'attendais à en rencontrer un, je suis obligé de constater la présence de plusieurs chambres à coucher, d'une cuisine, de tout ce qu'il faut, en un mot, pour passer le mois de juillet très-agréablement à l'ombre, et à trente pas de la mer. Mon étoile a permis que le *Honey-moon-cottage*[1] fût à louer par hasard, et j'en pris possession à l'instant. Ce cottage m'a paru encore plus joli le lendemain. C'est, au surplus, l'effet qu'il produit sur tout le monde. A cette époque de l'année, les visiteurs se succédaient sans interruption dans le *chine*; tous les jours, une foule de touristes descendaient le petit escalier de bois, et passaient devant ma porte pour se rendre à la mer. A la vue de mes chèvrefeuilles et de mon bel hortensia, la *party* ne manquait jamais de s'écrier : *How beautifull! how very beautifull!* au point que j'avais fini par rire un peu au nez des *cockneys* que, dans l'intérieur de mon *sitting-room*, je voyais se pâmer ainsi devant ma porte.

L'intérieur du *chine* de Shanklin est, dans toute son étendue, protégé par d'épais ombrages; la nature a pourvu les deux côtés de cette étroite vallée de la plus riche végétation : c'est pendant l'été, le rendez-vous de nombreuses sociétés qui viennent y faire des parties. Chose singulière, dans ce pays où le soleil est si rare, les moyens de se mettre à l'ombre sont multipliés partout avec une sollicitude

---

[1] Ce *cottage* est souvent occupé par de nouveaux mariés, qui viennent y passer leur *honey-moon*, leur *lune de miel*.

extrême ; les femmes adaptent à leur chapeau des visières en soie bleue pour adoucir l'éclat de la lumière ; j'ai vu même des *dandies* porter des voiles verts en se rendant en voiture découverte aux courses d'Epsom. Le soleil et la poussière sont, le croirait-on? deux inconvénients dont on est singulièrement effrayé en Angleterre, dans ce pays classique de l'humidité et des brouillards !

Au fond du *chine* coule un petit torrent qui descend en cascade jusqu'à la mer ; il est alimenté par une assez jolie chute d'eau, peu intéressante cependant pour qui a parcouru les pays de montagnes. J'ai trouvé que, sur une échelle réduite, le *chine* de Shanklin présentait plus d'une analogie avec certaines gorges de la Suisse et des bords du Rhin. Le voisinage de la mer, il faut bien le dire, lui prête un charme tout particulier. Shanklin est l'une des escales des steamers de plaisir ; on peut y faire des pêches assez amusantes dans la baie, à la ligne de fond, au filet, ou même au harpon ou à la lance, suivant la grosseur des poissons.

Mises en parallèle avec Shanklin, les autres *watering-places* de l'île perdent beaucoup à la comparaison. La ville de Ventnor, par exemple, qui semble marquer la limite de la végétation dans l'île, est fort triste. Adossée à des rochers élevés et à de hautes collines sur le penchant desquelles elle est en partie construite, elle a de loin un peu l'aspect d'une ville d'Italie. Ainsi que je l'ai dit, le climat de Ventnor est doux : aussi les médecins y envoient-ils beaucoup de personnes attaquées de consomption, ce cruel fléau de l'Angleterre. Ventnor est à quatre milles de Shanklin ; le ravissant petit village de Bonchurch lui sert de faubourg ; je recommande aux voyageurs sa magnifique allée de grands arbres, sa pièce d'eau couverte de cygnes et son beau parc. Celui d'Apuldurcombe, situé à deux milles et demi de distance de Ventnor, mais dans l'intérieur, vaut aussi la peine d'être visité. Ce domaine est le séjour de la famille des Pelham, dont l'aîné porte le nom de lord Yarborough. Quant au château, il est dénué d'intérêt depuis qu'on l'a dépouillé de sa célèbre collection de tableaux. On a choisi, pour établir cette grande maison blanche et carrée, le fond d'un vallon d'où l'on n'a aucune vue. C'est le seul *manor* dans l'île qui ne voie pas la mer. Au demeurant, c'est une belle propriété qu'Apuldurcombe ; elle rapporte, dit-on, de 12 à 15,000 livres sterling de revenu. Les Pelham sont alliés à cette famille des Wortsley dont un membre prêta son concours à la tentative d'évasion de Charles 1er. En souvenir du dévouement de sir Richard, le roi lui avait laissé sa montre. Cette précieuse relique, religieusement conservée par les descendants de sir Richard, est encore entre les mains de sa famille.

A un mille de Ventnor s'élève le château gothique de Steep-Hill, remarquable par sa grande tour carrée ou *barbican*, flanquée de quatre petites tourelles. Du haut de sa colline couverte de taillis, Steep-Hill a une vue fort étendue sur la mer. A partir de ce point de l'île commencent les *chines* sans verdure, les rocs stériles et les rivages déserts. Le joli hôtel de Sandrock et ses jardins sont placés comme une oasis d'étape au milieu de cette contrée sauvage. Les grottes de Blackgang et de Chale, tout aussi bien que les Needles d'Alum-Bay, attirent aussi la curiosité des étrangers. Quant à la baie de Freshwater, dont les *cliffs* verticaux dépassent en hauteur les falaises les plus élevées de l'île, elle est renommée par la finesse et la qualité exceptionnelle du sable de ses rivages ; on en expédie chaque année de grandes quantités pour l'usage des verreries et des manufactures de glaces en Angleterre. Près de Freshwater se trouve la baie de Scratchell ; c'est l'extrémité sud-ouest de l'île où sont situés les fameux Needles ; ce sont des rochers de formes conique, éloignés de la côte, qui surgissent hors de la mer et s'élèvent à une hauteur considérable. J'engage les chasseurs qui me liront à aller faire un tour du côté des Needles, quand la mer n'est pas trop agitée; ces rochers sont peuplés de myriades d'oiseaux de différentes espèces qu'il est très-amusant de tirer. Quand on est parvenu à en abattre un, il faut le laisser surnager; d'autres viennent aussitôt voltiger autour, souvent à petite portée, et l'on peut en remplir son canot, si l'on a plusieurs fusils et suffisamment de poudre et de plomb. Au printemps, lorsque les petits ne peuvent pas encore voler, les mères sont très-audacieuses et ne craignent pas quelquefois de s'élancer sur le chasseur et de l'attaquer à coups de bec. La baie d'Alum, au sud des Needles (car ici la côte tourne brusquement dans le sud-est), contient, ainsi que son nom l'indique, beaucoup de sulfate d'alumine. La mer pénètre assez loin dans les terres à Yarmouth et à Newton, mais ces criques ne sont des mouillages qu'à la marée haute. La côte occidentale de l'île est plate et sans grand intérêt.

On prétend que l'ancienne *Vectis* [1], à des époques fort reculées, était partagée en quatre por-

---

[1] *Insula Vectis;* c'est le nom de l'île de Wight.

tions de surfaces presque égales par deux bras de mer qui se coupaient à angles droits vers Newport. Depuis, l'exhaussement des terres les a en grande partie comblés ; seule la Medina a survécu ; De Brading à Freshwater et de Newport à Knowless, deux longues dépressions assez fortes du sol donnent quelque vraisemblance à cette tradition.

L'île de Wight, dans sa plus grande largeur, de l'est à l'ouest, mesure environ vingt-deux milles, et treize milles dans sa plus grande hauteur, du nord au sud, c'est-à-dire de Cowes à Knowless ; sa surface est de quatre-vingt-six mille huit cent dix acres ; sa population, d'après le recensement de cette année, de cinquante mille âmes. L'île envoie au parlement un député, et Newport, son chef-lieu *(borough town)*, deux. Le gouverneur de l'île est actuellement lord Heitesbury, mieux connu comme diplomate sous le nom de sir William A'Court. Les prévenus de crimes et délits dans l'île sont envoyés pour être jugés à Winchester, capitale du Hampshire, dont l'île de Wight fait partie. Les habitants appartenant à la communion anglicane dépendent du diocèse de cette ville ; quant aux catholiques, il sont sous l'autorité de l'évêque de Southwark.

Le plus grand dignitaire de l'église d'Angleterre

dans l'île de Wight est le recteur de Carisbrooke et de Northwood. La majorité des habitants se partage en plusieurs sectes dissidentes, telles que les *sectorians*, les *wesleyans*, les indépendants et les *pouletistes* [1]. Quant aux grands propriétaires du pays, ils professent pour la plupart le culte réformé. Il faut en excepter le *lord of the manor* [2], M. Ward, qui a abjuré les erreurs du protestan-

---

[1] C'est contre les Anglais qui suivent ce rite qu'était dirigée la fameuse lettre de lord John Russell l'année dernière au sujet de l'agression papale. Le fait est que la secte des *pouletistes* compte des adhérents de plus en plus nombreux, qui ne diffèrent des catholiques, auxquels ils finiront par s'assimiler bientôt, que sous quelques rapports sans importance.

[2] En Angleterre, l'expression de *lord of the manor* est le titre donné au propriétaire du sol ou de portions de pays auxquelles sont attachés certains droits ou priviléges, tels que le droit de chasse, de fauconnerie, de pêche, etc. Guillaume Ier d'Angleterre, duc de Normandie, divisa sa conquête en fiefs militaires, dont il fit présent aux chevaliers normands qui l'avaient suivi dans son expédition. Tous les noms des seigneurs de ces fiefs furent enregistrés dans un grand livre appelé *the Doomdasy-Book*. Depuis, les noms de toutes les personnes qui ont acheté ces domaines avec leurs droits seigneuriaux ont été substitués dans le livre à celui de l'ancien propriétaire. C'est ainsi que le grand-père du *lord of the manor* actuel, qui avait fait sa fortune dans le commerce, a été investi, tout comme s'il les tenait en ligne directe de ses ancêtres, de

tisme, s'est fait catholique, et est aujourd'hui retiré dans un couvent. Le commerce d'exportation de l'île est sans grande importance ; il consiste en fromages, beurre, viande de boucherie sur pied, et en produits chimiques ; d'assez nombreuses embarcations sont employées à draguer des huîtres sur les côtes et notamment dans la Medina. On connaît la réputation des constructeurs de navires et surtout de yachts à Cowes et à Ryde. Les habitants de l'île sont laborieux et sobres et de bonne conduite ; les vols y sont très-rares. Le gibier n'y est pas abondant ; on chasse cependant le lapin dans les dunes et le renard dans le centre de l'île. L'équipage de renard est établi à Newport ; on y compte trente ou quarante couples de chiens de haute taille et de bonne race. Il n'est guère de point sur les côtes de l'Angleterre où la circulation des steamers soit plus active. Plusieurs bateaux à vapeur font régulièrement le tour de l'île, d'autres desservent Lymington et font le service entre Southampton, Cowes, Ryde et Portsmouth. Il faut enfin y ajouter les innombrables steamers qui sortent sans cesse de Southampton ou qui y reviennent.

tous les priviléges dont jouissaient les anciens seigneurs du *manor*, lequel comprend les districts de Northwood, Devenham, etc.

Tel est le tableau bien incomplet, mais fidèle, des lieux qui m'ont le plus frappé dans cette île charmante. J'y suis venu souvent et l'ai toujours quittée avec regret. L'accueil que j'ai reçu de plusieurs des personnes distinguées qui l'habitent et avec lesquelles j'ai eu la bonne fortune de nouer d'agréables relations me donne le désir de la revoir encore. Le capitaine et Mme Lumley à Shanklin, et la famille de l'excellent M. Coppinger, lieutenant de vaisseau, commandant du port de Cowes, me permettront peut-être de les citer à cette occasion.

Hélas! que j'avais le cœur serré cette année en disant adieu à ces paisibles rivages, quand je songeais à la situation si critique et si douloureuse de notre pauvre France, à ces luttes parlementaires si menaçantes auxquelles mon devoir m'obligeait d'aller prendre part!

West-Cowes, octobre 1851.

HISTOIRE
DU
DERNIER DUEL JUDICIAIRE
ET DE QUELQUES DUELS CÉLÈBRES
EN FRANCE

LE JUGEMENT DE DIEU

SOUVENIRS DU CHATEAU DE SAINT-GERMAIN

HISTOIRE
DU
DERNIER DUEL JUDICIAIRE
ET DE QUELQUES DUELS CÉLÈBRES
EN FRANCE

LE JUGEMENT DE DIEU

SOUVENIRS DU CHATEAU DE SAINT-GERMAIN

Je revenais d'Algérie l'année dernière, le cœur tout plein de rancune contre les intolérables chaleurs que j'y avais éprouvées, quand l'heureuse idée me prit d'aller finir l'été à Saint-Germain, chez des amis qui m'y appelaient. Lorsqu'on n'a pas été brûlé ou étouffé pendant plusieurs mois par le soleil d'Afrique, on ne sait pas le plaisir qu'il y a à se reposer à l'ombre. Les grands arbres de la forêt me procurèrent cette volupté, l'une des plus innocentes à coup sûr dont il soit donné à un honnête homme de jouir. Or, je l'ai dit, j'avais ce qu'il faut pour l'apprécier. N'a-t-on pas d'ailleurs sous les yeux le plus charmant paysage du haut de cette terrasse bâtie par le grand roi, où l'air est si pur, où il fait si bon aller s'asseoir ?

L'aspect de la vallée de la Seine en cet endroit me rappelle quelques autres sites bien remarquables aussi, qui ont avec la vue de la terrasse de Saint-Germain beaucoup de ressemblance ; je veux parler de la vallée de l'Adour, au pied de l'esplanade de Pau, et de la vallée de la Tamise, vue du sommet de Richmond - Hill, près de Londres. Seulement à Pau, l'œil est distrait par l'effet fantastique des pics neigeux de la chaîne pyrénéenne, on regarde trop. A Richmond, on est attristé par l'aspect mélancolique du pays ; on rêve toujours. A Saint-Germain, les impressions qu'on éprouve ne vous empêchent pas de songer à vos affaires. Cette vue de Marly, de Bougival, de Chatou, et de la Seine, qui serpente au milieu des prés, cette perspective si variée, à laquelle j'aime d'ailleurs à rendre justice, n'est pas assez romantique, ne vous donne pas assez de distractions pour vous faire oublier le cours de la Bourse ou la question d'Orient. On se promène tout doucement sur la terrasse avec le sentiment d'une fort belle vue et la sensation d'un air très-salubre, on y est égayé en outre par les cavalcades de Ravelay [1]. Ces avantages réunis me décident à donner la supériorité à la terrasse de Saint-Germain sur toutes les autres. Le bourgeois de Paris a, d'un autre côté, la satisfaction de se dire qu'il foule ici un terrain historique, fertile en classiques émotions. — Voici, s'écrie-t-il en descendant la terrasse, le pavillon Henri IV, plus célèbre encore par les souvenirs qu'il réveille, que par les bons dîners qu'on y mange. — Ce pavillon Henri IV est une maison qu'on appelle ainsi, — chose singulière, — parce que Louis XIV y est né !

En tournant le dos à cette cathédrale de Saint-Denis, sépulture royale, dont le profil funèbre, aperçu de si loin pourtant, fut cause de la création de Versailles, on quitte la terrasse, et l'on a devant soi l'ancienne seigneurie de Charlevanne, entourée de la vieille forêt d'Yveline; c'étaient les noms qu'il y a bien des siècles, à l'époque un peu éloignée où régnait Childebert, — portaient la ville de Saint-Germain-en-Laye, son boulingrin, son château, son parterre et ses grands bois. — Tout cela, depuis, s'est bien souvent transformé, tout

---

[1] Célèbre loueur de chevaux et d'ânes.

cela a traversé bien des vicissitudes. Ce grand château avec ses pierres grises et ses entablements de briques, qui vous regarde d'un air si sérieux, a plus d'histoires à vous raconter à lui seul peut-être que tous les manoirs de France réunis.

Parmi ces histoires il en est une qui m'a toujours paru mériter une attention particulière; aussi, ai-je mis à profit mon récent séjour à Saint-Germain pour en recueillir tous les détails.

Le récit qu'on va lire est le résultat de ces recherches, singulièrement facilitées dans une ville qui présente toutes les conditions nécessaires pour qu'on puisse y étudier *comfortablement* les faits saillants qu'elle rappelle. Saint-Germain possède une intéressante collection de livres, avec un bibliothécaire fort obligeant pour vous en faire les honneurs; le pays est très-sain, et l'on y jouit du calme complet, si nécessaire à la méditation.

Comme ces beaux lieux et ces vieux murs parlent à l'imagination! La main hésite ici entre le pinceau et la plume, on y trouve tant à peindre et tant à écrire! Les archives de cette antique demeure de nos rois, déshonorée aujourd'hui par les ateliers de correction qui l'occupent, sont des trésors où l'historien et le romancier peuvent puiser à l'envi. — Les annales du château de Saint-Germain, depuis le commencement de la monarchie jusqu'à celui du siècle dernier, sont, on peut le dire, l'histoire de notre pays.

La plupart des rois de France ont vécu au château de Saint-Germain. — Sans nous occuper du roi Robert, qui élevait ici une église en 996, et dont l'ombre doit aimer à se promener sous ces beaux arbres, rappelons-nous la forteresse que Louis le Gros bâtit en ce lieu durant l'année 1122; n'oublions pas que Philippe-Auguste, Louis VII, et enfin Louis IX, qui était né dans le voisinage, à Poissy, y habitèrent tour à tour. Quand le saint roi mourut à Tunis, son fils Philippe le Hardi vint aussitôt demeurer à Saint-Germain; c'est là qu'il discuta et rédigea, avec le sire de Beaumanoir, son fameux édit sur les duels, dont il sera question dans notre écrit. C'est du château de Saint-Germain qu'est datée la fameuse ordonnance de Philippe le Long, πατρίος νομος [1], qui, confirmant les principes de la loi salique, exclut définitivement les filles de la couronne de France.

Charles le Bel en 1324, Philippe de Valois en 1328, résidèrent à Saint-Germain. Faut-il, hélas!

[1] C'est le nom que lui donnait déjà Agathias dans le vi^e siècle.

ajouter que le Prince Noir, après avoir ravagé tout le pays, brûlait le château en 1347? Il est vrai que Jean II, quatre ans après, l'avait déjà fait réparer, et que Charles V, « moult fit réédifier notablement li chastel de Saint-Germain, » à ce que nous rapporte Christine de Pisan. Ce roi, que la postérité décora du nom de Sage, quoiqu'il ne l'ait pas toujours été, témoin son mariage avec une princesse de Bourbon qu'il épousa *parce qu'elle était très-belle*, dédaignant l'héritière de Savoie, qui l'était moins, — Charles le Sage, puisqu'il faut l'appeler par son nom, demeura longtemps à Saint-Germain. Charles VI et Isabelle de Bavière, que les Français, toujours portés à jouer sur les mots, avaient bien raison de nommer *Jézabel*, y étaient en 1386 et en 1390. Le connétable de Clisson fut au moment d'y périr, en 1391, sous les coups d'assassins dirigés par Pierre de Craon. Henri V, roi d'Angleterre, vainqueur d'Azincourt, aidé dans ses conquêtes par l'infâme trahison d'Isabeau et du duc de Bourgogne, s'emparait, en 1419, du fort de Meulan et du château de Saint-Germain; mais bientôt les Anglais furent chassés de Saint-Germain et de toute la France sous le règne glorieux de Charles VII. Chose bizarre, comme par manière de compensation, si le défunt roi de France était fou, le roi d'Angleterre d'alors était imbécile.

En 1514, François d'Orléans, comte d'Angoulême et depuis François Ier, épousait Claude de France, fille de Louis XII et d'Anne de Bretagne, « Madame Claude, laquelle fut très-bonne et très-charitable, et douce à tout le monde, et ne fit jamais déplaisir à aucun de sa cour ni de son royaume. » Cette princesse, que son époux rendit si malheureuse, avait apporté une bien belle dot à la France : « les deux plus belles duchés de la chrestienté, dit Brantôme, qui estoient Milan et Bretaigne, l'une venant du père, l'autre de la mère. Quel héritage, s'il vous plaît! » Le mariage eut lieu au château de Saint-Germain.

Henri II y venait au monde le 31 mars 1518. En 1530, François Ier en sortait pour aller au-devant de ses deux fils, Henri et Charles, qu'il avait laissés en otages à Charles-Quint et rachetés avec l'aide de son allié Henri VIII, roi d'Angleterre. Henri II passa presque toute sa vie au château de Saint-Germain.

Depuis Henri II, Saint-Germain vit naître deux rois de France, Charles IX et Louis XIV; de remarquables événements s'y accomplirent et s'y préparèrent encore; mais je m'arrête : c'est le règne de Henri II qui a vu se produire le fait mémorable dont nous avons cherché à réunir ici les particularités éparses dans un grand nombre de mémoires et de chroniques, je veux parler du duel entre les sires de Jarnac et de La Chasteigneraye. Ce tragique événement m'avait toujours paru l'un des épisodes les plus dramatiques du XVIe siècle; c'est aussi, comme j'aurai à le montrer en finissant, un des plus curieux exemples de l'influence exercée sur nos mœurs par ces coutumes chevaleresques dont notre législation a si longtemps gardé les traces. Je vais donc essayer de retracer ce qui se passa à Saint-Germain alors qu'un roi de France permit pour la dernière fois qu'un *plaid* [1] *vînt à chéer devant lui, en gage de bataille* [2].

[1] Anciennement on appelait, en France, les gages de combat le plaid de l'espée, *placitum ensis*.

[2] Je ne veux pas que des gens érudits et scrupuleux m'objectent ici que le duel à outrance entre les sires d'Hoguerre et de Fendilles eut lieu deux ans après, sous le règne de Henri, car je répondrais que ce prince avait refusé le camp aux deux adversaires. C'est à Sedan, en dehors de la juridiction royale, que ce combat, fort peu chevaleresque d'ailleurs, se terminait, sans mort d'homme, le 29 août 1549. — Sedan était alors une souveraineté indépendante de la couronne. Depuis le commencement du siècle, la famille de Bouillon en avait fait l'acquisition; Robert de la Marck, duc de Bouillon, maréchal de France, en était souverain en 1549. Richelieu la réunit à la France.

I.

Ce fut une bien grande affaire à la cour de Henri II que ce duel à outrance entre deux gentilshommes pleins de valeur, entre deux courtisans accomplis, liés depuis leur enfance par une étroite amitié [1] : c'était une circonstance sans exemple que cette rencontre en *camp mortel* amenée par la haine de deux favorites de rois, accomplie avec toute la procédure et le cérémonial de l'ancienne chevalerie. Aussi l'effet que ce duel produisit fut-il considérable non-seulement à la cour, mais dans le public.

François Ier régnait; il aimait la duchesse d'Es-

[1] Vivonne et Jarnac étaient même un peu parents; Mlle de Jarnac, grand'tante de Guy Chabot, s'était mariée avec l'aïeul de Vivonne.

tampes ¹. Diane de Poitiers ², depuis connue sous le nom de duchesse de Valentinois, avait captivé le cœur du dauphin.

Rivales en beauté, en influence, ces deux femmes ambitieuses et jalouses se détestaient cordialement : Diane était toujours prête à protéger les adversaires de Mme d'Estampes; celle-ci non moins empressée à accueillir les ennemis de Diane. Il suffisait que la maîtresse du roi passât pour voir d'un bon œil l'amiral de Chastillon, depuis le célèbre Coligny, et les seigneurs appartenant au culte réformé, pour que la maîtresse du dauphin fût liée avec le comte d'Aumale ³, le connétable de Montmorency et le maréchal de

---

[1] Mlle d'Heilly, Anne de Pisseleu. Malgré les maux infinis qu'elle causa à la France par sa haine pour le dauphin Henri, qu'elle chercha à contrecarrer dans toutes ses opérations militaires, elle eut le mérite de beaucoup encourager le roi dans son goût pour les lettres. La demoiselle d'Étampes était fort instruite; on l'appelait « la plus belle des savantes et la plus savante des belles. »

[2] Veuve de Louis de Brézé, comte de Maulévrier, grand sénéchal de Normandie. On appela, pour ce motif, Diane la *grande sénéchale*, jusqu'au moment où Henri II lui donna le duché du Valentinois, ce qui n'eut lieu qu'en 1548.

[3] Claude de Lorraine, tige de l'illustre maison de Guise, père de François de Guise et grand-père du *Balafré*.

Brissac, connus pour leur haine contre ceux de la religion.

La cour était partagée en deux camps par l'antagonisme de ces deux puissances; il y avait assez d'attrait, il y avait assez d'intérêt à mériter les bonnes grâces de l'une ou de l'autre pour comprendre comment la jeune noblesse devait épouser chaudement leurs opinions et leurs querelles.

Néanmoins les charmes et la séduction de Diane, qui régnaient sans partage sur le cœur de Henri malgré la beauté et l'esprit de la dauphine Catherine de Médicis, et qui durèrent jusqu'à la mort de ce prince, devaient souvent l'emporter sur la femme qu'aimait François Ier, fort inconstant de sa nature et peu fidèle à sa maîtresse.

Parmi les favoris du roi et les familiers du dauphin, on remarquait à la cour deux jeunes seigneurs connus l'un et l'autre par leur bonne mine, leur bravoure à la guerre et leur amitié; c'étaient les sires de La Chasteigneraye et de Jarnac. Ce sont les héros de cette histoire; il est nécessaire avant tout de les faire connaître.

François de Vivonne, puîné de la maison d'Amville [1], fils d'André de Vivonne, grand séné-

---

[1] Son frère aîné s'appelait Charles; il laissa de la postérité masculine.

chal de Poitou, avait beaucoup de crédit auprès du roi François Ier, au point de disposer des offices royaux; sa famille était issue de la grande et illustre maison de Bretagne. Les Vivonne portaient l'hermine dans leurs armes.

Quoique le fils aîné d'André de Vivonne, Charles, eût hérité d'Amville, de La Chasteigneraye et d'autres belles terres, et que François eût eu en partage, Ardellay et d'autres lieux, toutefois on l'appelait à la cour le seigneur de La Chasteigneraye.

A l'âge de dix ans, son père le donna au roi, suivant l'expression de l'époque, et le roi le prit pour un de ses enfants d'honneur. C'était alors une position des plus recherchées, et plus que page de la chambre. — Vivonne excellait dans les exercices du corps, que François Ier aimait beaucoup aussi. Il était des plus adroits à la course et à la lutte. — Le roi, qui était né à Cognac, disait souvent : « Nous sommes quatre gentilshommes de la Guyenne : La Chateigneraye, Sansac, d'Esse et moi, qui courons à tous venants. »

Après la paix honteuse de Crespy, signée en 1544, toute cette jeunesse guerrière, fatiguée de son repos, employait ses loisirs à faire des armes, à se battre en duel ou à monter à cheval. L'escrime surtout était son occupation favorite. A cette époque, on considérait les maîtres italiens [1] comme les plus habiles ; Hiéronime, Francisque, le Flamand et le sire d'Aymar de Bordeaux étaient aussi très en renom. La réputation de la Chateigneraye comme tireur d'armes, était universelle; il avait travaillé à Rome avec le célèbre Patenostrier, et à Milan avec Tappe. Dans les assauts, dans les fréquents duels qu'il avait eus, il recherchait toujours les *corps à corps*, où sa taille et sa vigueur lui donnaient beaucoup d'avantage.

Dans les combats à outrance à pied avec le haubert qui couvrait la poitrine, rien n'était plus facile que de marcher sur un adversaire qu'on savait devoir terrasser à la lutte, car il ne pouvait guère vous arrêter en tendant; alors on le serrait de près : s'il rompait, qu'on parvînt à le pousser jusqu'à la barrière [2], et à le jeter hors de la lice, il était vaincu; s'il ne reculait pas, on cherchait à le saisir à bras le corps, afin de lui rendre inutile l'usage de son épée; puis, après

---

[1] Les Italiens ont été non-seulement les plus habiles maîtres en fait d'armes, mais longtemps aussi les plus expérimentés casuistes en matière de duels.

[2] Si, en rompant, en voltant ou en sautant, on venait à toucher l'estacade, ou la barrière, on était vaincu.

l'avoir fait tomber en l'entraînant à terre, on le perçait de coups de dague aux défauts de l'armure [1]. Souvent, dans la chute, les combattants perdaient leurs dagues ou couteaux d'Écosse, qu'on plaçait dans la bottine ou *gamache*, le long de la jambe droite, sans les y fixer. — Cette lutte de gladiateurs devenait alors quelquefois repoussante à voir, témoin ce qui se passa à Sedan, quand le baron d'Oguerre tenait le sire de Fendilles sous lui ; il était parvenu à lui enlever son morion, dont il lui donnait de grands coups dans la figure, et le blessa en plusieurs endroits ; puis il chercha à lui crever les yeux et à l'étouffer en lui emplissant la bouche de sable, ce qui força enfin Fendilles à crier merci !

Vivonne avait usé du *corps à corps* dans son duel avec M. de Saint-Gouard, auquel il donne généreusement la vie.

Quand deux chevaliers combattaient, le *bacinet* en tête, avec la visière que seuls ils avaient droit de porter [2] et devaient avoir baissée, la poitrine armée

[1] Ainsi fit Bayard dans son duel contre Alonzo de Soto-Mayor.
[2] Les écuyers n'avaient pas le droit « de porter chapel de fer avec visière. » Voyez, dans Favin, l'affaire de messire Renaud de Beaurain, escuyer appelant, contre Gilles de la Houssaye, chevalier, qui se battirent au bois de Vincennes.

d'un épais jac ¹ par-dessus le haubert, avec une rondache sur le bras gauche, il ne pouvait y avoir de feintes de l'épée, comme dans les rencontres ordinaires : la parade proprement dite ne se pratiquait pas, et l'on comprend que la force du corps devait naturellement triompher, sauf les recours aux bottes secrètes que les maîtres enseignaient.

Je ne parle ici que des combats à pied, car les rencontres à cheval, avec la lance, se bornaient à un choc brutal entre les deux cavaliers, qui ne devaient pas s'éviter, « ains chercher à se toucher en pleine poitrine » soit pour se désarçonner, soit, quand le fer et le bois de lance de l'un étaient plus durs que la cuirasse de l'autre, pour le traverser de part en part, ainsi que cela est arrivé plusieurs fois ². Les duels à cheval,

---

¹ Le *jac* était une espèce de casaque militaire qu'on mettait par-dessus le haubert. Il était fait d'un grand nombre de peaux de cerf appliquées les unes sur les autres, et garni intérieurement de bourre et de linge, ce qui en faisait un vêtement fort incommode, mais que l'épée ne pouvait percer.

« Si avait un jac par-dessus son haubert. »

(Roman de Duguesclin.)

² Du Villars nous apprend que le sieur de Montchal, joû-

comme on voit, étaient donc moins savants encore que les duels à pied.

Le roi François Ier appelait Vivonne son *filleul* ou son *nourrisson*, et l'aimait beaucoup, non-seulement pour son caractère aimable et ses qualités personnelles, mais aussi pour sa brillante valeur. Il était compagnon des sires de Vieilleville et de Bourdillon, braves soldats s'il en fut, et qui devinrent maréchaux de France. On disait dans la prose rimée du temps :

« La Casteneraye, Vieilleville et Bourdillon
» Sont les trois hardis compaignons. »

Cependant il était plus avancé qu'eux, et déjà *chamberlan* et gentilhomme de la chambre, qu'ils portaient encore le titre d'écuyer. Vivonne s'était fort distingué au camp d'Avignon, et dans la campagne de Piémont, il avait été grièvement blessé au bras droit à l'assaut de Coni [1]. Le dau-

---

tant en Piémont avec le chevalier Carafa, neveu du pape Paul IV, perça d'un coup de lance la selle de guerre armée, le brassard et la cuirasse de son adversaire d'outre en outre. « Horrible coup, et plus grand que celui qu'on raconte de Pyrrhus. »

[1] D'un coup d'arquebusade, lorsque l'amiral d'Annebaut l'assiégea.

phin, depuis Henri II, qui l'appréciait et l'aimait plus encore peut-être que le roi, car Vivonne était l'un des jeunes seigneurs les plus assidus à la cour de Diane, l'avait emmené au ravitaillement de Landrecies et lui avait donné son guidon à porter ; ce fut lui qui le premier le détacha de sa hampe, se le mit bravement en écharpe autour du corps, pour ne point en être embarrassé, « pouvoir mener les mains » et combattre. Il fut blessé dans cette affaire, et l'on parla beaucoup de sa vaillance. Il reçut aussi une blessure au ravitaillement de Thérouanne. Suivant les contemporains, La Chasteigneraye passait pour un homme charmant, généreux, serviable, qui se faisait aimer, mais aussi peut-être un peu trop craindre de tout le monde. On lui reprochait en effet d'être « *trop haut à la main, scallabreux et querelleux.* » Enfin, pour terminer le portrait, laissons parler son neveu [1], le sire de Brantôme : « Mon oncle, dit-il, estoit fort craint, car il avoit une très-bonne et très-friande espée ; il estoit extrêmement fort, n'estoit ni trop haut ni trop petit, il estoit d'une très-

---

[1] Anne de Vivonne, sœur de François de Vivonne, dont il est ici question, avait épousé François, vicomte de Bourdeille, et en avait eu Pierre de Bourdeille, plus connu sous le nom de Brantôme, né en 1540.

belle taille, nerveux et peu charnu; bien estoit-il un peu brunet, mais le teint fort beau, délicat et fort agréable, et pour ce, en son temps, fut-il bien voulu et aymé de deux très-grandes dames de par le monde, que je ne dis. »

Pour qu'il *pût bien faire fortune*, son père, qui l'aimait tendrement, avait l'habitude, dans son enfance, de lui faire prendre avec tout ce qu'il mangeait, de la poudre d'or, d'acier et de fer. Ce régime avait été indiqué au sénéchal « par un grand médecin de Naples, quand il y fut avec le roi Charles VIII. »

Guy Chabot était fils de Charles, seigneur de Jarnac, de Monlieu et de Sainte-Aulaye ; sa maison pouvait être considérée comme l'une des plus grandes et illustres maisons de France, d'Italie, de Flandre et d'Allemagne. Il faisait, en qualité d'enfant d'honneur, partie de la cour, ainsi que Vivonne, avec qui il était fort lié et s'était, disons-le en passant, souvent mesuré à la lutte ou en faisant assaût dans les salles d'armes. Son père l'avait mis auprès du roi dès sa plus tendre enfance. François Ier l'appelait familièrement *Guichot*. Il ne le cédait pas en courage à Vivonne, mais n'était renommé, comme son ami, ni par sa grande adresse aux exercices du corps, ni par son amour pour les duels. Plus âgé de dix ans que Vivonne, il avait bien servi dans les guerres d'Italie, et s'était particulièrement distingué à Crémone avec Bonnivet. Jarnac était beau-frère de la duchesse d'Étampes [1], et l'un de ses familiers ; il inclinait, comme Anne, pour les idées religieuses nouvelles [2], aussi comprend-on qu'il dut s'aliéner la sympathie de Diane, qui était très-passionnément catholique. *Monlieu*, c'était le nom qu'on lui donnait souvent à la cour, avait une jolie figure, se faisait remarquer par son élégance et la recherche de sa toilette [3]. Les intrigues d'amour, où il était fort heureux, mais où il ne brillait point par sa discrétion, formaient son occupation presque exclusive.

Un jour, causant familièrement, à Compiègne, avec Vivonne ; celui-ci lui dit devant le dauphin : « Je ne m'explique pas, Guichot, comment tu peux être aussi *gorgias* [4] et glorieux avec les re-

---

[1] Il avait épousé, en 1540, Louise de Pisseleu, sœur d'Anne.

[2] Après la mort de François Ier, la duchesse se fit, dit-on, secrètement calviniste, entraînant, par son exemple, beaucoup de seigneurs de la cour ; Jarnac fit comme elle.

[3] « Lequel faisait plus grande profession de courtisan et dameret, à se curieusement vestir, que des armes et de guerrier. » (V. Carloix).

[4] *Gorgias*, galant vêtu richement.

venus que je te connais, car ils ne sont pas lourds!»
Monlieu répondit que sa belle-mère [1] avait beaucoup de bontés pour lui, et que son père, ne pouvant rien refuser à Mme de Jarnac, il avait soin de bien faire sa cour à cette dernière, obtenant par ce moyen tout l'argent qu'il lui fallait. Il n'y avait rien que de fort innocent dans cette réponse, mais le dauphin en glosa avec Diane, qui, y trouvant un moyen de médire du beau-frère de Mme d'Étampes, en parla en termes très-outrageants pour la dame de Jarnac, femme fort respectable et respectée.

Quelques méchants répétèrent perfidement la chose, qui ne tarda pas à se propager, et Jarnac apprit qu'on l'accusait de s'être vanté d'avoir les bonnes grâces de sa belle-mère. Il est plus facile d'imaginer que de décrire son désespoir : furieux d'une aussi atroce accusation, et ne sachant à qui s'en prendre, puisque le dauphin seul pouvait en être coupable, il déclara que quiconque avait tenu ce propos ou voudrait le soutenir « estoit meschant et en avoit vilainement menti; » puis il se rendit précipitamment au château de son père, où, se jetant à ses pieds, il protesta de toutes les forces de

[1] Cette belle-mère était Madeleine de Pontguyon, femme jeune encore et séduisante, qui avait épousé le vieux sire de Jarnac, père de Monlieu, en secondes noces.

son âme indignée contre la criminelle interprétation donnée à ses paroles. A la longue, à force de supplier et de protester, le pauvre Jarnac parvint à le persuader de son innocence, et il retourna à Paris, où se trouvait la cour alors, pour y chercher vengeance en poursuivant la réparation de l'injure qui lui avait été faite.

Le Dauphin était le premier auteur ou instigateur de la calomnie ; c'était en plein sur lui que le démenti tombait. Il vit bien vite aux regards des courtisans qu'il était blâmé et jouait un rôle humiliant. Que se passa-t-il alors? L'histoire ne nous le dit pas; mais il est probable que les propos avaient été tenus par la grande sénéchale, et que le dauphin ne voulut pas la désavouer. Quoi qu'il en soit, je ne doute pas que La Chasteigneraye [1], honteux pour Henri de la cruelle situation qu'il s'était faite, bien aise, sans doute, de plaire à la favorite, et, il faut le croire aussi, pensant peut-être que Jarnac n'oserait pas s'exposer à une mort certaine en le provoquant, oublia son ancienne amitié, et commit une très-mauvaise action, en disant tout haut partout qu'il était prêt à répondre à Monlieu, « attendu

---

[1] Henri venait de nommer Vivonne colonel général de l'infanterie française.

que c'étoit en parlant à lui-même que Guichot s'étoit cyniquement vanté d'une conduite coupable qu'il avait trouvé bon de nier plus tard. »

Vivonne et Jarnac firent toutes les diligences nécessaires, en se conformant aux prescriptions du Code sur les duels alors en vigueur, pour obtenir que le roi leur accordât le camp. François Ier, qui les aimait tous les deux, reçut leur demande, et la soumit à son conseil privé ; l'affaire y fut débattue. En définitive, le roi leur refusa le combat, disant « qu'un prince ne devoit jamais permettre chose de laquelle on ne pouvoit espérer bien, comme d'un tel combat [1]. »

François était sans doute guidé par de très-bons sentiments, cependant c'était le cas ou jamais d'appliquer l'édit de Philippe le Bel qui régissait encore les duels à cette époque. On lit, en effet, dans le *Formulaire des combats à outrance à la mode de France, suivant l'ordonnance du roy Philippe*, etc. : « Pour qu'il chée *gaige de bataille*, il faut que l'assaillant ou demandant dise qu'il ne

---

[1] « Et la chose, mise en délibération au privé conseil, bien que plusieurs apportassent diverses opinions, celle du roi fut de leur dénier le combat, pour plusieurs belles et grandes raisons, disant qu'un prince, etc. » (Voyez La Colombière).
Brantôme ajoute : « Il le refusa bien aussi, *pour une autre raison que je ne dis pas.* »

peut prouver, par tesmoins ne autrement, que par son corps, en champ clos, comme gentilhomme et preud'homme, doit faire en présence de moy son juge et prince souverain ; et alors doit gecter son *gaige de bataille.* » Philippe, en terminant cette ordonnance qui indiquait les cas dans lesquels le combat judiciaire était permis, s'exprimait ainsi :

Or faisons à Dieu prière qu'il garde le droict à qui l'ha... Qui se plainct, et justice ne trouve, la doit de Dieu requérir : que si pour son intérest, sans orgueil et maltalent, ains seulement pour son bon droict, il requiert bataille, ja ne doit redoubter engin ne force, car Dieu nostre Seigneur Jésus-Christ, le vrai juge sera pour lui. »

N'était-ce pas bien le cas d'appliquer cette ordonnance dans l'espèce ? En effet, entre l'imputation de Vivonne et le démenti de Jarnac, quel tribunal pouvait prononcer ? Il n'y avait pas eu de témoins de leur colloque, car Vivonne, en bon courtisan, pour mettre le dauphin en dehors du débat, affirmait que c'était en parlant à lui, et seul à seul, que Jarnac avait tenu le propos qu'il niait aujourd'hui.

Cependant malgré les efforts des deux adversaires, le roi était demeuré inflexible. Un bien long espace de temps se passa durant lequel La Chasteigneraye dut beaucoup souffrir du reproche d'avoir aussi indignement compromis l'honneur de Mme de Jarnac, et Monlieu, plus encore peut-être, de ne pouvoir tirer vengeance de l'accusation, calomnieuse dont il était l'objet.

Les écrits contemporains ne m'ont fourni aucun détail sur la conduite de Jarnac et de sa famille, ni sur ce que fit La Chasteigneraye, depuis la décision du conseil privé, jusqu'à la mort de François Ier, qui eut lieu en 1547. On raconte seulement que Pierre Strozzi ne se fit pas scrupule de conseiller à La Chasteigneraye de se débarrasser de Jarnac, *in ogni modo* (de toute manière) c'est-à-dire en l'assassinant. Il alla jusqu'à lui offrir 100,000 écus qu'il avait à la banque de Venise, où il proposait à La Chasteigneraye de se retirer, afin de laisser le temps de se passer à la colère du roi, qui serait très-grande, non-seulement en raison de la « défense rompue, » mais aussi parce que Jarnac était parent et protégé de la duchesse d'Étampes.

Il paraît que les sentiments religieux de Strozzi n'étaient pas plus édifiants que ses principes de loyauté. Quand il fut blessé à mort, devant Thionville, M. de Guise, qui se trouvait auprès de lui en ce moment, le voulait admonester de son salut : « Quel Jésus, s'écria Strozzi, mort-Dieu ! venez-vous me ramentevoir ici? Je regnie Dieu! ma feste est finie! »

Quand Henri II fut monté sur le trône, Vivonne reproduisit incontinent la demande que le défunt roi avait opiniâtrement rejetée, en menaçant les deux adversaires des peines les plus sévères, s'ils se recherchaient. Henri II, jaloux de condescendre aux désirs de Vivonne, et voulant en finir aussi avec cette affaire désagréable pour lui même, permit que le combat eût lieu.

La position de Jarnac à la cour, était fort triste, il y avait presque tout le monde contre lui [1]; depuis la mort de François Ier, sa protectrice était exilée. Cet arrêt d'exil avait été l'un des premiers actes du règne de Henri, ou pour mieux dire de Diane, qui, au reste, c'est une justice à lui rendre, se borna à envoyer dans ses terres la duchesse d'Étampes, et à remplacer dans les positions qu'elles occupaient toutes les créatures de l'ancienne favorite.

[1] Je ne sais sur quoi se fonde Brantôme, pour se plaindre au contraire de la partialité avec laquelle on traitait son oncle; il dit que M. de Montmorency lui était hostile, et que c'est par ce motif qu'il aurait été nommé juge du camp. Est-ce que ce seigneur ne faisait pas beaucoup sa cour à Diane, et notamment depuis le nouveau règne? Qui pouvait d'ailleurs remplir les fonctions de maréchal de camp, si ce n'est le connétable?

Il est curieux d'étudier la minutieuse procédure, aux formes tout à fait judiciaires, que les deux champions durent suivre pour en arriver enfin aux mains ; je n'en ai donné ici, pour abréger, que les pièces principales. Quelque longs, au surplus, qu'en furent les préparatifs, ce duel peut être considéré comme l'un des combats à outrance les plus promptement expédiés dont l'histoire ait conservé le souvenir. Les formes employées dans cette circonstance étaient celles d'ailleurs que la jurisprudence ordonnait dans les rencontres en *camp mortel*.

On se rappelle que François Ier et Charles-Quint se défièrent pendant plus d'un an, et qu'ils échangèrent de nombreux cartels [1] sans jamais pouvoir s'entendre ni sur le *champ*, ni sur les armes, ni sur les autres formalités. — L'affaire entre les sires de Mérode et de Bénavidès, à Mantoue, donna lieu à d'interminables discussions, et aux mémoires et dissertations les plus savants sur la question de décider si les champions adapteraient à leurs cuirasses une certaine pièce de fer que le sire de

---

[1] C'est à Burgos que l'empereur reçut les premiers cartels de François et d'Henri VIII. Le héraut, porteur de celui du roi de France, se nommait Guienne, le héraut d'armes anglais s'appelait Clarence.

Bénavidès, défendeur, exigeait ; le combat, en définitive, n'eut pas lieu. Je citerai encore pour leurs procédures les duels des sires de La Perrine et de Tinteville, et de Veniers contre Sanzay, tous les deux avec la permission et sous les yeux de François Ier, en 1537. Dans le premier cas, le sire de La Perrine entra seul en lice, son adversaire fit défaut. Sanzay et Veniers au contraire se battirent très-bien, et le roi finalement les sépara en jetant son bâton doré dans la lice.

Même issue d'un combat qui eut lieu en 1522 à Valladolid, devant Charles-Quint, entre deux gentilshommes aragonais, Pedro Torilla et Jieronimo Anca.

Il n'est pas sans intérêt non plus de lire le défi ou *défiance* qu'adressa Louis, duc d'Orléans, à Henri IV, roi d'Angleterre, en 1402, et toutes les écritures qui en résultèrent.

Ces affaires donnaient presque toujours lieu à d'interminables contestations. Telles étaient les chicanes mises en usage quelquefois, et les difficultés auxquelles les droits respectifs des parties pouvaient servir de prétexte, que Brantôme cite un gentilhomme qui se vantait d'avoir fait attendre son adversaire, pendant deux années, par des subtilités sans cesse renouvelées sur les diverses conditions du combat. Le droit absolu [1] qu'avait le défendeur d'imposer au demandeur toutes les armes qu'il voulait, et cela en nombre illimité, avait aussi pour effet d'occasionner d'incalculables dépenses à ce dernier, qui était obligé de se munir de tous les chevaux, harnais de guerre, armes à pied ou à cheval, qu'il plaisait à l'imagination de son adversaire d'inventer. En outre, les frais, les vacations, citations, les indemnités dues aux hérauts d'armes, aux notaires, etc., étaient très-considérables ; aussi le pauvre gentilhomme dont parle Brantôme, avait en deux ans dépensé cent mille écus et s'était ruiné ; il reçut en outre un bon coup d'estoc en manière de consolation. Ce droit de choisir les armes allait jusqu'à l'absurde ; non-seulement les inventions les plus bizarres étaient admises, mais à la dernière heure le soutenant pouvait encore imposer des armes nouvelles [2], dont il n'avait pas été question sur la liste, et cela avait toujours lieu, afin de dérouter et gêner un adversaire qui, ignorant les armes dont on ferait usage en champ clos, n'aurait pas eu le temps d'étudier la manière de s'en servir.

---

[1] L'édit de 1307 l'établit formellement.
[2] Il les apportait en double sur le terrain.

Brantôme rapporte que, dans une de ces affaires, le demandeur était borgne de l'œil gauche, or dans la liste des armes laissée par le défendeur, celui-ci avait stipulé très-exactement que les deux combattants porteraient un morion couvrant hermétiquement la partie droite du visage, et conséquemment l'œil droit, de sorte qu'ainsi armé l'assaillant aurait été obligé d'entrer en lice absolument sans y voir. On a peine à concevoir comment dans cette affaire parrains et confidents (c'était le nom qu'on donnait aux témoins ou seconds des duels) passèrent plusieurs jours à délibérer gravement sur cette condition, qui ne fut définitivement rejetée qu'après les débats les plus vifs.

II

Dès l'avénement de Henri II au trône, Vivonne adressa au roi la lettre suivante :

AU ROY MON SOUVERAIN SEIGNEUR.

« Sire,

« Ayant entendu que Guichot Chabot, estant à Compiègne sous le règne du feu roy, a dit que quiconque l'accusoit de s'estre vanté d'avoir eu les bonnes grâces de sa belle-mère estoit meschant et malheureux ; sur cela, sire, avec vostre bon vouloir et plaisir, je réponds qu'il a meschamment menty, car il s'en est vanté à moi plusieurs fois.

« François de Vivonne. »

Quelques jours après, Vivonne écrivit au roi une seconde lettre :

« ... Sire, je vous supplie très-humblement me donner champ à toute outrance, dedans lequel j'entends prouver par armes, audit Guichot Chabot, ce que j'ay dit et que je maintiens..., afin que par mes mains soit vérifiée toute l'offense qu'il a faite à Dieu, à son père et à justice.

« FRANÇOIS DE VIVONNE. »

Jarnac avait donné le premier démenti, en raison de quoi Vivonne le poursuivait comme demandeur et assaillant, et Jarnac demeura défendeur et soutenant, ce qui lui donnait le choix des armes. Celui-ci adressa au roi le cartel [1] suivant :

AU ROY MONSEIGNEUR.

« Sire,

« Avec vostre bon plaisir et congé, je dy que François de Vivonne a menty de l'imputation qu'il m'a donnée, de laquelle je vous parlay à Compiègne, et pour ce, sire, je vous supplie très-humblement qu'il vous plaise ly octroyer le combat à toute outrance.

« GUY-CHABOT. »

Outre ce cartel, Jarnac écrivait à l'évêque de Béziers, qui était près de la personne du roi, et de ses favoris, pour le prier d'appuyer sa demande :

[1] *Cartel*, du mot latin *chartula*.

« Monsieur,

« La signature de cette lettre vous fera croire et dire en assurance partout où vous vous trouverez, que, touchant le différend d'entre La Chasteigneraye et moy, s'il plaist au roy nous donner lieu en ung coing de son royaume, pour vuyder nostre différend par armes, je les porterai si braves, et moy encore plus, que je monstreray, dedans le lendemain au combat, la bonne nourriture que j'aye eue du feu roy François, et que je tiens du roy mon seigneur que La Chasteigneraie n'a la bouche si forte que je ne l'arreste d'une livre de fer. Votre serviteur très-humble,

Guy-Chabot.

Le cartel de Jarnac avec cette lettre ayant été montré à La Chasteigneraye, celui-ci envoya au roi cet autre cartel :

« Sire,

« Il vous a plu, par cy-devant, entendre le différend d'entre Guichot Chabot et moy, sur lequel j'ay lu une lettre signée de son nom, par laquelle il offre d'entrer dès demain dedans le champ, et porter armes si braves, et lui encore plus, qu'on cognoistra la nourriture qu'il a reçue du feu roy et de vous, se vantant de m'arrester d'une livre de fer. Et pour ce, sire, qu'il monstre venir au point que tousiours j'ay pourchassé, je vous supplie très-humblement qu'il vous plaise me donner champ en vostre royaume à toute outrance pour combattre sur nostre différend. »

François de Vivonne.

Ce placet lu au conseil du roi, on y arrêta enfin une résolution ainsi formulée :

« Il a esté ordonné que cette présente lettre sera monstrée et signifiée audit Chabot par un héraut d'armes du roy, pour à icelle respondre, et dire ce que bon lui semblera.

« Fait au conseil du roy, tenu à l'Isle-Adam, le 23 d'avril 1547.

Signé : DE L'AUBESPINE [1]. »

Guyenne, héraut d'armes du roi, à la diligence de La Chasteigneraye, ainsi qu'il résulte de son procès-verbal, le 25 du même mois, se rendit à Limours chez la duchesse d'Étampes, où il croyait trouver Jarnac, mais il n'y rencontra que demoiselle de Jarnac, sa femme, et plusieurs gentilshommes à la duchesse, entre autres son écuyer, le sieur du Pin, MM. de Grelure et de Ville, auxquels il communiqua les pièces dont il était porteur, puis rebroussant chemin, il vint à l'Ile-Adam rendre compte de sa mission. Le lendemain 26 avril, il trouvait Jarnac à Saint-Cloud, et lui signifiait le cartel de La Chasteigneraye. Jarnac lui répondit qu'il était le très-bienvenu, que lui, Jarnac, se trouvait fort heureux du consentement que le roi

---

[1] L'ordonnance était écrite au bas du cartel de Vivonne.

voulait bien lui accorder de se mesurer enfin avec son ennemi, qu'avant tout, il voulait surtout accomplir la volonté de Sa Majesté, pour laquelle son affection et son dévouement étaient sans bornes.

C'est en présence des sieurs de La Hargerie, de La Rochepozay, de Fontenilles et de plusieurs autres gentilshommes, que Guienne déclare « avoir baillé la présente signification audit Chabot. »

Son procès-verbal fut porté au conseil privé du roi, à Saint-Germain-en-Laye. Plusieurs princes, les sieurs connétable et maréchaux de France, et autres seigneurs et capitaines, y avaient été appelés. Les termes respectueux de la réponse de Jarnac y furent unanimement approuvés. La majorité des arbitres présents insistaient pour que le combat n'eût pas lieu; Henri, qui toujours avait favorisé La Chasteigneraye, en décida autrement. En conséquence, les lettres en forme de patentes de camp furent expédiées, ainsi que suit :

« Henry, par la grâce de Dieu, roy de France, à tous ceux qui ces présentes lettres verront, salut. Comme cy-devant François de Vivonne, seigneur de La Chasteigneraye, et Guy Chabot, seigneur de Monlieu, sont entrés en différend sur certaines paroles importantes et touchant grandement l'honneur de l'un et de l'autre. Lequel différend, pour la justification de leur honneur, a esté, par notre ordonnance, mis en délibération devant les princes, estant près de nostre personne, nos très-chers et très-amez cousins le sieur de Montmorency, connestable, les sieurs de Sedan [1] et de Saint-André [2], mareschaux de France, etc., etc. Lesquels, après avoir tout considéré..., savoir faisons que nous sommes protecteurs des gentilshommes de nostre royaume, et que, pour ce..., avons permis et octroyé... que dans trente jours..., lesdits Chabot et de La Chasteigneraye se trouvent en personne là par où nous serons, pour là, en nostre présence, ou de ceux lesquels à ce faire nous commettrons, se combattre l'un l'autre à toute outrance en camp clos, et de faire preuve de leurs personnes, l'une à l'encontre de l'autre, pour la justification de l'honneur de celuy auquel la victoire en demeurera, et sur peine, pour le vaincu, d'estre réputé non noble, luy et sa postérité à jamais, et d'estre privé des droits, prééminences, priviléges et prérogatives dont jouissent et ont accoustumé jouir les nobles de notre royaume, et autres peines en tels cas accoustumées [3]. Et leur sera nostre présente permission, vouloir et intention signifiée par l'un de nos hérauts et rois d'armes. . Si donnons en mandement à tous nos justiciers et officiers, etc., car tel est nostre bon plaisir.

... Donné à Saint-Germain-en-Laye le 11 juin 1547, et de nostre règne le premier.

« Signé : HENRY. »

Bretagne, héraut d'armes de France, se trans-

---

[1] Robert, comte de la Marck, duc de Bouillon, nommé tout récemment maréchal de France.

[2] Jacques d'Albon à qui Henri, en montant sur le trône, remit aussi le bâton du maréchal du Biez, poursuivi pour l'affaire de Boulogne.

[3] Et, s'il advenoit que le vaincu fût tué ès-lice, ou que le

porta, le 13 du même mois, rue Saint-Honoré, au domicile de Jarnac, qu'il trouva en compagnie du capitaine Casi, de Georges de Beauregard, de Lion d'Asnières et de Laurent de Cossard, et lui signifia ces patentes, ainsi qu'un nouveau cartel, où La Chasteigneraye, après avoir répété dans les termes les plus grossiers ses allégations injurieuses contre Jarnac et sa belle-mère, ajoutait :

« Guichot Chabot, je vous envoye la patente de camp, qu'il a plu au roy m'octroyer, dedans lequel je vous prouveray, avec armes effectives que vous me baillerez (mais quelles soient en gentilhomme d'honneur) que vous m'avez dit que vous aviez, etc. ; j'entends que vous me faciez entendre, dans quatre jours, à Paris, aux Tournelles, où je seray, ou procureur pour moy, de quoy je me dois pourvoir.

« En tesmoin de quoy j'ay signé la présente en présence de monseigneur soussigné, le 12ᵉ jour de juin mil cinq cent quarante-sept.

« Signé : FRANÇOIS DE VIVONNE.

« Nous, FRANÇOIS DE LORRAINE, comte d'Aumale, avons été présent à ce que dessus. »

Jarnac, qui n'attendait que le moment de signi-

prince ou juge ne lui accordât pas la vie, en fournissant les punitions cy-devant dites, et les gardemens d'honneur et de sa chevance (héritage) pour luy et sa postérité, il seroit livré ès-mains du bourreau, qui le mènerait pendre au gibet. (Avis du seigneur Jean de Villiers de l'Isle-Adam, maréchal de France, touchant les gages de bataille, et les combats à outrance, avec plusieurs belles questions sur ce sujet.)

fier à son adversaire sa liste de chevaux et d'armes, envoya incontinent à Vivonne le commandement qui suit par Angoulême, héraut d'armes du roi :

« François de Vivonne, pourvoyez-vous des armes que vous devez porter au iour qui sera député.

« Premièrement, vous vous pourvoirez d'un courcier, d'un cheval turc, d'un genest et d'un courtaut.

« Item, vous vous pourvoirez, pour armer votre courcier, d'une selle de guerre, d'une selle de jouste et d'une selle qui soit à deux doigts de haut, et l'arçon bas devant ; mais qu'elles ayent deux bourlets derrière, et d'une selle qui n'ait point d'arçon derrière.

« Item, que lesdits chevaux soient fournis desdites selles, spécifiant que ledit genest ait davantage une selle à la genette et une à la caramane, et le turc, une selle à la turquesque et une selle à la française, avec deux doigts d'arçon derrière, et l'arçon bas devant.

« Item, que le courtaut ait davantage une selle à la française et une autre selle sans arçon derrière et sans bourlets derrière, mais l'arçon devant avec sa rencontre à demy-cuisse.

« Item, que lesdits chevaux se puissent armer avec des bardes d'acier et de toutes pièces, comme chanfrain de fer, flancars et crouppière de fer, et un chanfrain attourné de fer.

« Item, que pour lesdits quatre chevaux, vous soyez pourveu de les pouvoir armer de toutes pièces d'acier, et de bardes de cuir, et de caparaçon de mailles, et les resnes couvertes de lames, et de les mettre en point comme si vouliez entrer en cour d'une bataille, et vous en pouvoir aider avec telles armes que vous pourriez combattre en jouste.

« Item, vous pourvoirez, pour vous armer, de toutes les pièces qu'il faut pour armer un homme d'armes, avec pièces doubles et simples de jouste et sans jouste.

« Item, vous pourvoirez d'un harnais à la légère de toutes pièces.

« Item, vous pourvoirez de toutes sortes d'armes de maille qui se peuvent porter.

« Item, vous pourvoirez d'un escu et d'une salade à la génetaire.

« Item, vous pourvoirez d'une targue à l'albanaise, et de boucliers et targues de toutes sortes que l'on se puisse aider à pied ou à cheval.

« Item, vous pourvoirez de toutes sortes de gants de fer, de mailles, de lames d'acier, tant des doigts comme du demeurant de la main, de prise et sans prise.

« Item, vous pourvoirez de vos armes, vous et vos chevaux, de toutes sortes et façons qu'il est possible s'armer et user, et accoustumées en guerre, en jouste, en débat et en champ clos.

« Plus des armes qui ne sont accoustumées en guerre, en jouste, en combat et en camp clos, je les porteray pour vous et pour moy, *me réservant tousjours d'accroistre ou diminuer, de cloüer ou descloüer, oster ou mettre dedans le camp, à mon plaisir, ou de me mettre en chemise, ou plus ou moins, selon qu'il me semblera.*

« Fait à Paris le seiziesme jour de juin mil cinq cens quarante-sept.

« Ainsi signé : Guy-Chabot. »

Angoulême [1] se transporta au domicile de Vi-

---

[1] Les rois et hérauts d'armes portaient des noms de provinces ou de villes, tels que Guienne, Bretagne, Angou-

vonne, où il rédigea le procès-verbal suivant :

« Aujourd'huy seiziesme de juin mil cinq cens quarante-sept, estant en la ville de Paris, à la requeste de Guy Chabot, sieur de Monlieu, je Engoulesme, héraut d'armes du roy, me suis transporté pardevers et à la personne de François de Vivonne, sieur de La Chasteneraye, lequel j'ay trouvé en la rue Saint-Antoine, logé en la maison de Simonne des Rües, veufve de Jean des Prez, valet de chambre en son vivant du deffunt roy, environ l'heure de sept heures du soir avant le soleil couché. Auquel j'ay baillé les articles signez dudit Chabot, dont copie est cy-dessus contenue et collationnée par moi à son propre original sain et entier, où est déclaré ce dont ledit de Vivonne se doit pourvoir au jour député pour combattre sur le différend d'entr'eux, ainsi qu'il a esté ordonné par le roy. Lequel de Vivonne m'a fait response que sans préjudice de ses droits, il accepte le contenu desdits articles cy-dessus transcrits, desquels je luy ay fait lecture de mot à mot, en présence de monsieur le baron de Curton et plusieurs autres gentilshommes, et spécialement de Guillaume Payen et Jean Trouvé, notaires royaux à Paris.

« Fait les jours et an que dessus par moy hérault susdit ; — signé Engoulesme. Et lecture faite de la lettre, ledit Vivonne m'a dit seulement ces mots : « Jarnac veut combattre mon esprit et ma bourse ! »

Vivonne faisait allusion à l'énormité des dé-

lême, etc. Les poursuivants d'armes, qui leur servaient d'aides de camp, portaient des noms « de gaillardise, de bonne rencontre ou de mots joyeux, comme Pleinchemin, Joli-Cœur, La Verdure, Claire-Voye, Ver-Luisant, Sans-Mentir, etc. » Le roi d'armes avait deux hérauts sous son commandement ; chacun de ceux-ci, deux poursuivants d'armes.

penses où allait l'entraîner l'obligation de se pourvoir des chevaux, harnais et armes diverses, que le commandement de Monlieu lui enjoignait de se procurer. Jamais ses ressources n'y auraient pu suffire si le roi, dont il s'était, au vu de tous, constitué le champion, n'était pas venu à son secours.

Déjà un mois ou cinq semaines avant le duel, La Chastaigneraie ne sortait jamais sans être accompagné de cent ou cent vingt gentilshommes portant ses couleurs : « Il faisoit, dit Vieilleville, *une piaffe à tous odieuse et intolérable*, et une dépense si excessive, qu'il n'y avait prince à la cour qui le pût égaler; elle montoit à plus de 1,200 écus par jour; heureusement pour lui que le roi, qui l'aimoit, lui en avoit donné les moyens. »

Quant à Jarnac, au lieu de parader, il écoutait les conseils du capitaine Casi, fort expérimenté en fait de duels, et, comme l'événement le prouva, il s'en est bien trouvé. C'est sur l'avis du capitaine et de son maître d'armes qu'il obligea au dernier moment Vivonne à avoir au bras gauche (celui du bouclier) un brassard qui empêchait absolument ce bras de plier, « ains le faisoit tenir roide comme un *pau* [1]. » Vivonne, ayant été blessé au bras

[1] *Pau*, pal, signifie pieu, colonne; c'est encore un terme de blason.

droit, dont il souffrait encore, perdait ainsi tout moyen de lutter avec Jarnac et de le terrasser. Le comte Martinengo, en se battant sur le pont du Pô contre un autre officier italien, avait introduit la même clause dans le combat.

Le jour de la rencontre fut fixé au 10 juillet. Les deux adversaires durent d'abord choisir leurs parrains. Chose à noter, Vieilleville nous apprend que le roi ne voulut pas permettre à M. de Vendôme d'être celui de Jarnac. M. de Boisy, grand écuyer, le remplaça ; le comte d'Aumale secondait La Chasteigneraye. Les confidents de celui-ci furent MM. de Montluc, d'Aurielle, de Fregozzi, et le comte Berlinghieri ; ceux de Jarnac, MM. de Clervaut, de Castelnau, de Carouge et d'Ambleville.

La confiance de Vivonne passait toute mesure. « La Chasteigneraye ne craignoit son ennemi non plus que ung lion le chien [1] ; » mais il fut trompé dans son attente. « Il se montra grandement coupable, dit Montluc, d'outrecuidance et de vanterie ; il passa fort légèrement par l'église et la messe avant le combat. Il eut peu de souci d'implorer son Dieu et de l'appeler à son ayde. Quant à Jarnac, il ne faisoit autre chose que hanter les églises, les

---

[1] Carloix, secrétaire du maréchal de Vieilleville.

monastères, les couvents, faire prier pour luy, et se recommander à Dieu, faire ses pasques ordinairement, et surtout le jour du combat, après avoir ouy la messe très-dévotement. Du despuis, il s'en désista bien pour accomplir le proverbe : *Passato il pericolo, gabbato il santo* [1]; car il se fit huguenot très-ferme. »

Quelques jours, avant le combat, le roi et toute la cour se rendirent à Saint-Germain-en-Laye ; Henri II voulut que le champ clos eût lieu dans cette ville, et décréta qu'il y assisterait; il avait hâte de voir l'affaire terminée avant son couronnement.

Le connétable ordonna toutes les mesures nécessaires, et choisit, pour le camp, un préau situé vers la partie orientale du château, dans l'endroit où se trouve aujourd'hui le *Boulingrin*.

Le sir de Montmorency était encore connétable en 1559, et présidait conséquemment au tournoi où Henri II fut blessé à mort par M. de Lorges, sir de Montgommery.

On donna aux estacades les dimensions indiquées par le règlement [2]; des tribunes furent élevées parallèlement à la grande face des barrières;

---

[1] « Le péril passé, on se moque du saint. »

[2] Item, voulons et ordonnons que toutes lices de gaige de

les deux tentes ou *trefes* ¹ des combattants placées à la droite et à la gauche du roi aux deux extrémités de la lice. Les tourelles des poursuivants d'armes, aux quatres angles de l'enceinte — celle du roi d'armes avait été pourvue de son échelle. — Il avait été nécessaire aussi de prendre des mesures extraordinaires de police pour empêcher la foule d'envahir l'enceinte réservée, car une multitude immense était arrivée, dès le matin, de Paris à Saint-Germain, attirée par la curiosité et par un temps magnifique.

Cette multitude fut cause d'un grand scandale, au moment où les deux champions entraient en lice ² ; une troupe d'hommes sans aveu et de mauvais sujets arrivés sur les lieux dans l'espoir d'y exercer leur industrie, se ruèrent sur les tentes où La Chasteigneraye avait fait préparer un souper magnifique pour y fêter ses amis après le combat, tant il se croyait sûr du succès. En un instant, tout y était mis au pillage : « les potaiges et entrées de tables respandus, mangés et dévorés par une infinité de

---

bataille ayent, à sçavoir : quarante pas de large et quatre-vingts pas de long. » (Formulaire déjà cité, art. XVIII.)

¹ *Trefe*, vieux mot français pour désigner le pavillon du chevalier qui doit combattre en champ clos.

² Il était déjà fort tard, et le soleil près de se coucher.

harpaille : la vaisselle d'argent, de cuysine et riches buffets, empruntés de sept ou huit maisons de la cour, dissipés, ravis et volés avec le plus grand désordre et confusion du monde ; et pour le dessert de tout cela, cent mille coups de hallebarde et de baston, départis sur tous ces gens, suisses et valets de cour, par les capitaines et archers des gardes et prévosts de l'hostel qui y survindrent [1] »

C'était la petite pièce avant la tragédie — mais revenons aux affaires sérieuses :

Excepté M. de la Roche-sur-Yon [2], aucun prince du sang ne demeura près du roi en cette circonstance ; tous suivirent M. de Vendôme [3] qui s'était retiré, blessé que Henri lui eût interdit de servir de parrain à Monlieu.

L'histoire ne dit pas si Catherine de Médicis était présente au combat; mais la belle Diane, la sœur du roi, sa tante Marguerite de Valois, les princesses [4], et la plupart des dames de la cour n'avaient eu garde de manquer l'occasion d'as-

[1] Mémoires de Vieilleville.

[2] Charles de Bourbon.

[3] François de Vendôme, vidame de Chartres, premier prince du sang.

[4] Élisabeth de France, depuis épouse de Philippe II et reine d'Espagne, n'avait qu'un an alors, et Marguerite de France, depuis reine de Navarre, ne naquit qu'en avril 1552.

sister au sanglant spectacle qui se préparait.

Comme on le verra, Jarnac, au dernier moment, avait décidé que le duel aurait lieu à pied ; c'était au surplus, depuis longtemps, la coutume que l'on suivait pour les rencontres. A en juger, par la longue liste des dames et des filles d'honneur de la reine et des princesses, telle que nous l'ont laissée les contemporains, on doit supposer que les tribunes étaient brillamment garnies. — Une foule de seigneurs et de braves gentilshommes, qui tous s'étaient distingués dans les armées, et firent parler d'eux plus tard dans les guerres de religion, que les loisirs de la paix avaient ramenés à la cour, étaient présents au combat. Le comte d'Aumale [1], le prince de la Roche-sur-Yon, les maréchaux de Saint-André et de Sedan, MM. de Brissac, de Biron, de Tavanne et de Montluc, les cinq fils du connétable et le marquis de Villars son frère, l'a-

---

[1] Malgré les prières et les exhortations de François Ier mourant, Henri, aussitôt monté sur le trône, avait rappelé le connétable, de Chantilly, où il était exilé, et lui avait donné la position qu'occupait l'amiral d'Annebaut, lequel fut à son tour remercié et éloigné des affaires ; M. d'Aumale remplaçait au conseil le cardinal de Tournon ; enfin M. de Saint-André était arrivé à la plus grande faveur. Vivonne avait reçu aussi une marque non équivoque de l'amitié de son maître : le Roi l'avait nommé colonel général de l'infanterie française.

miral de Châtillon, MM. d'Esse, de Charny, de Brion, de Vieilleville, de Bourdillon, et tant d'autres guerriers illustres par leur naissance et leur valeur, attendaient avec émotion l'issue de cette rencontre, depuis si longtemps prévue.

Parmi cette foule de courtisans, où Jarnac comptait fort peu d'amis, personne ne doutait que Vivonne ne remportât facilement la victoire [1]. Le spectacle empruntait à la présence du roi et de la famille royale une solennité inusitée; aussi le connétable ne négligea-t-il rien pour suivre avec toute la pompe possible le cérémonial prescrit pour la circonstance par l'ancienne législation.

[1] Telle était la réputation de La-Chasteigneraye comme tireur d'armes, que Brantôme raconte qu'un officier piémontais ayant porté la nouvelle de sa mort dans sa compagnie, un de ses camarades lui donna un démenti, s'écriant « qu'il estoit impossible qu'un si vaillant homme et qui avoit les armes si bien en main eust été tué ainsy d'un sien non pareil ! » Ils se battirent, et le porteur de la nouvelle fut tué. Quelle bizarrerie de ce capitaine ! ajoute Brantôme, et quelle obligation mon oncle lui en debvoit dans l'autre monde ! »

III.

Au lever du soleil, le 10 juillet 1547, le héraut d'armes Guienne cria aux deux extrémités de la lice :

« Aujourd'huy, dixiesme de ce présent mois de juillet, le roy, notre souverain seigneur, a permis et octroyé le camp libre et seur, à outrance, à François de Vivonne et au sieur de Monlieu, deffendant et assailly, pour mettre fin par armes au différent d'honneur dont entr'eux est question.

Pourquoy je fais à sçavoir à tous de par le roy que nul n'ait à empescher l'effet du présent combat, ny aider ou nuire à l'un ou à l'autre des combattants, sur peine de la vie.

La lice était double, l'espace vide entre la première et la seconde barrière occupé par les gens du connétable et les archers de la garde du roi.

Il y avait à chaque extrémité du camp une porte

pour laisser passage aux combattants ; et une au-dessous de la tribune du connétable. A la droite de cette tribune quatre sergents de la prévôté, et l'exécuteur des hautes œuvres, avec force cordes, faisaient prévoir les outrages sinistres que la loi ré-, servait au cadavre du vaincu.

Sous la tribune du juge du camp une table couverte d'un drap d'or supportait un missel, un crucifix, et un *te igitur ;* un prêtre se tenait silencieux à côté.

Aussitôt après le ban ou publication du héraut, Vivonne sortit de son hôtel, accompagné de son parrain et de ses amis, au nombre de plus de cinq cents, vêtus de ses couleurs, blanc et incarnat. Devant lui, on portait son écu et son épée, et, plus en avant, l'image de saint François sur une bannière ; le cortége était précédé de tambourins et de trompettes sonnant des aubades. La colonne fit le tour extérieur de la lice, ce qui s'appelait honorer le dehors du camp ; puis l'écu de Vivonne, peint de ses armes, fut attaché à un pilier planté à la droite de la tribune royale. François de Vivonne, seigneur de La Chasteigneraye, portait d'hermine au chef de gueule. Reçu à la barrière de droite par le connétable, suivant la forme accoutumée, après qu'il eut fait ses déclarations, il fut introduit dans le *trèfe* de droite, pour y rester jusqu'à son entrée au camp.

On amena ensuite Jarnac avec le même cérémonial. Il était accompagné de son parrain et de cent vingt gentilshommes revêtus de sa livrée, blanc et noir. Une bannière avec l'image de la sainte Vierge marchait en avant; Jarnac était, comme Vivonne, armé de toutes pièces, excepté le dessus, que ses écuyers portaient devant lui, ainsi que son épée et sa rondelle. Après que le cortége eut honoré le dehors du camp, toujours musique en tête, on suspendit l'écu de Jarnac, au pilier de gauche, près de la tribune du roi. Guy Chabot, seigneur de Jarnac, portait d'or, à trois chabots de gueule posés en paux ; 2, 1. La barrière de gauche ouverte à sa requête, il entra dans son pavillon, pour y demeurer jusqu'à l'appel du combat [1].

» Et ce fait, fut procédé par leurs parrains et leurs confidents à l'accord du camp et armes défensives. » Il n'y eut point de difficultés pour l'accord

[1] Le formulaire de Philippe le Bel avait tout prévu. On lit en effet, art. XXIII : « Quand tout sera en point..., les conseillers, sans plus attendre, s'en partent, et laissent à chacun combattant *sa bouteillette pleine de vin et un pain lié en une toüaillette.* » Il faut espérer qu'on n'oublia point ces précautions, car, je l'ai dit, les préparatifs du combat durèrent toute la journée, depuis le lever jusqu'au coucher du soleil.

19.

du camp ; les procurations furent échangées et mises au greffe par-devant les hérauts. On convint que si les épées se rompaient, il en serait procuré d'autres. M. d'Aumale fut requis de procéder à la *concordance des armes.*

Les confidents entrèrent alors dans les tentes de chacun des combattants, et restèrent avec eux pour leur tenir compagnie.

A sept heures et demie commença la concordance des armes. MM. de Villemareuil, d'Urfé, le baron de La Garde et de Saint-Julien, s'avancèrent en bon ordre, trompettes sonnant, tambourins battant. Ils portaient un *gousset* [1] de mailles, et s'arrêtèrent devant la tribune du roi, MM. le connétable et maréchaux présents. Là, M. d'Aumale examina et accepta le *gousset*, comme armes visitées, après l'avoir fait mesurer à un autre pour servir à La Chasteigneraye.

MM. de La Vauguyon, d'Urfé, le baron de La Garde et de Saint-Julien, apportèrent de même un gantelet de fer pour la main droite, lequel fut visité par le parrain de Vivonne, et accepté comme ci-dessus.

Dans cette occasion, M. d'Aumale dit qu'il allait

---

[1] Petite braie ou culotte de mailles en fer.

protester contre les armes défensives non usitées que Jarnac se proposait d'exiger, et dont il était avisé, ajoutant que « la perte du tems qui pourroit est refaite sur le discord fust au préjudice dudit de Monlieu. » A quoi M. d'Urfé répondit assez fièrement « qu'il resteroit encore six heures du jour au sieur de Jarnac après qu'il auroit eu la victoire sur son ennemi ! » Il était alors dix heures.

Tôt après fut apporté au même lieu, avec le même cérémonial et présents les mêmes juges, par les sieurs de Brion, de Lévis, d'Urfé, de La Garde et de Saint-Julien, deux brassards pour le bras gauche; on pria M. d'Aumale d'en choisir un pour La Chasteigneraye. Le prince protesta alors avec beaucoup de force, disant que ce n'étaient point armes usitées, et déclara ne pouvoir les accepter; mais, le cas référé devant MM. le connétable et les maréchaux, il en fut décidé autrement, *en raison du dernier paragraphe de la liste d'armes signifiée par Jarnac.* La Chasteigneraye choisit donc l'un des brassards et rendit l'autre.

Le fils du sieur d'Urfé, avec les autres amis de Monlieu déjà cités, apportèrent alors deux épaulettes pour le bras gauche; l'une des deux fut également choisie par l'assaillant, et l'autre rendue à l'assailli.

Puis M. de Saint-Vanray et les amis du défendeur présentèrent un grand bouclier d'acier avec une pointe d'un quart de longueur et bien acérée ; à quoi M. d'Aumale répondit que La Chasteigneraye ne s'était pas pourvu d'un bouclier de cette forme. Les juges du camp décidèrent que l'assaillant se procurerait une rondache pareille, ou se servirait de celle qu'il avait. Alors, pour trancher la difficulté, Monlieu proposa à son adversaire de choisir entre deux autres boucliers qu'il lui offrit : La Chasteigneraye prit l'un des deux.

Le fils de M. de Lorges et les précédents apportèrent un gantelet de fer pour la main gauche, qui fut accepté. Enfin MM de Courtinier et de Beaumont, avec le même cortége et cérémonial, présentèrent successivement, le premier un jac de mailles, le deuxième deux morions qui furent reçus par M. d'Aumale sans difficultés.

Toutes les armes défensives étant accordées, un héraut cria le ban suivant :

Or oyez, or oyez, or oyez, seigneurs, chevaliers et escuyers, et toute manière de gens ! — De par le roy, je fais exprès

commandement à tous que si tost que les combattans seront
au combat, chacun des assistants ait à faire silence et ne
parler, tousser, ny cracher, ny faire aucun signe du pied, de
main ou d'œuil, qui puisse aider, nuire, ni préjudicier à l'un
ny à l'autre desdits combattants. Et davantage je fais exprès
commandement de par le roy à tous, de quelque qualité et
grandeur qu'ils soient, que pendant et durant le combat ils
n'ayent à entrer dans le camp, ny à subvenir ny à l'un ny à
l'autre desdits combattants, pour quelque occasion et nécessité
que ce soit, sans permission de messieurs les connestable et
mareschaux de France, à peine de la vie.

Et ce dit, le sieur de La Chasteigneraye, *assaillant*, armé de ses armes, fut conduit par M. d'Aumale et suivi de ses confidents et de sa compagnie, pour honorer l'intérieur du camp, musique en tête, avec hérauts et poursuivants d'armes, lesquels tenaient en main leur bâton bleu, surmonté d'une croix d'or ou d'argent. Après lui, Jarnac, *assailli*, fut mené par M. le grand écuyer, en compagnie de ses témoins et amis, trompettes sonnant, et tambourins battant, pour rendre les honneurs à l'intérieur de la lice, précédé également par les hérauts et poursuivants d'armes.

Devant lui, on portait les armes offensives du combat : quatre épées que tenaient MM. d'Urfé, de La Garde, de Saint-Julien et de Cezay, et quatre daguettes à savoir : deux grandes et deux petites, dont étaient chargés MM. de Saint-Vanray et de Beaumont.

Les deux cortéges ayant défilé successivement au pied de la tribune royale, chacun des combattants s'agenouilla sur un carreau de velours et d'or ; là, après avoir entendu les représentations du prêtre commis à cet effet, ils prêtèrent serment, entre les mains de M. le connétable, sur les saints Évangiles, ainsi qu'il suit :

SERMENT DE L'ASSAILLANT.

« Moy, François de Vivonne, jure sur les saincts Évangiles de Dieu, sur la vraye croix de Nostre-Seigneur, et par la foy du baptesme que je tiens de luy, qu'à bonne et juste cause je suis venu en ce camp pour combattre Guy Chabot, lequel a mauvaise et injuste cause de se défendre contre moy. Et outre que je n'ay sur moy ny en mes armes, paroles, charmes ny incantations desquels j'aye espérance de grever mon ennemy, et desquels je me veuille aider contre luy, mais seulement en Dieu, en mon bon droit, en la force de mon corps et de mes armes. »

SERMENT DE L'ASSAILLI.

Moy, Guy Chabot, jure sur les saincts Evangiles de Dieu, sur la vraye croix de Nostre-Seigneur, et sur la foy du baptesme que je tiens de luy, que j'ai bonne et juste cause de me défendre contre François de Vivonne. Et outre que je n'ay sur moy ny en mes armes, paroles, charmes, ny incantations desquels j'aye espérance de grever mon ennemy, et desquels je me veuille aider contre luy, mais seulement en Dieu, en mon bon droit, et en la force de mon corps et de mes armes. »

Les combattants ayant été ramenés chacun à son siége, vis-à-vis l'un de l'autre, on procéda à l'accord des armes offensives, en présence du roi, des sieurs connétable et maréchaux de France.

Ces armes consistaient en deux épées ordinaires et portatives. La garde de ces épées faites à une croisée et à *pas d'âne*; puis venaient quatre daguettes bien épointées, deux pour chaque combattant; en outre deux épées de rechange étaient confiées au connétable pour remplacer celles qui se rompraient.

Les épées furent mises aux mains des deux adversaires, et les daguettes placées en leur lieu; puis les confidents se retirèrent ainsi que leurs parrains, en prenant congé d'eux et les exhortant à bien faire. Et alors le héraut de Normandie, qui était au centre de la lice, cria trois fois à haute voix : « Laissez aller les bons combattants! » puis s'éloigna.

Un silence de mort se fit à l'instant au sein de l'assemblée.

Les deux champions marchent résolûment l'un vers l'autre; La Chasteigneraye, l'épée haute et à pas précipités, Jarnac, avec plus de calme, le bouclier contre la poitrine et l'épée prête à parer le coup de tête; ce fut le premier que lui porta Vivonne, mais Jarnac change la parade, le reçoit sur sa rondache, et, en voltant, riposte par un coup qui atteint son adversaire entre le gousset de mailles et le haut de sa bottine. L'assistance entière pousse un cri aussitôt étouffé, l'attention redouble; La Chasteigneraye domine sa douleur, et gagne sur Jarnac, dans l'intention évidente de le saisir, « entrant sur lui de pied et de main, » mais il reçoit à la jambe gauche déjà entamée un terrible coup de revers qui lui fait au jarret une profonde blessure [1]; on voit Vivonne chanceler, son épée lui échappe, il tombe inondant la terre de son sang.

Une émotion inexprimable se manifeste dans les tribunes, au sein de la foule rassemblée autour

---

[1] Ce n'était pas un coup de traître que cette botte, comme on l'a cru à tort et tant répété depuis : en plusieurs rencontres, elle avait été employée et ne pouvait donc pas même être considérée comme une botte bien secrète. Dans le duel entre MM. de Genlis et Des Bordes, qui avait eu lieu aussi à Saint-Germain, M. Des Bordes eut un jarret coupé, dont il demeura estropié et boiteux. Dans une autre rencontre près de Rome, au Monte-Rotondo, un capitaine italien asséna à M. de Bouillon, gentilhomme gascon, un grand coup d'estramaçon sur le jarret, qui le fit tomber sans qu'il pût se relever.

des lices; les amis de Vivonne poussent des imprécations, ceux de Jarnac triomphent; les gardes ont peine à réprimer le mouvement général; enfin le silence se rétablit.

Jarnac, immobile, contemplait son ennemi en silence; Vivonne était là à sa discrétion. « Rends-moi mon honneur, lui dit Monlieu, et crie à Dieu mercy et au roy de l'offense que tu as faite! » Vivonne cherchait à se relever, mais en vain; il lui était désormais impossible de quitter la place. Jarnac, le laissant étendu sur la terre, s'avance vers la tribune royale, lève sa visière, et, mettant un genou en terre : « Sire, dit-il, je vous supplie que je sois si heureux que vous m'estimiez homme de bien; je vous donne La Chasteigneraye : prenez-le, sire, et que mon honneur me soit rendu; ce ne sont que nos jeunesses qui sont cause de tout cecy; qu'il n'en soit rien imputé à lui, ny aux siens aussi pour sa faute, sire, car je vous le donne. » Le roi garde le silence. Jarnac alors se frappe la poitrine avec son gantelet, et, levant les yeux au ciel, dit : « *Domine, non sum dignus*, ce n'est pas à moi, c'est à vous, mon Dieu, que je dois la victoire! » Puis il s'approche de Vivonne et le conjure de se rendre. Celui-ci, dans un effort suprême, parvient à se dresser sur un genou, et fait mine de vouloir frapper Jarnac de sa dague. « Ne te bouge, s'écrie Jarnac, ou je te tuerai ! — Tue-moi donc ! » réplique noblement La Chasteigneraye, et il retombe épuisé, rendant des flots de sang de sa blessure. Jarnac, sans se décourager, conjure de nouveau le roi, les mains jointes, de faire grâce à Vivonne ; mais Henri, impassible encore cette fois, ne veut rien répondre. Alors, s'approchant de son adversaire qui était gisant tout de son long (après avoir eu toutefois la précaution d'éloigner, avec la pointe de son épée, celle de Vivonne qui était à terre, et l'une de ses daguettes sortie du fourreau), Jarnac lui dit : « Chasteigneraye, mon ancien compagnon, reconnais ton Créateur, et soyons amis. — Sire ! s'écrie-t-il ensuite d'une voix émue et suppliante, sire, voyez, il se meurt ; pour l'amour de Dieu, prenez-le ! » Cette scène avait produit, dans l'auditoire, la plus pénible sensation ; on était touché de la généreuse conduite de Jarnac, de l'affreuse situation de son adversaire ; le connétable et les maréchaux intercèdent à leur tour auprès du roi en faveur de Vivonne.

« Si le roi n'intervient pas, disaient-ils, Jarnac est obligé d'achever le blessé, puis de traîner son cadavre hors de la lice, afin de le livrer au bourreau... Quel spectacle douloureux pour les princesses, pour les dames de la cour, pour les amis de Vivonne! Il était temps que Sa Majesté prît un parti, car il perdait tout son sang; si on ne lui portait secours, il ne tarderait pas à rendre le dernier soupir. » Cependant Jarnac s'était tourné vers la duchesse de Berri [1], sœur du roi, qu'il voyait attendrie; il prie en grâce cette princesse, que ses qualités rendaient populaire, de fléchir Henri. A l'appel de cette voix chérie, le roi paraît se réveiller de la stupeur où le résultat du combat l'a plongé, il prête l'oreille à la douce prière de Marguerite, enfin il se laisse toucher : « Jarnac, me le donnez-vous? dit-il. — Oh! oui, sire! répond Monlieu, je vous le donne, pour l'amour de Dieu et pour l'amour de vous; suis-je pas homme de bien? — Vous avez fait votre devoir, Jarnac, et vous est votre honneur rendu. Qu'on enlève le seigneur de La Chasteigneraye. »

Vivonne fut emporté hors de la lice, sans connaissance et dans un état pitoyable; mais le lendemain, revenu à lui, il arrachait les appareils que les médecins avaient posés sur ses blessures;

---

[1] Mme Marguerite de France, depuis duchesse de Savoie. « Cette princesse fut si parfaite en sçavoir et sapience, qu'on lui donna le nom de *Minerve de la France.* » (Brantôme.)

et, peu de temps après, il expirait en proie à une excitation nerveuse que rien ne put calmer.

La question de savoir si Jarnac triompherait et ferait parade de sa victoire, comme l'usage en était établi, fut discutée séance tenante devant le roi. Henri, je regrette d'avoir à le dire, opinait pour qu'il en fût ainsi; mais le parrain de Monlieu, d'accord avec lui d'ailleurs, supplia le roi de dispenser le vainqueur, en raison de son ancienne amitié pour Vivonne, d'une aussi cruelle obligation. — Si l'on doit en croire Brantôme, Jarnac agit prudemment en résistant à la volonté du roi et aux instances du connétable, qui, obligé par position de sauvegarder les usages de la chevalerie, insistait pour que le vainqueur triomphât suivant la forme indiquée [1] par les règlements. Les partisans de La Chasteigneraye étaient en effet dans la plus grande exaltation; il ne fallait qu'un prétexte pour amener un esclandre. « Les amis de mon oncle, dit le sire de Bourdeille, étoient en mesure, non-seulement de desfaire la troupe du seigneur de Jarnac, et lui avec elle, mais de faus-

---

[1] « Qu'il se pourmenât par le camp, à mode de triomphe, en trompettes sonnantes, et *tabourins* battans.

« Item voulons que le vainqueur triomphe, s'il n'a *essoine* (blessure, empêchement) de son corps. » (*Formulaire*, etc., art. XXIII).

ser les gardes du camp, les juges, voire tout le reste de la cour ensemble ! » Et le séditieux va même assez loin pour ajouter : « Ha ! que si, de ce tems-là, le noblesse française fût esté aussy bien apprise, et experte aux esmeutes et séditions comme elle l'a esté despuis les premières guerres, il ne faut doubter que ces braves gentilshommes, sans aucun respect ny signal de M. d'Aumale, n'eussent joué la partie tout entière [1] ! »

On a peine à comprendre comment le roi ait pu oublier sitôt son favori, qui avait de nombreux amis ailleurs qu'à la cour et parmi les mécontents, comment il a incliné pour faire triompher Jarnac, alors que le vaincu, qui mourait pour sa cause, était agonisant. Henri, sans se faire le moins du monde prier, traita Monlieu en vainqueur, et ne montra aucun scrupule à l'accabler de prévenances et d'éloges. « Vous avez combattu comme César, lui dit-il, et parlé comme Aristote ! »

On reproche aussi à Henri d'avoir trop tardé à séparer les combattants; la première blessure

[1] Brantôme s'avance beaucoup en parlant ainsi. L'opposition, que la disgrâce d'un grand nombre de seigneurs, que les destitutions opérées sous l'influence de Diane, avaient beaucoup exaltée, s'était prononcée pour Jarnac, et la victoire, dans l'hypothèse qu'aborde Brantôme, eût été pour le moins contestée.

reçue par Vivonne suffisait pour que l'honneur fût satisfait. Personne ne se méprenait sur le motif du duel ; on savait Jarnac tout à fait innocent du propos criminel que son ancien ami lui avait imputé ; on ne doutait pas le roi ne fût le seul coupable, et que le dévouement de La Chasteigneraye pour Henri ne fût la raison qui lui avait mis les armes à la main et poussé à soutenir un mensonge. Il ne fallait donc pas laisser continuer l'affaire, de crainte qu'elle ne devînt irréparable. Un roi peut beaucoup dans de pareilles circonstances, et si le dauphin n'avait pas eu le courage de s'avouer l'auteur du conflit, le devoir de Henri II était d'agir avec plus de grandeur, ou disons mieux avec moins de rancune, en arrêtant le combat au premier sang.

Il est incontestable, et tous les témoignages historiques que j'ai consultés s'accordent pour le faire entendre : Henri joua un triste rôle dans cette histoire ; plusieurs écrivains de l'époque ont été même jusqu'à prétendre que la main de Dieu s'était montrée dans le genre de mort du roi, qui périt lui-même en combat singulier [1].

---

[1] C'est-à-dire dans un tournoi. On fit ce pentamètre à l'occasion de l'événement : qui était brave comme son père, et avait échappé à la mort dans bien des combats.

« Quem Mars non rapuit, Martis imago rapit. »

François Ier, ne se conduisit pas ainsi dans l'affaire de M. de La Tour.

Ce gentilhomme était accusé d'avoir fui du champ de bataille de Pavie; il paraît que c'était vrai. M. de Sarzay le dit. La Tour le fait appeler pour lui rendre raison de ce propos devant le roi. « Je le tiens de M. de Gaucourt, » répond Sarzay. Gaucourt est mandé. « Vous m'avez dit vous-même, Sarzay, que vous le teniez de Veniers. » « Il est vrai, répond Sarzay, Veniers me l'a dit. » Veniers, incontinent appelé devant le roi, donna un démenti à Sarzay [1].

François Ier ordonna le champ clos où Sarzay et Veniers se battirent longtemps et comme deux lions. Alors le roi jeta son bâton dans la lice, arrêta le combat [2], et, pour satisfaire tout le monde, déclara que La Tour avait très-bien fait son devoir près de sa personne, à Pavie, ce dont il ne croyait pas un mot.

Madeleine de Pontguyon, dame de Jarnac, avait

---

[1] « *Venerius accersitus negat se dixisse, et Sarzœum mendacis reum agit.* » (*Mart. Bellarii, Coment.* lib. VIII.)

[2] « Aussi eut-il raison, car cela ne sent point son prince, ny son seigneur chrestien, d'aller paistre et saouler ses yeux humains d'un espectacle de telles cruautés inhumaines jusqu'à l'extrémité. » (Brantôme.)

adressé une requête au roi, demandant justice contre La Chasteigneraye, et suppliant Sa Majesté que, avant de permettre le duel, elle autorisât une poursuite en calomnie contre Vivonne ; mais on ne fit pas droit à cette demande, que l'événement d'ailleurs rendit inutile.

Après le duel, Monlieu se rendit à Notre-Dame de Paris, pour y faire ses prières et remercier la sainte Vierge, sa bonne patronne, de la protection qu'elle lui avait accordée. Il suspendit ses armes dans l'église, où elles demeurèrent longtemps. On ne doit pas oublier de dire, à sa louange, qu'avant de consentir à monter à la tribune du roi, où Henri l'attendait pour lui adresser ses félicitations, le brave Jarnac s'assura que La Chasteigneraye était sorti de la lice. Ronsard a célébré la conduite de Monlieu dans une de ses odes.

M. d'Aumale fit élever un tombeau magnifique à La Chasteigneraye, qui mourait à vingt-huit ans, laissant une fille unique âgée de trois ans ; elle se maria depuis avec M. de l'Archaut [1]. Quant à Mme de La Chasteigneraye, elle épousa en secondes noces M. de La Force. Henri, désespéré de la

[1] On trouve, dans le récit des fêtes qui eurent lieu à la cour en 1581, lors du mariage du duc de Joyeuse avec Mlle de Vaudemont, que Mme de l'Archaut dansa avec M. de Joyeuse.

mort de son favori, jura qu'il n'autoriserait plus jamais d'épreuves en camp mortel. Aussitôt après le combat, il quitta Saint-Germain et vint demeurer à Paris, chez Baptiste Gondy.

IV.

Telle fut en France la dernière application des lois lombardes. Aux combats judiciaires succéda bientôt la licence des duels particuliers, qui, pendant deux siècles, a plus fait verser de sang en Europe, et surtout en France, qu'il n'en avait été répandu dans les duels en champ clos depuis leur origine.

On sait que les combats en champ mortel avaient toujours marché, dans notre pays, et longtemps avant Pepin le Bref, de front avec les *Jugements de Dieu* proprement dits. La première de ces épreuves était permise à la noblesse, qui seule avait le port et l'usage des armes. La seconde était réservée aux vilains. Des dérogations à ces principes exclusifs s'y introduisirent cependant avec le temps; ainsi l'on vit de très-grands personnages rechercher spontanément le *Jugement de Dieu* pour prouver leur innocence. Quant au duel entre gens de main-morte et de condition servile, il fut aussi toléré quelquefois, mais sous la réserve que les combattants n'emploieraient pas des armes de gentilshommes [1].

Quoique, de tout temps, les jurisconsultes les plus éminents se soient élevés, dans leurs écrits, contre les duels, il est cependant nécessaire de constater qu'ils trouvaient moyen, en général, après avoir fulminé contre ces combats singuliers, d'en arriver à fournir des excuses, et même des raisons, en faveur du duel judiciaire.

Parmi les auteurs anciens que j'ai consultés à ce sujet, André Alciat [2], dont l'autorité d'ailleurs a toujours été considérée comme très-compétente,

---

[1] « Les roturiers ne pouvaient combattre qu'avec l'escu et le baston simple sans estre ferré ni garny d'aucune allumelle. » (Favyn.) Voyez aussi, dans Alciat, les curieux détails d'un duel judiciaire entre Jacotin Plouvier et Mahuot, deux bourgeois de Valenciennes. Idem l'ordonnance de l'ancien échiquier de Normandie, et beaucoup d'autres preuves. (Wlsn de la Colombière.)

[2] Andr. Alciat. Francisco, Francorum regi christianiss. (Avignon, mars 1529.)

me semble l'un des plus concluants dans ce sens.

En 1529, il adressait à François Ier une dissertation sur les combats singuliers qui a beaucoup servi depuis à l'étude de la question, et où nous lisons : « *In primis sciendum est monomachiam omnem, seu singulare certamen, omni jure vetitam, prohibitamque esse, idque, non solum lege civili, sed etiam pontificia.....* etc.

Si omitttamus periculum vitæ, ad quod non solent strenui viri adeo respicere, qui, ut in carmine Virgiliano, « *cupiunt lethum pro laude pasci,* » *debent saltem animæ suæ rationem ducere, et iram Dei timere, nec se ei casu subjicere quo morientes sacramentis Ecclesiæ priventur, et tumulum, cum canibus communem habeant.* »

Alciat le prouve par toutes les lois alors en vigueur, et surtout en citant Balde. — Il ajoute que les militaires, obligés d'obéir d'une manière passive à leurs chefs et à leur souverain, doivent puiser dans les principes mêmes de la discipline de plus sérieux motifs encore pour se soumettre à l'autorité de la loi. Dans sa prohibition du duel, Alciat ne fait donc aucune exception en ce qui touche les gens de guerre... *Adeo exosum id crimen habuerunt veteres, ut nec quidem cum hoste congredi militi suo singulari certamine permise-*

rint, nisi, consulto priùs duce atque exercitûs imperatore. Cependant, après avoir proscrit le duel d'une manière absolue (on devait le croire à son langage), Alciat finit cependant par convenir que, dans certains cas, il peut être autorisé [1]. *Tamen id observatur, ut si tu mihi aliquod crimen objicias, egoque responderim te mentiri, possis offerre te armis in stadio id quod objecisti probaturum, admittitur tunc duellum, tanquam probationis cujusdam species, ut, sicut in causis criminalibus, quandò absunt indicia devenitur ad torturam, ita et in istis causis militaribus devenitur ad duellum, tanquam ad innocentiæ et veritatis experimentum.*

Voilà donc le *jugement de Dieu* justifié par la torture. Remarquons, en passant, qu'Alciat savait ce qu'il faisait en choisissant le démenti comme exemple à l'appui de son argumentation; on se rappelle, en effet, l'importance extrême et spéciale que François Ier attachait à la gravité de cette injure.

Résumons la jurisprudence lombarde :

Quand la solution d'un différend entre particu-

---

[1] Pour faire sa cour au chevaleresque François Ier, il était difficile que l'auteur pût conclure autrement.

liers sortait du domaine de la justice des hommes, c'est-à-dire quand, à l'appui d'une accusation criminelle, par exemple, les preuves manquaient, après le serment contradictoire des parties, suivant l'ancienne législation, il ne restait plus qu'un moyen de découvrir la vérité : c'était le jugement de Dieu.

Dans ce cas, le gentilhomme jetait le gant à son adversaire [1]. Si le gant était relevé, le parlement de Paris, seule juridiction en matière de gage de bataille, après avoir instruit l'affaire, permettait ou refusait le combat. — Si le gant n'était pas relevé, malheur au plaideur défaillant; on le traitait comme un vaincu, son écu était brisé par le bourreau dans la lice; il était déclaré déchu de la noblesse, lui et sa postérité, etc.

Si le parlement pensait qu'il échût gage de bataille, le combat à outrance avait lieu, et le vainqueur sortait triomphant du conflit, le vaincu était considéré dès lors comme menteur, félon et mauvais.

Quand la dispute s'élevait entre des hommes de

[1] Quelquefois il était sanglant. « Tel fut le gant que le roi René d'Anjou envoya au roi Alphonse, le défiant, par ce gage sanglant, de se battre avec lui pour le royaume de Naples. » (Chronique de Belleforêt.)

LE JUGEMENT DE DIEU.

poeste [1], ils se défiaient l'un l'autre de subir l'épreuve du fer chaud, de l'eau bouillante, de la *froide* [2] ou du crucifiement. Charlemagne a, le premier, institué légalement les jugements de Dieu. A la fin des Capitulaires se trouvent les formules ou prières dont on faisait usage en consacrant les fers brûlants et les eaux chaudes et froides employées dans ces épreuves; on y disait aussi certaines messes particulières. L'accusé devait marcher pieds nus sur un soc de charrue chauffé au rouge, ou se laver les mains dans de l'eau bouillante; quant au crucifiement, interdit d'abord [3], *ne Christi passio, quæ glorificatio est, cujuslibet temeritate contemptio habeatur;* il fut permis ensuite, à l'époque où le grand Charles

---

[1] (Roturier, *alienæ potestati subditus*, que Boutillier appelle coustumier en sa *Somme rurale*. La coustume de Bar-le-Duc, art. 10 et 12, *terre de poté*, terre en roture). Favyn.

... Moult seroit cruelle chose si le gentilhomme appeloit un homme de *poeste*, et s'il avoit l'advantage du cheval. » (Favyn).

Cela prouve que quelquefois le chevalier combattait contre le roturier.

[2] La *froide* d'un étang ou d'une rivière. On y jetait le patient pieds et poings liés; s'il disparaissait, on le déclarait coupable; s'il surnageait, son innocence était reconnue.

[3] Liv. 1ᵉʳ des *Capitul.* chap. 12.

proscrivit définitivement les combats à outrance : *Volumus ut ad declarationem rei dubiæ judicio crucis Dei voluntas et rerum veritas inquiratur; nec unquam pro tali causa cujuslibet generis pugna vel campus ad examinationem judicetur.* On pouvait se faire représenter, pour les épreuves du feu et de l'eau, comme on va voir [1]. Le moine Aimonius rapporte que Louis, roi de Germanie, pour maintenir son bon droit envoya par-devers Charles le Chauve, roi de France et empereur, son oncle, des ambassadeurs, et avec eux, trente hommes, dix desquels firent l'épreuve du fer chaud; dix celle de l'eau chaude, et les dix autres, de l'eau froide, et qu'ils en sortirent tous sans lésion aucune. Le même historien raconte aussi que la princesse Cunégonde, fille de Sigefroy, comte palatin, fit preuve de sa vertu, en marchant les pieds nus sur des socs ardents, pour repousser une accusation intentée contre elle devant l'empereur Henri II son mari, bien entendu, sans se brûler. Mais, comme il arrivait très-rarement que l'innocence

---

[1] De même, dans les duels judiciaires, si l'on pouvait alléguer une loyale *essoine*, on avait le droit de présenter *advoué*, c'est-à-dire un parent ou un ami qui combattait en votre lieu et place. — Il y en a de fréquents exemples dans l'histoire des combats à outrance.

sortît sans dommage de ces épreuves, on finit par y renoncer, et, nonobstant les interdictions de Charlemagne, les combats à outrance furent préférés et survécurent aux jugements « par la gesne et la torture. »

Sous les rois des premières races, une bonne partie des duels judiciaires avaient l'honneur des dames pour motif, témoin le combat de Lancelot en faveur de Gondeberge, reine de Lombardie [1]; celui entre Gontran et le jeune Ingelger, comte d'Anjou, qui défendit la belle comtesse de Gastinois, sa marraine ; l'affaire du comte de Barcelone, Bernard, accusé d'avoir recherché d'amour l'impératrice Judith, épouse de Louis le Débonnaire ; enfin, mais dans des temps plus modernes, le célèbre duel du sire de Carouge contre Jacques Le Gris, accusateur de la dame de Carouge, et tant d'autres encore.

Malgré les lois de Charlemagne, les duels continuèrent avec fureur et impunité, sous le règne de ses successeurs. Cependant, vers l'an 1032, et, grâce aux efforts de l'Église, cette sanglante passion paraît s'affaiblir, les combats des seigneurs entre eux cessèrent presque entièrement ; ce fut

---

[1] Grég. de Tours.

l'époque dite de la *Trève de Dieu* ; et elle était bien nommée, car ce n'était pas la paix, mais une simple suspension d'armes. Les combats singuliers recommencèrent en effet de plus belle sous les règnes de Philippe-Auguste, de Louis VIII et de Louis IX. Chose à remarquer, les évêques alors [1] permettaient les duels : bien plus, les *prêtres eux-mêmes étaient autorisés à combattre.* On lit dans les registres d'un concile de la province de Normandie, tenu à Lisle-Bonne, sous le règne de Philippe-Auguste, que «... les prêtres ne se doivent combattre en duel sans la permission de leur évêque, » preuve que cette autorisation pouvait leur être accordée. Le sage Louis IX lui-même, dans les premières années de son règne, voulut qu'on assignât devant lui plusieurs causes de

---

[1] « L'an 1100, un duel fut ordonné par Geoffroy du Magne, évêque d'Angers, entre les moines de l'abbaye de Saint-Serge, d'une part, et un nommé Engelard avec ses consorts, de l'autre. »

L'an 1301, par arrêt du parlement de Paris, il est jugé que l'évêque de Saint-Brieuc ayant adjugé gage de combat, contre l'ordonnance du roi, dans l'affaire entre Guillaume de Bois-Rousseau et Jéhan de Pleuveudrin, qui s'étaient injuriés, ses procédures seraient cassées et annulées, « attendu qu'en matière d'injures, il n'échéait gage de bataille. » (*Chron. de Belleforêt et Arrêts des parlements.*)

gages de bataille. Je citerai entre autres à ce propos, l'affaire d'un chevalier français, dont l'histoire n'a pas gardé le nom, contre le comte de la Mark, Hugues de Lusignan, dit le Brun, « accusé suivant la chronique, de foi mentie, de trahison, et de plusieurs autres crimes énormes, » cela se passait en 1242. Cependant, par une ordonnance de 1260, le saint roi se décida à abolir les duels. — « Nous défendons, dit cette ordonnance, par tout notre roiaume, les batailles en toutes querelles, et, au lieu de batailles, nous mettons preuves, par chartes et témoins. » Cette loi, reproduction presque textuelle de celle qu'avait rendue Charlemagne, quatre cents ans auparavant, ne fut pas mieux respectée que sa devancière ; —Louis IX mort, on n'en tint plus compte.

« Sous le règne de Philippe le Hardy, fils de saint Louis, dit un ancien auteur, cette infernale coustume des duels reprit nouvelle force, de manière que la France étoit, de tous cotez, pleine de sang et de carnage de la noblesse qui se massacroit, et s'entr'égorgeoit, ainsi que bestes fauves, et la moindre parole de travers se vidoit les armes à la main. » Ne pouvant empêcher les duels, Philippe voulut pourtant essayer de les restreindre, et fit dans ce but, avec le sire de Beaumanoir, le traité des cas où le duel est permis [1], en les limitant à quatre, et les défendant, sous tout autre prétexte, et dans toute autre circonstance. En 1303, nouvelle interdiction des combats singuliers d'une manière absolue, et sous peine de mort, par Philippe le Bel. Mais ces belles résolutions ne durèrent pas, cette fois encore, et, comme toujours, la volonté du souverain fut obligée de céder devant la pression de l'opinion et les exigences du point d'honneur.

Trois ans après, Philippe le Bel se vit contraint à adopter la politique de son père, et à régler les rencontres, en proscrivant tout autre duel que le combat, en camp clos, qu'il ne permettait d'ailleurs, en suivant les principes de l'ordonnance de 1283, que dans un certain nombre de cas. — C'est de là que provient le célèbre formulaire de 1306, qui fut suivi fidèlement dans toutes ses dispositions jusqu'au règne de Henri II, et que la cour des pairs du royaume prit pour base de tous ses arrêts [2].

---

[1] « Le roi voulut que messire de Beaumanoir, chevalier, le plus docte en la jurisprudence française de tous ceux de son temps, couchât par écrit les dits cas auxquels échéait le duel. »

[2] La cour ne permettait les combats, ainsi que nous l'avons

En parcourant l'innombrable série des demandes de combat à outrance soumises au parlement de Paris pendant ces deux cent quarante et une années et sous les règnes consécutifs de douze rois, on en trouve presque autant de rejetées que d'admises. Indépendamment de ce motif très-réel de diminution pour les combats singuliers, les difficultés de tous genres, le sort affreux réservé au vaincu, les dépenses considérables que le demandeur ne pouvait éviter, les entraves de toute

dit, que dans quatre circonstances seulement. (*Formulaire des combats à outrance*, etc.)

Chap. Ier. « Les quatre choses appartenant à gaige de bataille auparavant qu'il puisse être *adjugé*. »

« Premièrement, nous voulons et ordonnons qu'il soit chose notoire, certaine et évidente, que le maléfice soit advenu, et ce signifie l'acte où il apperra évidemment homicide, trahison ou autre vray semblable maléfice par évidente suspicion.

Secondement, que le cas soit tel que mort naturele en deust ensuivir, excepté cas de larrecin, auquel gaige de bataille ne chiet point, et ce signifie la cause par quoi peine de mort s'en deust ensuivir.

Tiercement, qu'ils ne puissent estre punis autrement que par voye de gaige, et ce signifie la cause en trahison reposte, si que celuy qui l'auroit fait ne se pourroit défendre que par son corps.

Quartement, que celuy que on veut appeller soit diffamé du fait par indices ou présomptions semblables à vérité, et ce signifie la cause des indices. »

nature que le formulaire de Philippe le Bel avait inventées pour décourager et fatiguer les parties, enfin la faculté souveraine du juge du camp d'arrêter le combat au dernier moment, durent éviter ou atténuer les résultats de bien des duels, qui sans tout cela se fussent terminés par la mort de l'un des champions, ou même de tous les deux. On comprend donc comment, sous les règnes de Henri IV et de Louis XIII, on ait eu sérieusement la pensée de revenir aux duels judiciaires [1].

« Depuis la célèbre affaire de Jarnac et de La Chasteigne-

[1] Mon intention seroit de persuader au roy et à la reine régente sa mère, aux princes du sang et officiers de son conseil, d'introduire ou plustôt de remettre cette ancienne coustume des combats publics qui se faisoient devant leurs majestés ou devant leurs connestables, mareschaux, lieutenants généraux ou autres juges compétens..... Car autrement il est du tout impossible d'apporter aucun remède aux duels illicites, etc. (Wilson de la Colombière, *Traité du vray duel contre celui qui se pratique à présent*, 1648.)

Voyez aussi : « *Adresse au roy touchant le rétablissement du gaige de bataille en camp clos*, par Paul de Mont-Bouscher de La Rivaudière, » 1612. « Ces malheureux duels, dit l'auteur, sont plus communs en France, en tems de paix, ce semble, et emportent plus d'hommes à cause de l'oysiveté du Français, qui se mutine contre soy-même et se querelle davantage quand il est oyseux, et qu'il n'est point employé contre l'ennemy étranger. »

raye, dit un écrivain du XVIIe siècle [1], comme si l'interdiction des combats en camp clos eust includ une permission de se battre en champ libre et ouvert, les duels ont commencé de s'authoriser par l'usage et impunité jusques au temps du roy deffunct, auquel se trouvèrent des courtisans faisant gloire de se rendre redoutables aux autres, comme les géans des premiers siècles, et lors, comme l'on veit les duels honorez de loüanges exquises et consacrez à l'éternité par l'érection de magnifiques statües, glorieuses inscriptions et superbes épitaphes, il y eut presse à mourir si précieusement. Toutesfois cette ambition ne saisissoit encore que les âmes plus altières, le commun de la noblesse mesme, celle qui ne hantoit point la cour, usoit de quelque retenue.

Mais les esprits ayans esté effarouchez par ces dernières guerres civiles, la noblesse, retirée en sa maison depuis la paix, s'est portée à tout ce qu'elle a pensé la pouvoir rendre redoutable, et à ceste fin, chaque gentilhomme a fait de sa salle de festins une salle d'escrime, et de ses enfans une compagnie de gladiateurs (dès lors aucuns jugèrent ce qui en adviendroit). Cette jeunesse, au bout de cinq ou six ans, a voulu tenter si elle manieroit aussi heureusement son espée que ses florets; seulement, par un vain désir de se faire cognoistre, les jeunes y ont embarqué les vieux, qui ont creu estre obligez de vérifier le proverbe que jamais bon cheval ne devient rosse; puis nostre nature se porte facilement au mal, et plus facilement encore à l'excès du mal jà receu et pratiqué. De là sont sortis les grands et funestes accidens que nous avons veus. Pour empescher que ce mal ne passast plus avant, le roy heureusement régnant y a faict, n'a pas longtemps, apporter par sa cour de parlement un remède véritablement grand et puissant. »

[1] Le sieur de Treslan, dans son *Avis au roy concernant les*

L'événement a prouvé que le remède ne pouvait pas guérir le mal; la civilisation seule était appelée à le faire disparaître.

Les combats à outrance les plus remarquables dans le cours de cette longue suite d'années furent: en 1043, celui qui eut lieu dans l'intérêt de l'impératrice Gunthilde, femme de Henri, fils de Conrad le Salique, empereur d'Allemagne. — La rencontre entre le comte d'Eu et Geoffroy Bagnard, à Salisbury, en 1096.—Le duel entre Raymond de Béranger et un chevalier dont l'histoire ne dit pas le nom, dans l'an 1106. — En 1256, le combat entre Guillaume de Charenton et Etienne de Roza. — Le duel judiciaire entre MM. de Buade et de Rochefort, en 1308. — Celui de Daniel de Blide, chevalier, et Guy de Grignon, également chevalier, sous Philippe de Valois, en 1326. — Le combat à outrance du sire de Ponts, de la maison de Tu-

---

duels, 1604. — Il est un autre *Avis* du même auteur sur la présentation de l'édit de sa majesté sur la damnable coustume des duels prononcé au parlement de Toulouse. Les avis et remontrances au roi sur la question des duels furent très-fréquents à cette époque. On peut citer sur la matière l'ouvrage de M. de Balagny, 1612, et le discours de messire Pierre de Fenolliet, évêque de Montpellier, prédicateur ordinaire de sa majesté durant la tenue des états, le 26 janvier 1615.

renne, contre le comte de Comminge, en 1328. — Celui des sires de Durfort et de Montaigu, en 1332. — En 1338, le duel des seigneurs de Villeneuve et Jehan d'Asperront. Le fameux combat qui eut lieu en 1343, entre les barons de Mye et de Lostanges, et le sire du Peschel, avec le jeune vicomte de Châtillon, son fils. Du Peschel était âgé de soixante-dix ans, et « tout mangé de gouttes. » Cependant il fut, ainsi que son fils, victorieux. Les sires de Mye et de Lostanges restèrent sur la place.

Dans la même année, l'histoire rapporte le duel entre le sire Henry du Bois et Jéhan de Vervins. — En 1354, Jacques d'Archant et Jéhan Picard, son beau-père, se combattirent en champ clos. — En 1386, eut lieu l'affaire du seigneur de la Trimoïlle contre Pierre de Courtenay, chevalier anglais. En 1390, celle de Villeneuve contre Honoré de Serragone. Plusieurs autres duels aussi sont racontés par les historiens, comme s'étant passés au commencement du xve siècle, en 1405 et 1409. En 1414, trois chevaliers français, les sires de Grignon, de la Roque et Maurignon défièrent, combattirent et vainquirent trois chevaliers portugais. — En ce temps-là, sept chevaliers anglais, le seigneur de l'Escale, Aymon Cloyet, Jean Héron, Richard White-Whale, Jean Fleury, Thomas

Trays, et Robert de l'Escale, défièrent les Français de leur envoyer le même nombre de chevaliers près du château de Montendre, en Guienne, pour se combattre. Avec la permission du duc de Bourgogne, le seigneur de Barbazan, Arnaud d'Esguillon, Guillaume du Chastel, Colinet de Braban, Archambaut de Villars, Guillaume Bataille et Carolis de Champagne, acceptèrent le défi, partirent de Paris et se rendirent au lieu désigné « où ils desconfirent les Anglais. » N'oublions pas le magnifique combat de Jacques de Lalaing contre Jean de Boniface, en 1414. C'était la trentième joûte que fournissait l'intrépide Lalaing ; il accomplit heureusement dans cette occasion le vœu qu'il avait formé de combattre trente fois, en champ clos, avant d'avoir atteint la trentième année de son âge.

En 1415, Guillaume de la Haye se bat avec un autre gentilhomme de Portugal. En 1420, duel entre Jean de Merle et Henry de Rameston ; dans cette année, le même sire de Merle combat Pierre de Bauffremont, seigneur de Charny. C'est sous Charles V qu'arriva la fameuse affaire du chien de Montargis, qui combattit et vainquit en champ clos le chevalier Macaire, accusé d'avoir assassiné Aubry de Montdidier, son maître. —

Sous Charles VI, duel entre Robert de Beaumanoir et Pierre de Tourmenine. — L'on ne peut passer sous silence ici les trois duels successifs du brave Boucicault, depuis nommé maréchal de France, contre trois chevaliers anglais, qu'il défit l'un après l'autre, les sires de la Barde, Courtenay, et Clifford. — Jéhan de Massé se bat en 1438, contre John Astley, anglais. — Le même Astley tue Philippe Boyle en 1442.

Sous le règne de Louis XII, Charles VIII, et François Ier, les défis entre les gentilshommes des armées belligérantes en Italie furent très-fréquents durant la fin du XVe siècle, soit dans le royaume de Naples, soit en Piémont. — Pour renouveler le souvenir du glorieux combat des trente Bretons, sur la lande de Ploërmel, le chevalier Bayard arrangea à cette époque plusieurs rencontres entre un certain nombre de capitaines français, et la même quantité d'Italiens ou d'Espagnols. — Une des plus mémorables affaires de ce genre fut celle qui eut lieu à Trani, dans le royaume de Naples, entre treize chevaliers de chaque côté. — Le vice-roi avait accordé le champ clos qu'il présidait, et la victoire demeura aux Français, grâce à la valeur de Bayard et des sires de Mondragon, de Torcy et de Chabannes, qui restèrent maîtres du terrain. — Après que Lautrec eut rendu la ville de Bresse aux Vénitiens, un duel eut lieu entre quatre Français et quatre Espagnols devant Vérone.

N'oublions pas de mentionner la victoire du sire de Vassé contre don Sanche de Lève, celle de Bayard contre don Alonzo de Soto-Mayor, de la maison de Cordoue [1], dans le commencement du xvie siècle. — Lorsque Charles-Quint vint faire le siége de Mézières, le comte d'Egmont et le seigneur de Montmorency qui étaient pour le roi, et dans la place, envoyèrent un défi aux chevaliers assiégeants, les sires de Vaudrey et de Montgommery, qui combattaient dans les rangs des impériaux, acceptèrent le combat ; ils rompirent plusieurs lances en dehors de la ville, et, suivant l'expression du temps, « ils firent bien, tous les quatre »

Ici, je ne puis résister au plaisir de raconter avec un peu plus de détails un fait d'armes bien glorieux pour l'illustre Lesdiguières, qui fut depuis nommé connétable. A la bataille de Pontcharra, que les Français gagnèrent contre Charles-Emmanuel, duc de Savoie, et les Espagnols, commandés

[1] J'en ai déjà parlé.

par le comte d'Olivarès, comme la cavalerie commençait à s'avancer, un seigneur espagnol des plus signalés de l'armée ennemie, ayant remarqué Lesdiguières, général en chef de l'armée française, comme il donnait des ordres, se détacha du gros de sa troupe, et suivi d'une vingtaine de cavaliers, couvert sur ses armes d'une cotte de velours rouge, toute chamarrée d'argent, et la lance en arrêt, vint droit à lui; ce que Lesdiguières apercevant, l'attend de pied ferme, et, aussitôt qu'il le juge assez près, court contre lui, sans lance, l'épée à la main, avec laquelle il détourne froidement l'arme de ce malheureux, qu'il tue raide, en lui portant un coup de pointe dans la figure, à travers les grilles de son casque.

Après cette action si vigoureuse, Lesdiguières s'en revient à la tête de son armée, où, sans aucune émotion, ni transport, il donne si prudemment les ordres nécessaires, et attaque avec tant de hardiesse et de résolution l'ennemi, qu'il le défait entièrement. Cinq mille hommes, presque tous Espagnols et Napolitains, restèrent sur le terrain; dans cette belle affaire, mille furent fait prisonniers; l'ennemi perdit trente-deux drapeaux, un guidon et une cornette, glorieux trophées qui restèrent entre les mains des Français. Ce généreux seigneur ne se montra pas plus orgueilleux après sa victoire. Comme cela fut remarqué par l'un de ses principaux capitaines (c'était M. de la Buisse) admirant sa modération et son courage toujours égaux, il lui dit d'une agréable façon : « Quel homme êtes-vous, Monsieur, vous venez de faire deux des plus belles actions du monde, et vous n'avez pas un autre visage qu'hier ! » Sa réponse fut « il faut louer Dieu de tout, et continuer à bien faire. »

Il y a deux autres beaux duels entre M. de Créqui et dom Philippe de Savoye qu'il ne faut pas oublier ; dans le premier dom Philippe est blessé, Créqui le tue dans le second.

Indépendamment des champs clos autorisés en France par François Ier, tels que ceux de Veniers, et de la Perinne, dont j'ai parlé, on vit dans le commencement du XVIe siècle de terribles combats en Italie, dans l'armée du maréchal de Brissac. Les plus intéressants sont, sans contredit, celui de M. de Bellegarde contre le sir de Piovena, à Casal, et le champ clos où joûtèrent le marquis de Pescaire, les sieurs dom Garzia, Carafa [1] et Malaspina, — contre MM. de Nemours, de Classé, Manoa et de Montchal,

---

[1] J'ai déjà raconté ce terrible duel.

du côté des Français ; malgré les ordres les plus sévères de M. de Brissac, nos jeunes capitaines s'obstinèrent imprudemment à ne se revêtir que de harnois légers et de fêtes, quoique le défi fût sérieux, et que le combat dût avoir lieu, à fer esmoulu ; aussi, il leur en coûta cher. Après le combat de Jarnac et La Chasteigneraye survinrent, sous Henri III, ces tristes rencontres où l'on ne se faisait pas toujours scrupule de brûler la cervelle à son adversaire au moment où il mettait l'épée à la main, ou de le faire attendre, sur la route qu'il devait suivre pour arriver sur le terrain, par des valets chargés de l'assassiner. C'est dans l'histoire des duels, à coup sûr, la période la plus regrettable et la plus sanglante.

Le premier combat où les témoins, s'ennuyant d'être paisibles spectateurs d'un duel, voulurent y prendre part, fut celui des seigneurs de Caylus, de Maugiron et de Livarot, contre les sieurs d'Entraguet, de Ribérac et de Schomberg. Caylus et Entraguet devaient se battre, par jalousie, pour une dame de la cour. Ils avaient chacun amené pour témoins, — le premier, Maugiron et Livarot, — le second, Ribérac et Schomberg. Arrivés sur le terrain, Ribérac provoque Maugiron et le force à mettre l'épée à la main ; alors Schomberg et Livarot, trouvant ridicule de rester là sans rien faire, se mirent aussitôt en garde et commencèrent à se combatre. L'issue du combat fut terrible : Maugiron et Schomberg restèrent morts sur la place; Ribérac, grièvement blessé, mourut le lendemain à l'hôtel de Guise, où on le transporta après l'affaire; Livarot et Caylus, très-gravement atteints, furent déposés à l'hôtel de Boissy voisin de l'endroit où l'on s'était battu; le duel avait eu lieu dans la rue des Tournelles, au faubourg Saint-Antoine; quant à Entraguet, qui seul n'avait rien, il se sauva et se cacha, craignant avec raison la colère de Henri, qui certes ne pouvait lui pardonner la mort très-probable de Caylus. Ce jeune favori du roi traîna, pendant dix-huit jours encore, et, comme Livarot, mourut de ses blessures.

La Taille, qui a décrit ce duel, nous donne de curieux détails. « Henri, dit-il, aimoit tant Caylus, que durant sa maladie il lui portoit les bouillons lui-même, ayant promis cent mille francs aux chirurgiens s'ils le luy pouvoient guérir, et à ce beau mignon cent mille escus, pour luy faire avoir courage, nonobstant lesquelles promesses il mourut, ayant toujours à la bouche ces mots : « Ah! mon roy! ah! mon roy! » sans parler autrement de de Dieu et de sa mère. A la vérité, le roy portoit à luy et à Maugiron une merveilleuse amitié, car il les baisa tous deux morts, fit tondre leurs testes, emporter et serrer leurs blonds cheveux, osta à Caylus les pendans de ses oreilles, que luy-mesme auparavant lui avoit donnez et attachez de sa propre main. »

L'auteur, en terminant le récit de ce duel, dit que « si on le compare avec tous les autres connus alors, on devoit le trouver pire que le plus mauvais, de quelque façon qu'on pût le prendre : — sur six combattants, cinq moururent. »

Le second combat où les témoins mirent aussi l'épée à la main ne se termina pas plus heureusement : ce fut celui du baron, depuis maréchal de Biron, contre le seigneur de Carancy, fils de M. de La Vauguyon. — Dans cette rencontre, MM. de Loignac et de Janissac étaient témoins de Biron ; M. de Carancy avait avec lui MM. d'Estissac et de La Bastide. Ce duel eut lieu par jalousie pour l'héritière de Caumont, qu'ils n'épousèrent au surplus ni l'un ni l'autre — Carancy, d'Estissac et La Bastide furent tués tous les trois ; on a remarqué que M. de Loignac, qui resta longtemps, et après tous les autres, sur le terrain, pour attendre le dernier soupir de son adversaire, vit son fils et son petit-fils successivement tués en duel.

Je ne parlerai que pour mémoire de la rencontre entre MM. de Saint-Just et de Fossé qui se battirent à cheval et à l'épée. — Fossé blessé, désarmé, fut très-déloyalement tué par son adversaire; — du duel de M. de Bréauté contre un Hollandais qu'il vainquit. Le combat de vingt contre vingt eut lieu auprès de Hertogen-Bosch; les Français furent vainqueurs. Ce fut le premier exemple d'un duel au pistolet; on se battit à cheval. — Bréauté, après l'affaire, fut pris et tué par des soldats ennemis. Rappelons aussi, en passant, les duels de MM. de Villemur et de Fontaine en 1602, et de MM. de Varaigne et de l'Artigue, même année, qui se tuèrent tous les quatre. Ceux du comte de Saut avec Nantouillet, des barons de Bressieux et de Balagny, où les sieurs de Nantouillet et de Bressieux restèrent morts sur le terrain.

Il y eut, pendant le siége de Paris, un combat à remarquer entre deux gentilshommes dont l'un servait dans l'armée royale et l'autre dans celle des Parisiens, les seigneurs de Marivaux et de Marolles. — Ils se battirent sur les glacis. « Au signal donné, on les vit s'élancer l'un sur l'autre avec impétuosité; Marivaux étoit le plus fort, et perça la cuisse de Marolles; mais celui-ci étoit très-adroit et exécuta ce qu'il avoit annoncé vouloir faire, c'est-à-dire qu'il tua roide son adversaire, en lui portant la pointe de sa lance droit dans la grille de sa *salade* ¹ qu'il enfonça, lui laissant le fer et un grand tronçon de bois fiché dans l'œil de ce coup. » C'était le même coup de lance dont Montgommery tua Henri II.

Le baron de Lux avait tenu des propos injurieux pour le duc de Guise, assassiné à Blois. Le fils du duc, l'intrépide et brillant chevalier de Guise, passant un jour à cheval dans la rue Saint-Honoré, rencontre le baron également à cheval. Aussitôt le jeune prince saute à terre, et met l'épée à la main, en invitant le sire de Lux à en faire autant. A la seconde botte le vieux baron est tué et tombe, dit l'histoire, dans la boutique d'un cordonnier. Son fils apprend à la campagne, où il se trouvait alors, ce tra-

---

¹ Je ne crois pas que le mot *salade* qu'on a employé dans le moyen âge pour désigner une armure de tête, un casque, un heaume, etc., vienne de *saladier*, comme *bacinet* de *bassin*, *petit bassin*, en raison de la semi-sphéricité du casque, qui lui donne un peu de ressemblance avec un vase de ce genre. Je suis au contraire persuadé que *salade* est un mot sarrasin rapporté par les croisés, et francisé à cette époque, attendu que casque, en arabe, se dit *salad*. Je livre en toute humilité cette étymologie à l'appréciation des savants linguistes qui me feroient l'honneur de me lire. Le nom de *Saladin* dérive évidemment des deux mots *salad* et *din*, et veut dire *Salad-ed-Din*, le casque, la défense de la religion.

gique événement. Malgré le danger qu'il pouvait y avoir pour lui à provoquer un prince du sang, le jeune de Lux n'hésite pas; après avoir porté pendant quinze jours le deuil de son père, il accourt à Paris, et envoie le lendemain même Riolet, son écuyer, de grand matin, au chevalier, pour le prier le plus respectueusement du monde « de lui accorder le moyen de venger son père, en lui permettant de se battre avec lui. » Si Riolet avait été rencontré par les gens du prince, et que son message eût été découvert, « les plus hautes fenêtres de l'hôtel de Guise eussent été trop basses pour lui. » Le prince ne fut nullement ému de ce réveil, s'habilla à la hâte, disant que la conduite de de M. de Lux lui paraissait bien naturelle, et s'empressa de se rendre à l'endroit où son adversaire l'attendait. — Là, sans mot dire, il croisa le fer avec lui, et après une très-chaude affaire, l'étendit mort sur le terrain. — Il en avait reçu toutefois plusieurs blessures qui ne l'empêchèrent pas d'aller ensuite séparer les écuyers, lesquels se battaient courageusement de leur côté, suivant la coutume d'alors. Le chevalier de Guise, dont l'âme était très-élevée et le cœur généreux, regrettait sa victoire, et se plaignait d'avoir dans ces deux rencontres successives, tué le père d'abord, et ensuite le fils. « Vous avez fait encore plus, Monseigneur, lui dit un courtisan, car vous avez tué aussi le Saint-Esprit. » C'était une allusion au coup d'épée du chevalier, qui, avant de pénétrer dans la gorge du vieux baron de Lux, avait percé la croix de commandeur du Saint-Esprit, qu'il portait suspendue à son cou. On sait que, peu de temps après, Guise fut tué, en Provence, par une pièce de canon, à laquelle il avait mis le feu lui-même, qui, en éclatant, lui enleva la moitié du corps. Ainsi mourut un jeune prince plein d'avenir, et digne du grand nom qu'il portait.

Les combats singuliers étaient, à cette époque, si multipliés, que je n'ai pas même la prétention de les rapporter, fût-ce de la manière la plus sommaire ; je ne passerai pas cependant sous silence le duel si bizarre du marquis de Rouillac, contre M. du Marais, qui se battirent, ainsi que leurs seconds, MM. de Saint-Vincent et de Sainte-Maure, *la nuit, sur la place Royale, tenant leur épée d'une main, et un flambeau de l'autre.* Du Marais fut tué d'abord par Rouillac ; le témoin du marquis par Sainte-Maure, et ce dernier par Rouillac, qui seul demeura en vie, et se retira emportant les quatre épées des combattants. — Depuis le commencement des duels en champ libre, les gentilshommes dédaignaient de s'armer, et venaient toujours sur le terrain en pourpoint léger, ou en manches de chemise.

Comme on le sait, sous Richelieu, les peines de plus en plus sévères de la loi contre les duels, souvent appliquées sans pitié, ne changèrent rien à l'état des choses, et l'on continua en France, malgré la loi, malgré le cardinal, malgré le bourreau, à se battre pendant toute la durée du XVIIe siècle.

Je n'ai voulu qu'indiquer quelques traits de l'histoire des combats singuliers dans notre pays, depuis la période carlovingienne jusqu'à la mort de Henri IV. De cette dernière époque à nos jours, il y aurait une très-intéressante monographie à en écrire. Je laisse ce soin à d'autres.

La bravoure chevaleresque, le dédain de la mort, la passion de la renommée et de l'honneur, ne sont pas les seuls éléments constitutifs du caractère français, en général ; il faut que la saillie, la bonne humeur, et bien d'autres qualités aimables encore y trouvent leur place. Ces gentilshommes qui s'entrégorgeaient comme des barbares, le faisaient gaiement, poliment, en gens bien nés et bien élévés. Les duellistes du règne de Henri III méritaient certainement le nom de *Raffinés* qu'on leur donna ;

braves comme des lions, ils étaient élégants et parfumés comme des petits maîtres. — Ces spadassins insolents pouvaient passer pour des fléaux dans la société, mais ils étaient de bonne compagnie, et toujours spirituels! et puis ne les voyait-on pas accourir avec joie pour se faire tuer, à l'appel d'un ami? qu'ils étaient fiers, qu'ils étaient intrépides, aussi bien sur le champ de bataille que sur le pré!

Voici un cartel de l'époque qui me paraît d'une adorable impertinence, et bien porter le cachet spécial de la fin du XVIᵉ siècle; c'est pourquoi je le cite :

« Monsieur, vous êtes si peu de chose, que, n'estoit l'insolence de vos paroles, je ne me souviendrois jamais de vous : ce porteur vous dira le lieu où je suis, avec deux épées dont vous aurez le choix; si vous avez l'assurance d'y venir, je vous ôterai la peine de vous en retourner. »

Signé : DE CASTELBAYARD.

Comme de toute chose il faut tirer une conclusion, je dirai que ces nombreux exemples me prouvent tout le tort qu'eut Henri II de supprimer les duels judiciaires.

Cette décision, que le regret de la mort de son favori avait inspirée au roi, coûta bien cher à la France.

Le chagrin de Henri II ne l'empêcha point de se faire sacrer quinze jours après le duel de Saint-Germain. Ayant eu l'idée un peu originale d'inviter à son sacre Charles-Quint, comme vassal de la couronne de France, en sa qualité de comte de Flandre, l'empereur avec qui il ne fallait pas plaisanter répondit « *qu'il y viendrait avec cinquante mille hommes.* » Peu s'en fallut qu'il ne tînt parole.

FIN.

TABLE

	Pages.
Souvenirs d'une Campagne d'Afrique.	1
Ascension au Vignemale.	143
L'île de Wight.	187
Histoire du dernier Duel judiciaire en France. — Le jugement de Dieu. — Souvenirs du château de Saint-Germain.	285

FIN DE LA TABLE.

Saint-Denis. — Typographie de Drouard.

MICHEL LÉVY FRÈRES, LIBRAIRES ÉDITEURS
RUE VIVIENNE, 2 BIS

ŒUVRES COMPLÈTES

DE

HENRI HEINE

Format grand in-18 anglais

« M. Henri Heine est le premier poëte de son pays depuis la mort de Gœthe, » écrivait naguère un critique éminent qui connaît à fond la littérature moderne de l'Allemagne. Ce jugement, tout bienveillant qu'il paraît, ne caractérise pas suffisamment le mérite supérieur de l'homme qui en est l'objet. Henri Heine n'est pas seulement le premier poëte de son pays, il est encore un des penseurs les plus profonds, un des philosophes les plus puissants, un des écrivains les plus originaux de la littérature de ce siecle, un des maîtres, en un mot, de la pensée, de la forme, du style dans l'art contemporain.

C'est vers 1830 que la réputation d'Henri Heine commença à se répandre en France. Déjà l'auteur des *Reisebilder* était très-connu en Allemagne ; la société berlinoise, dans laquelle il était considéré comme un des jeunes hommes les plus éminents de son temps, avait pu apprécier l'indépendance de son caractère et la gaieté fantasque de son esprit ; ses premiers ouvrages, le *Livre des Chants*, les *Reisebilder* (*tableaux de voyages*), avaient obtenu tout d'abord un immense succès. Le même succès les attendait en France, et, quand Heine vint habiter Paris, il y fut reçu comme on reçoit dans cette grande capitale des arts les hôtes illustres que les nations voisines nous envoient.

Qui ne se souvient de l'effet produit par la publication de l'*Histoire du tambour Legrand*? Ce récit plein de verve, d'humour, de finesse railleuse faisait le sujet de toutes les conversations ; la figure caractéristique du docteur Saalfeld occupait tous les esprits. L'auteur, qui résidait depuis quelque temps à Paris, d'où il adressait à la *Gazette d'Augsbourg* des lettres considérées, à juste titre, comme des modèles de grâce piquante et de railleuse ironie, n'était pas moins recherché que ses écrits. Le livre *de l'Allemagne* et le livre *de la France* vinrent mettre le sceau à sa réputation. Le premier de ces ouvrages est, on le sait, une réponse pleine de philosophie éloquente, d'érudition spirituelle, de fantaisie humoristique et incisive à l'*Allemagne* de madame de Staël, écrite dans une intention de redressement et pour expliquer la révolution intellectuelle de la Germanie. « Après avoir travaillé pendant longtemps à faire comprendre la France en Allemagne, dit-il dès la première page, j'entreprends aujourd'hui un travail semblable et non moins utile en expliquant l'Allemagne aux Français. »

Ces deux livres en effet, de *l'Allemagne* et de *la France*, sont des œuvres de haute portée qui intéressent non-seulement à titre d'études sérieuses et profondes, mais aussi en raison du charme exquis qu'on trouve dans leur lecture. Quelle variété inépuisable et séduisante dans toutes les productions de ce génie si multiple, qui passe de la poésie profondément émouvante à l'ironie presque toujours fine et mordante et parfois pleine de grandeur et de majesté ! Écoutez le jugement que portait la *Revue des deux Mondes* sur les premiers livres d'Henri Heine, sur le *Livre des Chants* et les *Reisebilder*.

« Quel poëme ! quels accents ! quelle langue souple et puissante ! Tantôt elle est naïve comme la plainte d'un enfant, tantôt elle est sonore et formidable comme le clairon des combats ; d'autres fois on dirait un cri sorti de l'enfer. Ce sont d'abord les élégies d'un cœur jeune, éprouvé déjà à vingt ans par ce que la vie a de plus cruel. Il a aimé et il a cru à l'amour ; mais celle qui avait ouvert son âme aux fraîches émotions printanières, est devenue la fiancée d'un autre. — Connais-tu cette vieille chanson, dit le poëte, cette vieille chanson que tant de cœurs ont chantée ! C'est par là qu'il débute. Vieille chanson, vieille plainte monotone qui devient singulièrement dramatique dans ses strophes trempées de larmes ! Plus tard, il se vengera par la raillerie ; aujourd'hui il ne dissimule pas sa douleur, et sa douleur est si vraie, son style si pur, la fraîcheur de ses images répond si bien à la jeunesse du sentiment, qu'il est impossible de ne pas en être ému. »

Henri Heine, malgré son grand amour pour l'Allemagne, est en réalité un écrivain français par l'esprit, par le bon sens, par l'humour et aussi par la pureté du style. Du reste, il aime la France, cette mère adoptive qui lui a toujours témoigné autant de tendresse et d'admiration qu'aux plus illustres de ses enfants. Avec quel plaisir on se rappelle chez nous et on relit ces fragments épars et dans des volumes et dans des revues, soit la *Légende de Faust*, soit *les Dieux en exil*, soit ces deux chefs-d'œuvre parus en 1847, *Atta-Troll*, sorte de songe d'une nuit d'été, où la pensée est symbolisée avec une grâce si ingénieuse, le *Conte d'hiver*, qui fait pendant au précédent et est un prodige réaliste de causticité spirituelle et de bouffonnerie satyrique. N'avez-vous pas encore entendu tout récemment ce cri d'admiration qu'a provoqué le fragment publié dans la *Revue des deux Mondes* sous le titre de *les Aveux d'un poëte ?* Ce fragment, on sera heureux de le retrouver complété dans l'édition que nous annonçons aujourd'hui.

Ce que nous allons réaliser dans les sept volumes dont nous entreprenons la publication, le monde littéraire de France et d'Europe le désirait, le réclamait depuis longtemps ; c'est la mise en ordre des œuvres de cet esprit si hautement philosophique et littéraire, de toutes ces compositions qui caractérisent à la fois et un génie original et une époque digne d'occuper une place éminente dans l'histoire de la pensée humaine. Chacun de ces fragments dispersés suivant les caprices du souffle de l'inspiration, prendra dans l'harmonie générale de l'œuvre le rang qu'il doit occuper.

Revue et collationnée sous les ordres de l'auteur lui-même, cette édition permettra de trouver dans la lecture de Henri Heine autant de fruit et d'enseignement qu'on y a toujours trouvé de charme et d'attrait. Bien des pièces seront complétées par des pages restées inédites ou écrites pour notre édition même. Ainsi en sera-t-il les *Aveux d'un poëte* qui paraîtront en entier dans les deux volumes *de l'Allemagne*; c'est ainsi encore que le volume de poésies (en prose), contiendra non-seulement *Atta-Troll* et les légendes, mais encore un grand nombre de morceaux entièrement inédits; c'est ainsi enfin que seront publiés les *Reisebilder*, le livre *de la France* et le livre intitulé *Lutèce*, dont la publication est destinée à produire chez nous une profonde sensation. Cet ouvrage composé de lettres sur la vie sociale et intellectuelle, qui paraissent en ce moment à Hambourg, sera complété spécialement pour notre édition.

CONDITIONS DE LA SOUSCRIPTION

Les *OEuvres d'Henri Heine* formeront sept volumes in-18, format anglais :

PRIX DU VOLUME, 3 FRANCS

TITRES DES OUVRAGES DE HENRI HEINE

DE L'ALLEMAGNE, contenant : *de l'Allemagne jusqu'à Luther et depuis Luther, la Légende de Faust. — Réveil de la vie politique. — Traditions populaires nouvelles. — Les Dieux en exil. — Les Aveux d'un poëte*, etc. 2 vol.

POÉSIES ET LÉGENDES (en prose), contenant le *Livre des Chants, — Atta-Troll, — le Conte d'hiver, — le Romancero* et d'autres poëmes inédits..... 1

REISEBILDER, nouvelle édition entièrement revue........ 1

DE LA FRANCE. Lettres sur la politique et les beaux-arts. 1

LUTÈCE. Lettres sur la vie sociale et intellectuelle en France.. 1

CONTES ET NOUVELLES................................ 1

Paris. — Imp. Simon Raçon et Comp., rue d'Erfurth, 1.

MICHEL LÉVY FRÈRES, LIBRAIRES-ÉDITEURS

RUE VIVIENNE, 2 BIS.

ŒUVRES COMPLÈTES

DE

HENRI CONSCIENCE

TRADUCTION DE
M. LÉON WOCQUIER.

FORMAT GRAND IN-18 ANGLAIS.

Voici un écrivain, M. Henri Conscience, à qui il a suffi de la publication de quelques nouvelles traduites en français pour donner à son nom une véritable célébrité, une de ces célébrités qu'on n'obtient le plus souvent qu'après une nombreuse série d'œuvres remarquables et de longue haleine.

La rapidité et la facilité de ce succès s'expliquent, il est vrai, tout naturellement aussitôt qu'on a lu quelques pages du romancier flamand, et reconnu les qualités éminentes qui lui assurent une des meilleures places dans la famille des conteurs ingénieux, intéressants et moraux. Il est peu d'écrivains, en effet, sur lesquels il soit aussi aisé d'asseoir un jugement prompt et sûr, qui sachent plaire et charmer comme lui de prime-abord, et gagner en quelque sorte, à première vue, la familiarité du lecteur.

N'avez-vous pas rencontré dans le monde de ces hommes

dont la physionomie heureuse et franche semble porter l'empreinte d'une âme honnête en même temps qu'élevée, bienveillante en même temps que juste et ferme, dont la voix, la parole, l'esprit exercent une sorte d'attraction sur tout ce qui est digne de les comprendre; de ces hommes dont on se sent, dès les premiers mots échangés, le désir d'être l'ami? Eh bien, il en est du style des livres comme de la physionomie de l'homme, de la pensée écrite comme de la pensée parlée ; de même qu'un regard échangé et une heure de conversation suffisent pour faire naître un commerce affectueux qui bientôt se transformera en une amitié profonde et dévouée, de même quatre ou cinq pages d'un écrivain peuvent suffire à faire de tous ses livres les hôtes et les amis de votre foyer, les intimes et les commensaux de votre famille : M. Conscience est un de ces auteurs si heureusement doués; nul plus que lui ne possède cette séduction irrésistible qui attache dès l'abord le lecteur à l'écrivain, et établit entre leurs âmes et leurs esprits une sorte de communion de sentiments et de pensées.

Né à Anvers, d'un père français, M. Conscience, quoiqu'il possède parfaitement notre langue et notre littérature, a voulu être le poëte et le romancier national de la Flandre; tous ses livres ont jusqu'à présent été écrits en langue flamande, et sont fortement imprégnés de la vieille séve du terroir, ce qui ne les empêche point, malgré leur cachet d'originalité native et en dépit de l'auteur lui-même, d'être Français par le tour du récit, la grâce de certains caractères et l'intérêt de la composition. Et pourtant, faut-il le dire, la France a presque été la dernière à rendre à l'éminent écrivain un trop tardif hommage. Déjà depuis longues années la plupart de ses œuvres ont été traduites dans toutes les langues. «.M. Conscience, disait en mars 1849 M. Saint-René Taillandier, dans un remarquable article de la *Revue des Deux Mondes*, M. Conscience est un des conteurs les plus populaires du nord de l'Europe. » L'Allemagne possède plusieurs traductions de ses romans, parmi lesquelles on cite surtout celle de M. Diepenbrock, prince-évêque de Breslau. Presque tous ont paru en anglais à Londres, en bohémien à Prague, en polonais à Posen, en danois à Copenhague ; M. Thomaseo Gar et l'abbé Negrelli l'ont de leur côté fait connaître à l'Italie. La France ne pouvait laisser longtemps dans l'oubli un de ces écrivains qui, comme Walter Scott, Cooper, Lewis, Goethe, Cervantes, appartiennent, quelle que soit d'ailleurs la langue qu'ils écrivent, à toutes les littératures.

L'absence de nos bibliothèques des œuvres de M. Henri Conscience était une lacune ; avec l'aide de M. Léon Wocquier, professeur à la Faculté des lettres de Gand, qui a déjà traduit pour la *Revue des Deux Mondes*, ce chef-d'œuvre qu'on appelle *le Gentilhomme pauvre*, nous venons combler cette lacune par une édition de toutes les œuvres publiées et à publier de M. Henri Conscience. Acquéreurs de la toute propriété de la traduction des œuvres complètes de l'auteur du *Conscrit*, nous ne doutons pas qu'il ne soit bientôt aussi populaire chez nous que dans son propre pays et dans toute l'Allemagne.

La popularité réservée parmi les lecteurs français à M. Conscience et à ses *Scènes de la vie flamande* ne se bornera point, nous en avons l'assurance, aux classes lettrées. Notre romancier possède les qualités rares et merveilleuses qui universalisent le succès, et rendent l'écrivain sympathique à tous. Si l'érudit et le lettré trouvent de curieuses études sur la Flandre au moyen âge dans *l'Année des Miracles*, dans *le Lion de Flandre*, dans *Jacques Artevelde*, dans l'intéressante *Histoire du comte Hugo*, le lecteur naïf, la femme avide d'épisodes touchants seront vivement émus par le mouvement des passions, par la sensibilité que l'auteur a su mettre aussi bien dans ses grands romans dramatiques que dans ses *Veillées flamandes* et dans son *Livre de la Nature*; l'enfant lui-même lira avec autant d'intérêt que de fruit de délicieux contes tels que *Jeannot et Mariette* et *Grignolin*. Si le réaliste se réjouit à ces peintures si vraies des intérieurs flamands, qui semblent autant de chefs-d'œuvre des Gérard Dow, des Metzu et des Van Ostade, à ces développements dramatiques et saisissants des caractères et des passions, le lecteur spiritualiste sera heureux de son côté, de trouver à chaque page la suave senteur de cette poésie naïve qui parfume les âmes élevées.

Ce qu'a en effet de particulier et de vraiment original le génie de M. Conscience, c'est qu'il réunit aux qualités du romancier historique, du penseur profond, celles de l'observateur fin et exact, du poëte et du peintre de la nature, la réalité de l'auteur de *Manon Lescaut* et la poésie de l'auteur de *Paul et Virginie*. Ajoutons, pour terminer cette appréciation trop brève d'un écrivain qu'on apprendra à aimer en le lisant, que tous ses livres se distinguent par une moralité de pensée, par une chasteté de sentiment, par une pureté de langage qui permettent de les classer parmi les rares ouvrages d'imagination appelés à prendre place dans les bibliothèques de famille, et à faire le charme des veillées du foyer domestique.

CONDITIONS DE LA SOUSCRIPTION.

Les œuvres complètes de HENRI CONSCIENCE formeront dix volumes grand in-18. Un volume paraît tous les mois. Chaque volume se vend séparement.

Prix du volume 3 francs.

TITRES DES OUVRAGES DE HENRI CONSCIENCE.

SCÈNES DE LA VIE FLAMANDE.	2 vol.	LE LIVRE DE LA NATURE.	1 vol.
VEILLÉES FLAMANDES	1 —	LE LION DE FLANDRE.	1 —
HEURES DU SOIR	1 —	JACQUES ARTEVELDE.	1 —
LA GUERRE DES PAYSANS	1 —	L'ANNÉE DES MIRACLES.	1 —

Paris. — Imp. Simon Raçon et Comp., rue d'Erfurth, 1

CHEZ LES MÊMES ÉDITEURS
BIBLIOTHÈQUE CONTEMPORAINE
Format in-18 anglais, PREMIÈRE SÉRIE, à 2 fr. le volume.

ALEX. DUMAS.
- Vicomte de Bragelonne. 6
- em. d'un Médecin. 5
- e Capitaine Paul. 1
- onte-Cristo. 6
- hev. d'Harmental. 2
- Mousquetaires. 2
- ngt ans après. 3
- Reine Margot. 1
- me de Monserau 3
- cques Ortis. 1
- Chev. de Maison-Rouge. 1
- orges. 1
- ernande. 1
- uline et P. Bruno. 1
- uvenirs d'Antony. 1
- lvandire. 1
- Maître d'armes. 1
- le du Régent. 1
- uerre des femmes. 2
- abel de Bavière. 2

- Amaury. 1
- Cécile. 1
- Les Frères Corses. 1
- Impress. de Voyage. 1
- — Suisse. 3
- — Le Corricolo. 1
- — Midi de la France. 2
- — Bords du Rhin. 1
- — Capitaine Aréna. 1
- — De Paris à Cadix. 2
- — La villa Palmieri. 1
- — Le Speronare. 2
- — Quinze jours au Sinaï. 1
- — Une année à Florence. 1
- Collier de la Reine. 3
- Ange Pitou. 3
- Les deux Diane. 3
- Bâtard de Mauléon. 3
- Acté. 1

ALBERT AUBERT.
- Illusions de jeunesse 1

EM. SOUVESTRE.
- Un Philosophe sous les toits. 1
- Conf. d'un ouvrier. 1
- Derniers paysans. 2
- Chroniq. de la mer. 1
- Scènes de la Chouannerie. 1
- Dans la prairie. 1
- Les Clairières. 1
- Scènes de la vie intime. 1
- Le Foyer breton. 2
- Sous les filets. 1
- En Quarantaine. 1
- Histoires d'autrefois. 1
- Nouvelles. 1
- Derniers Bretons. 2
- Au bord du lac. 1
- Au coin du feu. 1
- Pendant la moisson. 1
- Sous la tonnelle. 1

E. DE GIRARDIN.
- Études politiques. 1
- Questions administ. et financières. 1
- Le Pour et le Contre. 1
- Bon sens, bonne foi. 1
- Le Droit au travail au Luxembourg et à l'Assemblée nat. 2

PAUL FÉVAL.
- Le Fils du diable. 4
- Myst. de Londres. 3
- Amours de Paris. 2

GABRIEL RICHARD.
- Voy. autour de ma maîtresse. 1

LOUIS REYBAUD.
- Jérôme Paturot à la recherche de la meilleure des Républiques. 4

BAB.-LARIBIÈRE.
- Hist. de l'Assemblée nat. constituante.

F. LAMENNAIS.
- De la Société première et de ses lois, ou de la religion. 1

EUGÈNE SUE.
- Sept Péchés capitaux 6
- L'Orgueil.
- L'Envie ; la Colère.
- La Luxure ; la Paresse.
- L'Avarice ; la Gourmandise.

Mme SURVILLE
(NÉE DE BALZAC).
- Le Compagnon du Foyer.
- La Fée des nuages. 1

BIBLIOTHÈQUE DES VOYAGEURS
Jolis volumes in-32, papier vélin, à 1 fr. le volume.

A. DE LAMARTINE.
- Graziella. 1
- Les Visions. 1

HENRY MURGER.
- Propos de ville et propos de théâtre. 1
- Le Roman de toutes les femmes. 1
- Ballades et Fantaisies. 1
- Le dessous du panier. 1

MÉRY.
- Anglais et Chinois. 1
- Histoire d'une colline. 1
- Histoire de ce qui n'est pas arrivé. 1

ÉMILE AUGIER.
- Les Pariétaires, poésies. 1

Mme É. DE GIRARDIN.
- Il ne faut pas jouer avec la douleur. 1

DE STENDHAL.
- Souvenirs d'un gentilhomme italien. 1

A. DE PONTMARTIN.
- La marquise d'Aurebonne. 1
- L'Enseignement mutuel. 1

CH. DE BERNARD.
- Le Vieillard amoureux. 1
- La Rose jaune. 1
- Le Paratonnerre. 1

F. PONSARD.
- Homère, poème. 1

ALEX. DUMAS FILS.
- Ce que l'on voit tous les jours. 1
- Un paquet de lettres. 1
- La Boîte d'argent. 1

PROSPER MÉRIMÉE.
- Arsène Guillot. 1
- L'abbé Aubain. 1

THÉOPH. GAUTIER.
- Scarron. 1
- Scudéry. 1

HENRI CONSCIENCE.
- Rosa l'aveugle. 1

ALPHONSE KARR.
- La main du Diable. 1

LÉON GOZLAN.
- La Terre promise. 1
- Un Homme arrivé. 1

TH. DE BANVILLE.
- Les pauvres Saltimbanques. 1

JULES SANDEAU.
- Le Jour sans lendemain. 1
- Olivier. 1
- Le château de Montsabrey. 1

CHARLES DESMAZE.
- Maurice Quentin de la Tour, peintre du roi Louis XV. 1

***

- Histoire philosophique, anecdotique et critique de la Cravate et du Col. 1

OUVRAGES DIVERS

LAMARTINE.
- GENEVIÈVE. 1 volume gr. in-8. 5 fr.
- NOUVELLES CONFIDENCES. 1 volume gr. in-8. 5 fr.
- TOUSSAINT LOUVERTURE. 1 volume gr. in-8. 5 fr.

JULES JANIN.
- LE CHEMIN DE TRAVERSE. 1 volume in-8. 3 fr. 50
- LA RELIGIEUSE DE TOULOUSE. 2 volumes in-8. 12 fr.
- LES GAITÉS CHAMPÊTRES. 2 volumes in-8. 12 fr.
- LA VIE LITTÉRAIRE. 2 volumes in-8. (sous presse) 12 fr.

J. J. AMPÈRE
- PROMENADE EN AMÉRIQUE (sous presse). 2 volumes in-8. 12 fr.

CHARLES MAGNIN.
- HISTOIRE DES MARIONNETTES D'EUROPE, depuis l'antiquité jusqu'à nos jours. 1 beau volume gr. in-8. 6 fr.

D. D'HAUSSONVILLE
ANCIEN DÉPUTÉ.
- HISTOIRE DE LA POLITIQUE EXTÉRIEURE DU GOUVERNEMENT FRANÇAIS, 1830-1848, avec documents, notes, pièces justificatives, entièrement inédits. 2 volume in-8. 12 fr.
- HISTOIRE DE LA RÉUNION DE LA LORRAINE A LA FRANCE, avec des notes, pièces justificatives, dépêches et documents historiques entièrement inédits. 2 beaux volumes in-8. 15 fr.

J. AUTRAN.
- POÈMES DE LA MER. 1 volume grand in-8. 6 fr.

L. DE LOMÉNIE.
- BEAUMARCHAIS, sa vie, ses écrits et son temps, études sur la Société au XVIIIe siècle (sous presse). 2 beaux volumes in-8. 12 fr.

DE MONTALIVET.
- LE ROI LOUIS-PHILIPPE (liste civile). Nouv. édition, entièrement revue et considérablement augmentée de notes, pièces justificatives et documents inédits, avec un portrait et un fac-simile du roi, et un plan du château de Neuilly. 1 volume in-8. 6 fr.

MAXIME DU CAMP.
- LES CHANTS MODERNES. 1 beau volume gr. in-8. 8 fr.

GUSTAVE PLANCHE.
- PORTRAITS LITTÉRAIRES. 2 volumes in-8.

PARIS. — TYP. SIMON RAÇON ET COMP., 1, RUE D'ERFURTH.

www.ingramcontent.com/pod-product-compliance
Lightning Source LLC
Chambersburg PA
CBHW071910230426
43671CB00010B/1556